EL
TAROT
SIN PREGUNTAS
Dominar el arte de la *Lectura Intuitiva*

Título original: Tarot: No Questions Asked. Mastering the Art of Intuitive Reading
Traducido del inglés por Antonio Gómez Molero
Diseño de portada: Editorial Sirio, S.A.
Maquetación: Toñi F. Castellón

www.editorialsirio.com
sirio@editorialsirio.com

I.S.B.N.: 978-84-19105-83-7
Depósito Legal: MA-1025-2023

Impreso en Imagraf Impresores, S. A.
c/ Nabucco, 14 D - Pol. Alameda
29006 - Málaga

Impreso en España

Puedes seguirnos en Facebook, Twitter, YouTube e Instagram.

THERESA REED

autora de *Astrología para la vida real*

EL TAROT SIN PREGUNTAS

Dominar el arte de la ***Lectura Intuitiva***

Prólogo Rachel Pollack,

autora de *Los 78 grados de sabiduría del Tarot*

EDITORIAL SIRIO

Dedicado a mi madre, Margaret Linder, que
me enseñó a creer en mis corazonadas

Índice

Prólogo

Una vida dedicada al tarot

Este libro encantador, sencillo y directo al corazón, escrito por una de las mejores embajadoras del tarot en el mundo, nos enseña –a todos, desde los principiantes hasta los profesionales de toda la vida– a ser mejores lectores. Más hábiles, más conocedores, más capaces de servir a las personas que acuden a nosotros en busca de lecturas. Y, sin embargo, es más que eso.

A través de su ejemplo, Theresa nos muestra cómo incorporar toda nuestra vida a la práctica de la lectura de las cartas. Porque, en realidad, no hay otra forma de hacerlo.

Llevo más de cincuenta años leyendo el tarot, y puedo decirte dos cosas con seguridad. Una es que nunca llegarás hasta el final (como el tarot no es un libro de páginas fijas, ni una doctrina establecida, sino que cambia cada vez que barajamos las cartas, siempre nos mostrará cosas e ideas nuevas y nuevos descubrimientos. Y como el impulso para barajar las cartas es una pregunta –«Toda lectura comienza con una pregunta», dice una máxima en el mundo de la adivinación–, esos descubrimientos conciernen tanto a la vida de las personas como a las ideas espirituales y psicológicas. Esto es lo primero que puedo prometerte, que nunca dirás: «Ya está. Ahora lo he aprendido todo»). Y la otra es que te cambiará. Si te entregas de verdad al tarot, si te sumerges en él –como ha hecho Theresa Reed–, te enseñará cosas: conocimientos de psicología, magia, misterio y el término favorito de la propia Theresa, *intuición*. Pero también te abrirá una consciencia que no sabías que tenías, te hará estar más en sintonía con la forma en que la gente (incluida o incluido tú) piensa y se comporta. Y te llevará al conocimiento, desde el misticismo y los secretos antiguos hasta las escuelas modernas de psicología, pasando por las doctrinas sagradas y las herejías religiosas, desde la magia hasta la ciencia moderna, y viceversa (lo de hacer el camino a la inversa es importante). Todo esto lo hace porque el tarot es el mundo (por algo la última carta de los veintidós arcanos mayores se denomina precisamente así, el Mundo). La verdadera manera de convertirse en lector –o quizá la única manera de lograrlo– es aceptarlo prácticamente todo.

Hay un dicho que he seguido en mi propia enseñanza (puede que sea antiguo o puede que me lo haya inventado; al parecer, el gran oráculo, Google, no lo conoce). «Lo que amas te ama». Conságrate por completo a algo y recibirás mucho a cambio. Theresa Reed vive el tarot. Esto es evidente en cada página. Se *da* por completo a esta disciplina. Lo que es igual de evidente es lo mucho que las cartas le han dado *a ella*.

A lo largo del libro, Theresa enseña con el ejemplo. Sus consejos provienen de muchos años de experiencia, con excelentes casos reales que los ilustran y aclaran.

Pensemos en una cuestión importante que a menudo se plantean los lectores de tarot: ¿quién dice qué en el transcurso de una lectura? La mayoría conocemos las extravagantes afirmaciones de esos videntes que se anuncian diciendo que «lo saben todo y lo dicen todo». Recuerdo haber visto un cartel en una calle principal de mi barrio que decía: «No hace falta que le cuentes nada. Ella te lo dirá todo». Esto, por supuesto, es para asegurarte que la lectora es una vidente «auténtica», no una charlatana. Pero la pregunta sigue siendo: *¿cuánto* debe decir el cliente, y quizá más importante, *cuándo*?

Por otra parte, la persona que realiza la consulta ha recibido diversos nombres a lo largo del tiempo. En décadas anteriores, se la llamaba *sedente*,* porque solía sentarse frente al lector (algunos lectores modernos han recuperado ese término). Una expresión actual

* N. del T.: *Seater,* en el original.

es *buscador*, que podría sugerir que el lector es una especie de gurú. Y luego está el término que se utiliza a menudo en los libros, *consultante*. Theresa prefiere *cliente*. Su elección proviene del reconocimiento de que es una profesional especializada, de que esto no es un pasatiempo, ni siquiera una misión espiritual, sino un negocio que ella gestiona con el más alto nivel ético. Esta actitud, y su experiencia vital, se manifiestan claramente en la parte del libro dedicada a desarrollar tu propia práctica como lectora o lector de tarot.

Entonces, ¿qué dice el *cliente* en una lectura? Theresa empieza preguntándole qué desea saber. Presta mucha atención a lo que dice y a veces sugiere una forma de replantear la pregunta. Esta es una práctica habitual entre los lectores, sobre todo cuando el tema se refiere a las relaciones, en particular a la posibilidad de infidelidad, es decir, al engaño. Si la clienta dice: «Quiero saber si mi novio me engaña», el lector puede sugerir que lo cambie por: «¿Qué necesito saber sobre mi relación?». O tal vez: «¿Qué importancia tienen la honestidad y la fidelidad en esta relación?». Pero una vez establecidas las preguntas y dispuestas las cartas, Theresa prefiere que el cliente no diga nada hasta el final. Esto se debe a que lee de forma *intuitiva* –una palabra muy importante en este libro– y la intuición para Theresa depende de una especie de flujo de información, percepciones e impresiones.

¿Sugiere que todos hagamos lo mismo? Creo que quiere que probemos lo que hace, aunque no con tanta precisión. Nos ofrece formas de desarrollar nuestras propias capacidades intuitivas y tal vez sospecha que muchos de nosotros acabaremos siguiendo, en gran medida, su ejemplo. No obstante, está sirviéndonos como modelo para enseñarnos algo de verdad importante que merece la pena considerar, incluso si va en contra de la práctica habitual de un lector o de la idea que tiene un principiante de lo que debería aprender. Y, sin embargo, hasta qué punto utilicemos lo que nos enseña depende enteramente de nosotros.

Estoy segura de que lo último que Theresa querría es que legiones de robots Reed se apoderaran del mundo del tarot. Nada más lejos de su intención. Lo que ella hace es compartir su experiencia, sus habilidades y pasos prácticos, pero sobre todo su dedicación, su amor por el tarot y todo lo relacionado con él. Sus enseñanzas tratan sobre el servicio y, quizá en especial, sobre la alegría.

La alegría –y la simple *diversión*– es casi un principio rector en este libro. Incluso cuando Theresa describe asuntos muy «serios», como la meditación o el yoga como ayudas para liberar nuestras capacidades intuitivas, deja claro que nos lo pasaremos muy bien haciendo estas cosas. Hace muchos años, una maestra espiritual mía llamada Ioanna Salajan dijo en nuestra clase: «No se aprende nada si no es a través de la alegría», una afirmación y un principio que nunca he olvidado. Theresa es profesora, empresaria y líder de la comunidad. Pero ante todo es una lectora, y el hecho de que ama esta vida se refleja en cada página.

La primera parte del libro se refiere al aprendizaje de las cartas. Los lectores experimentados pueden tener la tentación de saltarse esta parte, pero te recomiendo que analices detenidamente la perspectiva de Theresa y los significados de las cartas. Al fin y al cabo, se derivan de la dedicación y los años de experiencia práctica. Podemos decir algo parecido con sus explicaciones de las tiradas clásicas (que se encuentran al final del libro), en particular la *cruz celta*. Muchos lectores, tal vez la mayoría, han utilizado esta tirada, en parte porque es muy famosa y en parte porque realmente cubre muchos aspectos de las preguntas del cliente/sedente/consultante. Pero incluso si tienes tu propio enfoque de la *cruz celta*, echa un vistazo a lo que dice Theresa al respecto.

La segunda mitad del libro nos ayuda a desarrollar esa habilidad-destreza-talento que Theresa llama «intuición». En los círculos del tarot hay un debate interminable sobre la diferencia entre el conocimiento *psíquico* y el *intuitivo*. Mary K. Greer dice que la intuición reúne la información disponible a nivel inconsciente para llegar a algo sorprendente, mientras que reserva lo *psíquico* para los detalles precisos que te llegan sin una fuente clara. Theresa cuenta la historia de una lectura en la que el nombre «Barry» le vino de repente. Mary –y yo– podríamos calificar esto de psíquico. (O quizá podríamos llamarlo telepático, ya que el *cliente* obviamente conocía el nombre).

Para Theresa, las distinciones entre todos estos aspectos pueden ser importantes para los investigadores o los filósofos (o para aquellos a los que simplemente nos gusta reflexionar sobre estos temas), pero en última instancia no son lo que de verdad importa. Al menos, no para una lectora de cartas comprometida. Lo importante para Theresa Reed es cuánto ayuda la lectura al cliente. Al mismo tiempo, deja claro que seguir sus ejercicios y prácticas no solo puede convertirte en un mejor lector de cartas del tarot, sino que también es emocionante y divertido. ¿Quién no disfrutaría al sacar el nombre «Barry» del aire?

Lo que este libro nos enseña es cómo llegar a ser un mejor lector de tarot. Y lo hace tanto con ejemplos como con información. Todos los ejercicios, las historias, los significados de las cartas y las técnicas sirven realmente para un propósito. Es decir, seguir el ejemplo de Theresa e ir más allá de *aprender* el tarot para empezar a *vivirlo*.

–RACHEL POLLACK,
autora de *Los setenta y ocho grados de sabiduría*

Introducción

Un hombre muy bien vestido se sentó frente a mí y empezó a barajar las cartas. Su rostro era una máscara de piedra. No quería revelar nada. Ni siquiera una sonrisa.

Estudió mis ojos durante un momento y recorrió con la mirada mi despacho, escudriñando intensamente cada detalle. Imaginé que buscaba algún tipo de trampilla o truco mágico, tal vez un fantasma. No había nada de eso. Solo yo y mis cartas del tarot.

Después de un buen rato, dejó la baraja sobre la mesa, cortó las cartas con la mano izquierda siguiendo mis instrucciones y las volvió a colocar en un montoncito ordenado. Su rostro seguía sin mostrar ninguna expresión. Se sentó y se cruzó de brazos, y yo empecé a dar la vuelta a las cartas.

Ante mí se desplegó una historia de amor perdido, de dificultades para encontrar una nueva pareja y de un cambio de trabajo que le hizo sentirse desplazado. Los detalles comenzaron a surgir con cada giro de una carta, y comencé a ver lo que podría estar por delante. Una nueva posición y una mejor relación aparecían en las cartas, en cuanto él hiciera algunos cambios. Esos cambios tenían que ver con su problema de ira, algo que no le gustaba reconocer abiertamente, pero que le salía por los poros. (¡Creo que incluso se enfadó por que alguien le regalara esta lectura del tarot!).

No le pedí confirmación ni me molesté en mirarlo. Nunca miro al cliente cuando leo. Me limité a girar las cartas y a leer hasta que sentí que había terminado. Cuando llegó ese momento, levanté la vista y dije:

–¿Alguna pregunta?

La máscara había desaparecido, sustituida por unos ojos muy abiertos y una boca temblorosa.

–Eh… ha sido increíble –tartamudeó, pero entonces sus ojos se entrecerraron–. Pero ¿cómo sé que no me ha buscado en Google?

–Como no tomé tu apellido cuando reservé la cita, eso sería bastante complicado.

Fin de la discusión.

Se había quedado con la boca abierta. Desde entonces es un cliente y cree en el tarot.

Mi objetivo cuando leo las cartas no es convencer a nadie de nada. Mi misión es siempre ayudar y guiar. El tarot es mi herramienta preferida para ello. Pero esas cartas, como cualquier herramienta, necesitan una fuente de energía para funcionar bien. Mis lecturas se alimentan de la intuición.

Nunca he recibido una formación profesional. Para mí, la lectura de las cartas fue algo natural porque soy una persona visual y tuve la suerte de crecer en un hogar que valoraba la intuición. Los presagios y las señales eran algo que había que respetar, no ignorar. Si mamá tenía una de sus «visiones», era mejor que creyeras que algo estaba ocurriendo en el cosmos.

Todo era una señal.

Sabía que debía prestar mucha atención a esos mensajes del Universo incluso antes de saber atarme los zapatos. Así que cuando empecé mi andadura con el tarot, me resultó fácil sumergirme, estudiar los símbolos e intuir lo que significaban. A veces esos significados no eran interpretaciones tradicionales.

Una vez, por ejemplo, saqué el cinco de espadas para una mujer y le advertí de una adquisición hostil de su empresa, que ella admitió que estaba ocurriendo en el momento de la lectura. En otra ocasión hice una lectura para un hombre sobre su padre, que había fallecido, y el nombre que obtuve al girar la carta del Juicio fue «Barry». Cuando le pregunté quién era Barry, su cara palideció y me dijo: «Mi tío. Murió unos meses antes que mi padre».

¿Cómo lo conseguí? ¿De dónde viene esta información? ¿Cómo es posible que aparezca en una baraja de tarot?

En este libro, vamos a analizar los fundamentos de la lectura intuitiva del tarot: cómo leer las cartas de forma perceptiva y sensible. Aprenderás a ver patrones y pistas en las imágenes y qué historia pueden estar contando sobre el consultante. Un montón de pequeños ejercicios e indicaciones para escribir un diario a lo largo del libro te ayudarán a interpretar la energía de las cartas, a ver la historia que cuentan y a aprender a confiar en tu instinto (es más sabio de lo que crees).

Asimismo, hay un capítulo sobre cómo hacerse profesional porque, para algunos, este trabajo puede convertirse en una vocación. Si ese es tu caso, quiero explicarte cómo funciona para que evites los errores que yo he cometido. Además, me encanta contar historias, así que encontrarás numerosos relatos sobre mi trabajo que te permitirán echar un vistazo a la experiencia cotidiana de alguien que lleva cuarenta años leyendo las cartas para el público (¡algunas de estas historias son cuentos de terror!).

Cuando termines con este manual, estarás leyendo el tarot con plena confianza en tus instintos. No hace falta ningún librito blanco. ¿Preparado? ¡Empecemos!

Bendiciones,

THERESA REED

Aunque todas las historias de este libro son verdaderas, algunos nombres y detalles identificativos se han cambiado para proteger la privacidad de las personas implicadas.

Cómo usar este libro

Tarot sin preguntas no es solo un libro de interpretaciones del tarot. Aunque incluyo un amplio capítulo sobre los significados de las cartas, también encontrarás ejercicios llamados «taroticios» repartidos por todo el libro que son lecciones y experimentos que he utilizado con estudiantes y en mis propios estudios. Te vendrá bien practicarlos porque te ayudarán a ser competente (además, varios de ellos supondrán un reto para ti). Puede que algunos parezcan una tontería, pero no deberías subestimar su poder. Al fin y al cabo, el aprendizaje a través del juego es una forma habitual de dominar una materia. El método no siempre tiene que ser «erudito».

También he incluido en el texto sugerencias para escribir un diario, porque he descubierto que escribir permite que la información se filtre en mi subconsciente y permanezca allí. Cuando escribo las cosas, mi cerebro es capaz de retener la información mucho mejor.

Te animo a emplear a fondo este libro. Garabatea en los márgenes, reflexiona sobre las preguntas, prueba los taroticios en ti y con los demás. Subraya lo que te parezca relevante y descarta lo que no lo sea. Encuentra tu propia voz (no es necesario que suene como la mía).

Empezaremos con los fundamentos del tarot para formar una base. La parte de la intuición viene después, para añadir color y profundidad a tus interpretaciones. Incluso si crees que no tienes una pizca de videncia, tengo métodos que te ayudarán a aprovecharla. (*Psst*, el tarot suele ayudar a la gente a ser más intuitiva). A partir de ahí, lo uniremos todo como un sándwich de mantequilla de cacahuete con malvavisco. El capítulo «Hacerte profesional» contiene consejos de primera mano que te ayudarán a montar tu negocio con un mínimo de complicaciones. Este libro es una visión completa de cómo funciona mi cerebro tarotista (y mi negocio) y de cómo «vivo» el tarot cada día de mi vida.

Un amable recordatorio mientras te adentras en él: mantén la curiosidad. Presta atención a tus sentimientos. Ellos te guiarán de forma brillante. Ese es el primer paso para convertirte en un tarotista (o una tarotista) verdadero e intuitivo.

Prepara tus herramientas

Al comenzar tu viaje conmigo, necesitarás algunas herramientas adecuadas. La primera: una baraja de tarot.

Puedes comprar la tuya en cualquier tienda *online* que venda libros o en alguna tienda metafísica de tu localidad. Algunas tiendas tienen barajas abiertas que puedes examinar. Esto está bien para echar un vistazo a las ilustraciones y hacerte una idea de la sensación de las cartas en tus manos. Pero si no puedes ir a una tienda, encontrarás muchas imágenes en Internet que pueden ayudarte a tomar una decisión.

Francamente, te recomiendo que empieces con la baraja de tarot Rider-Waite-Smith. Es un clásico y el que sueles ver en muchos libros de tarot, incluido este. Además, muchas barajas modernas también se basan en el mismo simbolismo.

A continuación, necesitarás un diario. Llevar un diario es una forma eficaz de desarrollar tus habilidades intuitivas y de tarot. Llevar un registro de tus descubrimientos te ayudará a captar la información, pero también verás cómo surgen patrones y aprenderás cómo funciona tu intuición y de qué manera. Esto te servirá para adquirir confianza y una mayor consciencia.

Llevo años escribiendo diarios sobre la intuición, el tarot y el trabajo con los sueños. Anotar mis intuiciones no solamente permite que la información me cale hasta los huesos, sino que también me proporciona un registro sobre el que puedo reflexionar más tarde.

Volver a mis viejas notas a veces me lleva a momentos «ajá», a nuevas percepciones y a la comprobación de las mismas. Asimismo me ayudan a ver cómo podría haber pasado algo por alto... y eso puede conducir a una interpretación totalmente nueva.

Llevar un diario ayuda a descubrir las conexiones entre el tarot y la intuición. Además de la práctica constante, escribir un diario es la forma más rápida de ganar confianza en tus habilidades.

Compra un diario que te haga ilusión, que te guste llenar de notas y bocetos. Para mí, un buen papel y una cubierta sólida son imprescindibles. Me gusta utilizar pluma estilográfica, así que necesito un papel que absorba y seque rápidamente la tinta. Tal vez quieras pasar a lo digital, y aunque esa opción podría funcionar, yo prefiero el acto de llevar el bolígrafo al papel. Parece que vincula el subconsciente y el consciente mejor que el tecleo. No dudes en escribir también en este libro.

Por supuesto, hay gente que prefiere grabar su voz. Si te decantas por ese método, adelante. Únicamente tú sabes qué es lo mejor para ti. Lo importante no es la forma en que escribas tu diario, sino que lo hagas.

Tal vez quieras tener diarios separados para el trabajo del tarot y el de la intuición. O puedes reunir todo tu trabajo en uno solo. También en este caso, lo importante es que encuentres un sistema que te permita ser coherente.

Cada día, dedica unos minutos a escribir en tu diario de tarot. Anota los sueños que hayas tenido, las señales del Universo o tal vez una carta de tarot del día que hayas sacado a primera hora de la mañana al sentarte con tu café. Anota las impresiones que te vengan a la mente. Haz los *taroticios* de este libro. No te detengas ni te preocupes por si lo estás haciendo correctamente o no... o por lo que puedan significar las cosas. Deja que tus pensamientos fluyan sin detenerte ni censurarlos.

Una vez que hayas anotado tus percepciones, guarda el diario. Vuelve a él más tarde durante el día. ¿Se ha desarrollado algo que pueda tener relación con tus destellos intuitivos o no? ¿Se han manifestado los acontecimientos de forma sorprendente? ¿Qué nuevos hallazgos has obtenido? ¿Qué patrones han surgido, si es que hay alguno?

Tómate tu tiempo para añadir cualquier nota o información que te parezca relevante.

Tu diario del tarot es un registro vivo y vibrante de tu viaje intuitivo, que volverás a visitar una y otra vez. Después de la baraja de tarot es tu mejor herramienta.

Algunas ideas para el diario

Carta del día: te recomiendo encarecidamente que saques una carta por la mañana y escribas en el diario los pensamientos que surjan. Esta es una práctica que hago todos los días. Es una forma de profundizar en mi conexión con las cartas y de entrenar mi intuición para que opere sin filtro. No solo saco una carta del día para mí, sino que además comparto una *online* para mis seguidores. Esto también es una buena práctica. Hay algo en el hecho de publicar una carta para que todo el mundo la vea que me ayuda a tener más confianza en mis habilidades con el tarot. Quizá descubras que esta rutina te ayuda a conseguir lo mismo.

Fecha: pon siempre fechas en las entradas de tu diario. De este modo, podrás mirar atrás y ver cómo se desarrollaron las cosas... y cómo creciste como tarotista.

Dibuja: si lo prefieres, en lugar de escribir, haz un dibujo. Por ejemplo, puedes dibujar una imagen de tu sueño o quizás tu propia interpretación de la carta que has sacado. Esta práctica también es una forma de canalizar la creatividad. La razón es que nuestra creatividad procede del mismo lado del cerebro que nuestra intuición. Si te sientes llamado a dibujar, esbozar o pintar, hazlo. Expresarte de esta manera podría ser una forma mejor de conectar.

Haz un álbum de recortes: también podrías pegar minicartas de tarot, fotos o incluso pequeños objetos que encuentres a lo largo del día, como plumas o recortes de revistas que capten tu atención. Añade cintas, purpurina o cualquier otra cosa que te atraiga; ¡haz de tu diario una obra de arte creativa e intuitiva!

Reflexión: de vez en cuando, vuelve a tus antiguos diarios. ¿Son ciertas tus percepciones? ¿O has interpretado mal algo? No te desanimes si crees que algo no se cumplió o no tuvo sentido. En lugar de eso, escribe lo que sí se cumplió. Solo los hechos. Aprende de ello. Más adelante, puede que descubras que tus interpretaciones originales eran válidas, pero no de la forma que esperabas.

Recuerda: la intuición no es perfecta. Siempre hay lugar para las interpretaciones erróneas. A medida que sigas practicando, tu instinto se fortalecerá. Al igual que un músculo, el instinto debe ejercitarse con regularidad. La única manera de ponerse en forma psíquicamente es trabajar esos músculos intuitivos todos los días. Mantener tu diario es como hacer flexiones de bíceps para *muscular* tu sexto sentido.

PRIMERA PARTE

Las bases del tarot

Antes de que tires ese librito blanco...

«Pero, Theresa, ¿por qué necesito conocer los significados de las cartas si voy a pasar por alto esas cosas y simplemente voy a confiar en mi instinto?». Lo sé, parece contradictorio. Hay una razón por la que empezamos por los «huesos».

A lo largo de los años, he oído a muchos profesores de tarot bienintencionados decir a la gente que «tire el librito blanco» y «lea lo que vea». Para mí, eso es como lanzar a alguien al mar sin que sepa nadar. Seguro que algunas personas descubren rápidamente cómo flotar, pero este enfoque no siempre es acertado. (Historia real: me caí de un flotador de caucho en medio de un lago y me hundí como una piedra... ¡Por poco me ahogo! No sabía nadar, y aquella experiencia me dio tanto miedo que me quitó para siempre las ganas de aprender).

Una opción mejor es empezar con una base sólida. Por un lado, construir los cimientos te dará confianza, pero hay otra razón: esas interpretaciones tradicionales sirven como punto de partida, un lugar donde empezar a desarrollar tus propios significados. También es muy útil tener esos significados memorizados, porque habrá momentos en los que tu intuición parezca estar bloqueada. Cuando eso ocurra, puedes apoyarte en esas interpretaciones. A menudo, estimularán tus instintos y pronto tu sexto sentido volverá a rugir.

Además, tienes que entender de qué va el tarot, porque leer sin conocer los antecedentes y la información primaria es como conducir sin saber qué combustible utiliza el automóvil o dónde está el volante. Imagina que alguien te pregunta cuántas cartas hay en la baraja, y tú no tienes respuesta a esa pregunta fundamental. ¡No! ¡Mientras dependa de mí, eso no va a pasar!

Un poco de historia

Quizá quieras saber de dónde viene el tarot. Hay muchos mitos sobre el origen de las cartas. Algunos creen que proceden de los egipcios o de los gitanos romaníes. Otros dicen que todo es un gran misterio. Nada de eso.

En realidad, las primeras barajas de tarot aparecieron en Italia durante el siglo XV. Estaban pintadas a mano y representaban a la nobleza europea.

Los juegos de cartas son anteriores al tarot, y se cree que el tarot también se creó inicialmente como un juego. (Dato curioso: aún hoy estos naipes se utilizan como juego en muchas partes del mundo). El tarot se llamaba *carte da trionfi* ('cartas de los triunfos'), y en algún momento, unos cien años después, pasaron a llamarse *tarocchi*.

Con la difusión masiva que arrancó a partir del siglo XVI gracias al invento de la imprenta, más gente consiguió hacerse con ellas. Pero hasta finales del XVIII no se conocieron sus usos adivinatorios, cuando un hombre llamado Jean Baptiste Alliete, también conocido como Eteilla (su apellido escrito al revés, ¡me llevó años averiguarlo!), publicó uno de los primeros libros sobre el tarot como herramienta de adivinación. Esto dio un nuevo giro a las cartas y aumentó su popularidad. Existen escasas pruebas de que el tarot pudiera haberse utilizado con fines adivinatorios antes de entonces, pero la obra de Eteilla puso lo esotérico y la adivinación en primer plano. La mayoría de los primeros mazos de tarot se basaban en el diseño marsellés. A principios del siglo XX el místico Arthur Edward Waite encargó a la artista Pamela Colman Smith que creara la baraja Rider-Waite-Smith (RWS), que sigue siendo la más popular hasta hoy. La excelencia de esta baraja radica en los arcanos menores, o cartas de números, ilustrados, que hicieron del tarot una herramienta de adivinación mucho más accesible. Gran parte de los mazos de tarot modernos se basan en las imágenes de la RWS. Es un icono. (Por eso también la recomiendo como la mejor baraja de inicio para los principiantes. Una vez que puedas leer con la RWS, podrás leer cualquier baraja).

He aquí otra nota divertida sobre la historia del tarot: en *El tarot, un viaje interior* (Editorial Sirio), Mary K. Greer escribe: «Las cartas se utilizaron en un juego poético del siglo XVI llamado propiamente *tarocchi*, que alude al análisis del carácter. Alguien repartía o asignaba cartas de triunfo a cada persona (normalmente damas nobles), y luego el poeta improvisaba un soneto que coincidiera con la carta y las características de cada persona». ¡Genial! Si quieres saber más sobre la historia del tarot, consulta estos libros:

A Wicked Pack of Cards [Una pícara baraja de cartas], de Ronald Decker, Theirry DePaulis y Michael Dummett.

The Encyclopedia of Tarot, Vol. I & II [La enciclopedia del tarot, vol. I y II], de Stuart Kaplan.

The Tarot: History, Symbolism, and Divination [El tarot: historia, simbolismo y adivinación], de Robert Place.

Llewellyn's Complete Book of The Rider-Waite-Smith Tarot [Libro completo del tarot Rider-Waite-Smith de Llewellyn], de Sasha Graham.

Mitos y conceptos erróneos sobre el tarot

Hay muchos mitos y conceptos erróneos sobre el tarot. Permíteme desmentir algunos de ellos aquí y ahora.

Te tienen que regalar tu primera baraja de tarot. ¡FALSO! Si hubiera esperado a que eso ocurriera, ¡podría no haber tenido una nunca! Crecí en una zona rural y solo en una de esas raras salidas al centro comercial me encontré con una baraja de tarot. El otro problema de este mito es que puede que tu gusto no coincida con el de otros. Me han regalado muchas barajas que no me atraen. No esperes a que alguien lo haga. Elige una baraja que te guste; solo tú sabrás cuál puede ser.

El tarot es maligno. NO. El tarot son, simplemente, setenta y ocho cartas de cartulina. Las cartas son inofensivas. Como con cualquier herramienta, tu intención es lo que dicta cómo se van a emplear. Por ejemplo, un martillo puede utilizarse para clavar un clavo y colgar un bonito cuadro. Pero también puede utilizarse para golpear a alguien.

La carta de la Muerte significa que vas a morir. Por desgracia, esta creencia parece haberse perpetuado en la cultura popular. A menudo, en las películas vemos que a alguien le están leyendo el tarot, y cuando aparece la carta de la Muerte, la pitonisa contiene el aliento y luego predice lo peor. Esto es un estereotipo, nada más. La carta de la Muerte indica transformación. Predecir la muerte es muy complicado. Esta carta por sí sola no suele tener nada que ver con la muerte.

Hay que ser vidente para leer el tarot. Aunque no es necesario ser vidente, una buena conexión con tu intuición reforzará tus habilidades de lectura del tarot. Pero escucha esto: leer el tarot también potenciará tu sexto sentido. En resumidas cuentas: van juntos, como la mantequilla de cacahuete y la mermelada. Pero sin las calorías.

No puedes leerte las cartas a ti mismo. Es un error. Esta es la forma en que la mayoría de los lectores aprenden. Además: ¿quién te conoce mejor que tú?

El tarot puede «verlo todo». El tarot puede ver mucho –y tu intuición también–, pero no es infalible. Las interpretaciones erróneas se dan continuamente. Al fin y al cabo, somos humanos. No siempre acertamos ni vemos todo lo que podría estar rondando a la vuelta de la esquina.

Ten en cuenta que tú también tienes control sobre tu futuro. La vida no te sucede sin más, y el tarot no es un acto pasivo. Nada está escrito en piedra. Si no te gusta algo que ves en las cartas o la forma en que, por cualquier motivo, te sientes, puedes cambiar de rumbo en cualquier momento. Como siempre digo: las cartas cuentan una historia, pero el final lo escribes tú.

¿Pueden predecir el futuro las cartas? Sí, hasta cierto punto. Funcionan más o menos como esta analogía: estás conduciendo un poco deprisa. Digamos que vas unos quince kilómetros por encima del límite de velocidad. De repente, un vehículo se acerca a ti en sentido contrario. El conductor hace un parpadeo con las luces. La mayoría de nosotros sabemos lo que esto significa: o bien te has olvidado de encender los faros, o bien hay un agente de policía más adelante.

Compruebas los faros y están encendidos. Esto significa que el parpadeo de las luces debe de ser un aviso de que te espera un control de velocidad. ¡Te han avisado! Ahora tienes dos opciones: puedes seguir acelerando como James Dean, y probablemente puedes adivinar dónde acabará esto: siendo detenido y multado (o algo peor). No hace falta ser adivino para ver ese resultado. Sin embargo, también puedes elegir reducir la velocidad. Levantar el pie del acelerador. Tal vez así evites que, por lo pronto, te pongan esa multa.

El tarot para la predicción funciona más o menos así. Muestra tanto las posibilidades como las dificultades. A partir de ahí, depende de ti utilizar tu sentido común y tu libre albedrío para tomar decisiones inteligentes.

Aquí tienes un ejemplo del proceso de predicción y de cómo puede cambiar en función de tus decisiones. Una vez tuve una clienta llamada Leah que resultó ser traficante de drogas. No era una chica tonta, pero simplemente «cayó en esa vida», como ella decía, y no quería dejarla porque se ganaba mucho dinero. Leah acudía a una lectura de vez en cuando para asegurarse de que estaba fuera del radar policial y de que su «carrera» seguiría financiando su estilo de vida.

Un día, recibió una lectura que no parecía favorable. La carta de la Justicia estaba en su entorno y el cinco de espadas estaba en su futuro. «Te van a pillar. Creo que tus vecinos sospechan de ti. Consíguete un trabajo, ahora mismo, o te meterás en un buen lío». Ella se burló de la idea y se marchó.

Al cabo de unos meses, sonó el teléfono. Fui a contestar y vi que la llamada procedía de la cárcel local. Normalmente, nunca respondería una de esas llamadas, pero, por alguna razón, me sentí obligada a hacerlo esta vez. Era Leah.

–¿Recuerdas cuando me dijiste que mi vecino sospechaba? Pues bien, resulta que era policía y me detuvo por traficar. ¿Podrías hacerme una lectura rápida?

–Cuando salgas y te centres, te la haré –dije y colgué el teléfono.

Toda esta situación podría haberse evitado si hubiera prestado atención a las advertencias y tomado mejores decisiones. Me alegra decir que, desde entonces, Leah ha pagado sus deudas y ha encauzado su vida. Ahora es una madre orgullosa y tiene un buen trabajo. En cierto modo, su paso por la cárcel era lo que necesitaba para cambiar de rumbo. ¿Quizá formaba parte de su destino? Me gusta pensar que sí. Pero también me gustaría creer que esta dolorosa lección podría haberse evitado.

Esta historia ilustra uno de los aspectos más bellos del tarot y la intuición: la vida es una serie de elecciones. Nuestra vida no nos «sucede» sin más. Son nuestras decisiones lo que dicta qué clase de futuro vivimos. Prestando atención a lo que decidimos y sentimos, así como a las diversas señales que nos rodean, podemos trabajar codo a codo con el Universo para crear vidas felices y saludables. El tarot y la intuición son herramientas que cualquiera puede utilizar en cualquier momento en su beneficio. Ambas nos ayudan a permanecer despiertos al volante, afianzarnos en el asiento del conductor y avanzar hacia un destino mejor.

Ahora que hemos cubierto todo eso, ¡veamos las cartas! La siguiente sección te dará interpretaciones de cada carta, así como ejercicios que yo llamo «taroticios» y formas de adentrarnos en las cartas para encontrar significados nuevos e intuitivos.

¿Preparado? ¡Toma tu baraja y vamos a examinarla, carta por carta!

¿En qué consiste una baraja?

La baraja tradicional de tarot se compone de setenta y ocho cartas. Hay barajas modernas que tienen más naipes, pero la verdad es que no me gustan, estoy chapada a la antigua. De manera que quito las cartas extra y me quedo con las setenta y ocho de siempre. Puede que tú también quieras hacerlo... o no. Si crees que esas cartas adicionales van a añadir algo a tus lecturas, quédatelas. De lo contrario, sigue mi consejo y quédate con lo tradicional que ya has comprobado que funciona.

El tarot se divide en dos secciones:

- Los arcanos mayores.
- Los arcanos menores.

Los arcanos mayores abarcan el panorama general, los acontecimientos predestinados, el periplo vital y las lecciones significativas que puedes aprender por el camino. Hay veintidós cartas en los arcanos mayores, comenzando por el Loco, que lleva el número 0. Cada imagen presenta un arquetipo que puede representar un paso en tu senda espiritual. Imagina que estas cartas mayores son la fuerza motriz que impulsa tu evolución.

Por el contrario, los arcanos menores representan los aspectos cotidianos que conforman tu vida. Son los que simbolizan tu trabajo, tus relaciones, tus finanzas y tus luchas, es decir, las cuestiones que puedes manejar. Hay cincuenta y seis cartas en los arcanos menores, que están distribuidas en cuatro palos:

- Bastos.
- Copas.
- Espadas.
- Oros (o pentáculos).

Cada uno de estos palos simboliza una faceta diferente de la vida:

- Bastos: empresa, creatividad, trabajo, pasión.
- Copas: emociones, relaciones, amor.
- Espadas: pensamientos, conflictos, desafíos.
- Oros: finanzas, bienes materiales, valores.

Asimismo, cada palo está relacionado con un elemento:

- Bastos: fuego.
- Copas: agua.
- Espadas: aire.
- Oros: tierra.

Mientras que los arcanos mayores podrían representar el elemento del espíritu.

Exploremos primero los distintos elementos.

Agua: copas

El agua nutre la tierra y ayuda a que todo crezca. Se derrama, se desborda, pero también puede estancarse. El agua puede anegar; sin embargo, también puede secarse. Con las emociones pasa exactamente lo mismo. Piensa en cuando tus sentimientos fluyen maravillosamente. Forjas conexiones profundas, te abres, te enamoras, expresas sin miedo lo que sientes. No obstante, cuando las emociones se bloquean, es fácil quedarse estancado en el pasado. En las ocasiones en que las emociones se desbordan, pierdes el control y te sientes superado por ellas. ¿Cómo influyen tus sentimientos en tu vida? ¿De qué manera conectas con los demás?

Juega con el elemento agua y las copas: coloca todas las cartas del palo de copas en una fila, desde el as hasta el rey. Examina en qué medida interactúa cada figura con las demás o se abstiene de hacerlo. Plantéate cómo sentirías la energía de una lectura si la mayoría de las cartas fueran de copas. ¿Crees que se trataría de una historia de amor... o de emociones desenfrenadas?

Encarna el agua: visita un lago, un mar o cualquier otra masa de agua. Siéntate en la orilla y contémplala, observa las olas o, si está en calma, asómate y mira tu reflejo. Quítate los zapatos y sumerge los dedos de los pies. Guarda silencio mientras reflexionas sobre la sensación del agua. Luego pregúntate: «¿Hasta dónde puedo llegar?». No en el agua, sino en el ámbito de las emociones. Deja que te llueva. Siente las gotas en tu cara. Permítete empaparte hasta los huesos. Pregúntate: «¿Cómo afectan las emociones a mi vida? ¿Cuándo me he sumergido totalmente en mis sentimientos?».

Fuego: bastos

El fuego puede dar calor a cualquier situación. Te calienta los huesos y te ayuda a cocinar los alimentos que comes. Puede abrir caminos y encender ideas o arrojar luz. El fuego crea movimiento y aventura; encarna la pasión. Piensa en la llama que arde en tu corazón. ¿Qué sientes cuando estás enamorado o enamorada de una persona o una idea? ¿Qué puedes construir a partir de esa chispa inicial? El fuego debe manejarse siempre con cuidado. En las manos equivocadas, puede destruir lo que costó mucho tiempo crear. Puede extinguir un bosque entero. Otro aspecto de este elemento es el agotamiento, esa sensación que se produce cuando lo das todo y empujas más allá de tu capacidad. En este caso, la llama muere porque no logra mantener el mismo nivel de calor. Los bastos significan la pasión, la chispa que crea el movimiento, la aventura y el trabajo. ¿Cómo se manifiestan la intensidad y la devoción en tu vida? ¿Qué estás construyendo?

Juega con el elemento fuego y los bastos: dispón todas las cartas de este palo, desde el as hasta el rey. ¿Qué aventura apasionante ves desarrollarse ante tus ojos? Si tu lectura fuera mayoritariamente de bastos, ¿indicaría entusiasmo o algo que está a punto de quemarse?

Encarna el fuego: enciende una vela. Relaja tu mirada y, a continuación, mira fijamente la llama. Siente el cálido resplandor al acercar la vela. Deja que la mente divague. Pregúntate: «¿Qué me ilumina? ¿Qué le aporta intensidad a mi mundo?». Luego apaga la vela. Contempla los momentos de tu vida en los que tus sueños se esfumaron. ¿Qué ocurre cuando renuncias a tus pasiones? ¿Y cuando te lanzas a por ellas poniendo todo el corazón?

Aire: espadas

El aire circula a nuestro alrededor, todos lo respiramos al mismo tiempo. Aunque no lo veamos, se mueve continuamente. El aire puede ser la fuerza que mueve un molino de viento. Las espadas son el reino de los pensamientos. Nuestro pensamiento puede ser audaz, emocionante o asfixiante. Podemos volar. El aire también puede ser espeso y difícil de respirar. Podría traer la tormenta que, a su vez, despeja los cielos; sin embargo, también puede azotar las cosas y derribarlas. El aire necesita tierra, o puede ser imprevisible. La antigua expresión *esparcidas a los cuatro vientos* puede referirse también a las ideas que no deben reprimirse. ¿Cómo canalizas tus pensamientos hacia la acción? ¿En qué medida dices la verdad?

Juega con el elemento aire y las espadas: coloca todas las cartas del palo de espadas en orden, desde el as hasta el rey. ¿Cuál es la previsión del tiempo? Si fueras meteorólogo y esta fuera tu previsión para catorce días, ¿qué dirías? Si tu lectura estuviera completamente llena de espadas, ¿verías conflicto o resolución?

Encarna el aire: sal a la calle y siente el aire en tu rostro. ¿Es una brisa fresca o un viento fuerte? Deja que las ráfagas te despeinen y te hagan girar. Inspira profundamente y espira con lentitud. Piensa en que todos respiramos el mismo aire. Contempla cómo eso te conecta con un familiar o con un desconocido que se cruza contigo en la calle. Hazte estas preguntas: «¿Cómo crean mis pensamientos una conexión... o un conflicto? ¿En qué momento mis ideas han inspirado o creado controversia?».

Tierra: oros

La tierra nos sostiene. Nos da algo sobre lo que apoyarnos, y hundir los dedos de los pies en la tierra nos hace sentir bien. Es el suelo sobre el que plantamos nuestras semillas, y lo necesitamos para crecer. Piensa en lo difícil que es cultivar algo en un desierto. La falta de tierra rica en nutrientes lo hace imposible en algunos lugares. La tierra se regenera por sí misma y puede sanar. Los oros son el elemento material del tarot, lo que hace que la vida valga la pena y nos ayuda a crear seguridad. Son nuestras raíces y nos estabilizan. La tierra nos muestra dónde tenemos que profundizar. Sin embargo, también puede ser seca y dura. En ese caso, nada sucede. ¿Qué valoras? ¿Estás dispuesto a ensuciarte las manos para hacer realidad tus sueños?

Juega con el elemento tierra y los oros: una vez más, dispón todas las cartas del palo en una sola línea, desde el as hasta el rey. ¿Qué está creciendo? ¿Cuál es el camino hacia la auténtica seguridad? Si la lectura fuera mayoritariamente de oros, ¿verías crecimiento financiero o algo más?

Encarna la tierra: quítate los zapatos y camina descalzo por la tierra. O hunde las manos en la tierra de una maceta. Siente el terreno que te rodea, pon en él toda tu sensualidad. Huele esa riqueza. Medita sobre la maravilla de la tierra: cómo sustenta, sana, hace crecer y reabastece. Reflexiona sobre estas preguntas: «¿Qué me hace sentir seguro(a)? ¿Qué puedo crear ahora mismo que sirva para cambiar las cosas?».

Los elementos en conjunto

Piensa en cómo los elementos pueden trabajar al unísono... o no. Por ejemplo, el agua y la tierra muestran el potencial de crecimiento.

Al fin y al cabo, el agua nutre la tierra y crea las condiciones para que lo plantado crezca.

Por otra parte, el agua y el fuego crean una energía a fuego lento que puede producir vapor... o hervir. En algunos casos, el agua apaga la llama.

El aire ayuda a que el fuego crezca. Por ejemplo, cuando estás encendiendo un fuego, al soplar sobre la pequeña llama se crea una hoguera. Pero el viento puede secar la tierra, agostando la superficie y haciendo que las condiciones sean inadecuadas para la agricultura.

El aire y el agua son neutrales el uno para el otro. Lo mismo ocurre con la tierra y el fuego. Dicho esto, siempre que veas que un elemento domina, incluso aunque haya compatibilidad, existe la posibilidad de que las cosas se desequilibren. En una lectura, fíjate en si los arcanos menores están en armonía o si uno predomina sobre los demás.

Esta descripción proporciona una versión simplificada de las *dignidades elementales*, una técnica del tarot que ofrece interpretaciones de las cartas basadas en cómo combinan o no los elementos de estas. Si quieres ampliar tus conocimientos sobre el tema, consulta la obra *Tarot Decoded* [El tarot descifrado], de Elizabeth Hazel, que explica esta técnica en profundidad.

El orden en las cartas de la corte

Dentro de cada palo de los arcanos menores, hay cuatro cartas conocidas como cartas de la corte. Pueden simbolizar personas en tu vida, oportunidades que podrías manifestar, así como la energía que transmites o que tendrías que aportar a una situación.

- Sotas: personas jóvenes, mensajes, semillas.
- Caballeros: personas jóvenes que se identifican como varones, acción, mensajeros.
- Reinas: personas que se identifican como mujeres o energía femenina, maternidad, crianza.

- Reyes: personas maduras que se identifican como varones o energía masculina, liderazgo, dominio.

No te preocupes demasiado por el género. Cualquiera, en cualquier momento, puede operar con energía masculina/femenina. Que te aparezca el rey de oros en una lectura no garantiza automáticamente que un desconocido alto y moreno esté a punto de entrar en tu vida. Esta carta podría indicar que necesitas hacerte responsable de tus finanzas.

¿Cómo saber cuál es el significado? La interpretación depende del contexto de la pregunta y de la posición de la carta. Por ejemplo, si alguien pregunta por su negocio y sale la reina de oros, esta carta podría ser una señal de que el consultante necesita centrarse en el aspecto financiero de la empresa. El caballero de copas en la posición de futuro cercano podría indicar una pareja romántica a la vista para un consultante que se pregunta si va a conocer a alguien. Dos sotas en una perspectiva general podrían señalar un momento en el que la consultante está desarrollando nuevos proyectos... o está embarazada de gemelos.

Aprender a entender las cartas de la corte lleva tiempo, pero con la suficiente práctica, empezarás a distinguir cuándo se trata de una persona, un mensaje o un consejo. Si quieres saber más, te recomiendo la lectura de la obra *Understanding the Tarot Court* [Entender la corte del tarot], de Mary K. Greer y Thomas Little.

Taroticio

Siempre recomiendo a los principiantes que creen avatares para cada carta de la corte basados en un personaje famoso o en alguien que conozcan. Se trata de un recurso mnemotécnico, una ayuda para la memoria que ayudará a tu cerebro a recordar la energía de cada figura.

Ahora que entiendes la estructura básica de la baraja, vamos a recabar algunas posibles interpretaciones. Los significados de las cartas del tarot que aparecen en este manual pretenden ser orientaciones generales. Cuanto más tiempo lleves leyendo, menos tendrás que confiar en estas interpretaciones. Sin embargo, por ahora, apóyate en ellas. Vuelve a consultar el libro cada vez que lo necesites.

Cuando estés empezando, es posible que te haga falta consultar el libro a cada momento. Eso está bien, sigue adelante, pronto serás capaz de leer las cartas sin él. Pero hasta entonces, estas interpretaciones te ayudarán a manejarte con un poco más de confianza... ¡como dos ruedecitas auxiliares para darte seguridad mientras aprendes a «montar» en el tarot! ¡No hay que avergonzarse de ello! (¡*Psst*, todos empezamos así!). Además de las interpretaciones de cada carta, verás indicaciones para escribir un diario.

Cada uno de estos elementos te ayudará a conectar con el tarot de diversas maneras. Las pautas para escribir un diario están diseñadas para que pienses en lo que las cartas pueden significar para ti. Los taroticios te desafían a descubrir diferentes formas de ver las cartas. Los ejercicios dedicados a «encarnar» te permiten llevar el tarot a tus experiencias cotidianas y sentir la energía de las cartas, algo esencial si quieres comprender su significado. Recomiendo hacer las tres cosas con cada carta para tener una experiencia completa y enriquecedora.

Unas palabras sobre las cartas invertidas

Si quieres ver cómo discuten los tarotistas, pregúntales su opinión sobre las cartas invertidas. Algunos lectores las odian. Otros piensan que son esenciales (y que la gente que no las utiliza es perezosa). En mi caso, no caí en la cuenta de que algunos no las usaban hasta que llevaba muchos años ejerciendo la profesión.

Siempre he trabajado con cartas invertidas. En mi opinión, le añaden matices sutiles a una lectura. *No obstante,* he tenido muchas lecturas estupendas de gente que no se molestó en utilizarlas. La verdad es que depende de ti.

Cuando estés empezando, tal vez sea mejor que no las emplees. Está bien así. Pero una vez que te pongas en marcha y te sientas seguro o segura con las cartas en posición invertida, tenlas en cuenta. Quizá descubras que llevan tus lecturas en nuevas y emocionantes direcciones.

Las inversiones pueden señalar una energía bloqueada o algo estancado. También puedes verlas como el significado opuesto de la carta. Por ejemplo, el Diablo invertido puede implicar una liberación de algo que te ata. ¡Es hora de liberarse, cielo!

Ten en cuenta que, sea cual sea la carta que mires, cuando está invertida, no se encuentra en su elemento. La vibración es inestable, está bloqueada o todo lo contrario. Una técnica que me gusta es mirar la versión invertida de la carta como consejo. Por ejemplo, si sacas el Ermitaño invertido, podría ser una señal de que necesitas tomarte un tiempo para contemplar tu situación. El tres de copas invertido podría decir que necesitas desahogarte y salir con tus amigos... o buscar el apoyo de tus compañeros. ¡La solución está en la versión invertida! *¡Shazam!*

A mi amigo Shaheen Miro le gusta poner la carta invertida en posición derecha como forma de «mover la energía». Me encanta esta idea. Si sacas una carta invertida para ti o para otra persona, gírala a su posición normal. ¿Qué se siente? Déjate llevar por la curiosidad. Vuelve a ponerla invertida. ¿Qué ves ahora? ¿Sientes que es diferente? Una vez más, dale la vuelta. Piensa en cómo podría avanzar esa energía si haces un cambio. ¡El tarot es mágico!

Los arcanos mayores

Recapitulando: los arcanos mayores representan el panorama general, el destino y las lecciones importantes que te ayudan a crecer. Hay veintidós arcanos mayores, empezando por el Loco, cuyo número es el cero. Puedes averiguar fácilmente qué cartas son arcanos mayores mientras examinas la baraja: tienen un número romano en la parte superior y un título como «el Mago» en la parte inferior.

¿Lo has entendido? Genial. ¡Empecemos!

El Loco

Carta número 0

URANO

El Loco avanza mirando hacia el cielo, sin darse cuenta de que podría caer en un precipicio. Lleva una bolsa colgada de una vara, que simboliza sus experiencias pasadas y su potencial. Avanza, sin preocuparse por nada, abierto a todas las aventuras que puedan surgir en su camino. Su fiel compañero, un perrito blanco, parece a punto de mordisquearle los talones. ¿Le estará advirtiendo de que está a punto de caer en el abismo? ¿O simplemente significa que el perro está encantado de acompañarlo en este recorrido alucinante?

Esta carta simboliza una nueva fase de la vida, un viaje, el riesgo y la inocencia. Es una señal de que ahora debes dar un valiente salto de fe, aunque no sepas dónde aterrizarás. En cambio, permanece abierto a lo que te espera y confía en que este camino puede llevarte en una nueva y emocionante dirección. El Loco siempre camina por donde los ángeles temen pisar.*

Otras formas de interpretar esta carta: vivir el momento, tomar una nueva ruta, un viaje espiritual, la inocencia, la falta de experiencia mundana, confiar en la bondad del Universo, un estilo de vida minimalista, hacer lo que no te resulta en absoluto familiar, la «mente del principiante».

El Loco invertido se aleja del precipicio. En lugar de saltar con total confianza y amor, se muestra vacilante. Temeroso. No está preparado para dar el paso. En una lectura adivinatoria, esta inversión

* N. del T.: La autora hace referencia a una cita del poeta inglés Alexander Pope *(fool rush where angels fear to tread),* utilizada luego por otros importantes autores y que hoy se ha convertido en un aforismo popular en el ámbito angloparlante.

dice: debes mirar antes de saltar. O no arriesgarte en absoluto. Esto también puede simbolizar tu abandono de una situación... o tu incapacidad para confiar en tus instintos.

Aunque la precaución y el miedo son interpretaciones típicas, la otra cara de esta carta es el comportamiento imprudente. ¿Alguien que bebe demasiado y se empeña en volver a casa conduciendo para que lo detengan y lo metan en la cárcel? Ese es el Loco invertido en acción.

Cómo encarnar la energía de esta carta: respira hondo y haz algo que esté totalmente fuera de tu zona de confort. El karaoke es perfecto. Subirte a un escenario sin que te importe hacer el ridículo: eso es el Loco en pocas palabras. Lleva contigo a un amigo sensato (tu versión del perrito blanco), ve al karaoke y canta a pleno pulmón.

Una pregunta para reflexionar: *¿Cuál es el mayor riesgo que has corrido?*

Taroticio

Siéntate con la carta del Loco durante unos minutos. ¿Qué símbolo destaca? Saca tu diario y empieza a rizar el rizo con ese símbolo. Anota todo lo que se te ocurra. Deja que tus palabras fluyan sin detenerte a corregirlas. Escribe simplemente lo que sientas. Guárdalo y vuelve a reflexionar sobre tus palabras más adelante. ¿Qué has descubierto? ¿Qué tipo de conexión has establecido con esta carta?

El Mago

Carta número 1

MERCURIO

A diferencia del Loco, el Mago sabe lo que hace.

Está de pie, irradiando poder, con las herramientas dispuestas frente a él, listo para realizar un prodigio. Con una mano levantada hacia el cielo y la otra apuntando a la tierra, personifica el principio metafísico «como es arriba, es abajo». El Mago es fuerza de voluntad concentrada, como la que necesitas cuando quieres contar con la máxima energía... o sacarte un conejo de la chistera. (Los trucos no son solo para los niños).

El Mago indica el compromiso con un objetivo y la utilización de todos tus recursos para hacer que se produzca la magia. Todo lo que necesitas está presente. Concéntrate en lo que quieres crear, tener o ser, y sé consciente de que nada puede detenerte. Cuando esta carta aparece en una lectura del tarot, significa: lo tienes. Sigue adelante y alcanza tus metas más elevadas. Depende de ti.

Ten en cuenta que el Mago puede indicar engaño o trucos. ¿Hay alguna trampa? ¿Estás actuando de forma justa y correcta? ¿O buscas un atajo?

En algunas lecturas, esta carta puede aconsejar que no pierdas de vista el premio, pero manteniendo tu integridad. Presta atención a las otras cartas que la rodean, y podrás ver si el Mago está en el camino correcto o no.

Otras formas de interpretar esta carta: potencial, acción, fuerza, creatividad, un enfoque masculino de los asuntos, un milagro.

Si aparece invertida, esta carta simboliza la falta de talento o de recursos. Asimismo, es una señal de que la atención no se centra aquí. No eres capaz de manifestar tu objetivo y todo se viene abajo. La incompetencia conduce al fracaso. La fuerza de voluntad se debilita o, en algunos casos, se convierte en un abuso de poder, porque podrías recurrir a la intimidación o a otros métodos agresivos para conseguir tu fin. No eres capaz de asumir la responsabilidad y se la pasas a alguien. Otra interpretación de la carta invertida es el exceso de confianza. ¿Esa persona que cree que puede aprobar el examen sin molestarse en estudiar? Nadie se sorprende cuando saca un suspenso.

Cómo encarnar la energía de esta carta: márcate un objetivo y no lo pierdas de vista hasta que lo consigas. Puedes elegir algo sencillo, como ordenar tu armario o alguna otra tarea que se te dé bien. Una vez que hayas decidido qué vas a hacer, pon un temporizador y ¡manos a la obra! Disfruta de esa sensación de dirigir tu voluntad y hacer que ocurra algo mágico, aunque esa magia sea simplemente un armario despejado.

Una pregunta para reflexionar: *¿Cuál es tu superpoder?*

Tarotício

Saca la carta del Mago de la baraja y pregúntate lo siguiente: «¿Qué está intentando manifestarse en mi vida hoy?». Siéntate tranquilamente con los ojos cerrados y fíjate en los símbolos o palabras que te vengan a la mente. ¿Cómo te hacen sentir? ¿Tienes la impresión de que hay algo que destaque? Abre los ojos y anota todo lo que te parezca relevante. Durante los próximos días, presta atención a si en tu vida surge algo que guarde relación con este ejercicio. Por ejemplo, en tu mente podría aparecer la imagen de una pluma estilográfica. Más adelante, durante la semana, te llega por correo una carta, escrita a mano, de tu mejor amigo.

La Suma Sacerdotisa

Carta número 2

LA LUNA

Un aura de misterio rodea a la Suma Sacerdotisa. Esta encantadora dama está vestida de azul y sostiene un pergamino secreto en sus manos. ¿Qué puede contener ese pergamino? Solo se nos revela una pista, la palabra TORA. Hay quienes dicen que podría ser la Torá. Para otros, en cambio, se trata de un símbolo del conocimiento oculto, de secretos que solo ella posee. Tiene una luna bajo sus pies y está sentada delante de una cortina, que muestra un trocito del río que corre tras ella. Ambos son símbolos del subconsciente. De inmediato sabes que estás ante una carta intensa.

La Suma Sacerdotisa representa la sabiduría y la intuición femeninas. Cuando esta carta llega en una lectura de tarot, el mensaje es sencillo: confía en tu instinto. Escucha esa pequeña y tranquila voz interior. Tu propia guía interior es todo lo que necesitas. No busques respuestas en los demás, busca en tu propia sabiduría.

Esta carta también podría simbolizar el yin o la cualidad pasiva del poder. No hay necesidad de entrar en acción. Es posible que este momento te pida que te relajes y permitas que la situación siga su curso. Observa lo que sucede. Confía en que todo se mueve obedeciendo un orden divino.

La Suma Sacerdotisa también hace referencia a los secretos. Ahora mismo hay algunas cuestiones que no deben revelarse. Eso llegará más tarde, cuando sea el momento adecuado.

Otras formas de interpretar esta carta: alguien capaz de adoptar múltiples formas, misterio, iniciación, un enfoque femenino de una situación, lo desconocido, inquietudes femeninas, mirar más allá de la superficie, fertilidad.

Cuando la Suma Sacerdotisa aparece invertida, ya no mira hacia dentro, sino que se preocupa por el mundo exterior. En lugar de pasiva, la energía es activa. Es decir, comprometida y totalmente apasionada. Sin embargo, has de saber que esta inversión también puede simbolizar que no estás haciendo caso a tu intuición. ¿Recuerdas aquella vez que sabías que no debías tomar esa ruta, pero lo hiciste y acabaste perdiéndote? Esa es la Suma Sacerdotisa invertida.

Cómo encarnar la energía de esta carta: cada vez que tomes una decisión presta mucha atención a cómo te sientes. ¿Estás siguiendo tu lógica o tu instinto? Trata de experimentar con ambas facultades. Comprueba con qué frecuencia tus instintos te guían en la dirección correcta, incluso cuando el sentido común podría sugerir lo contrario. Otra forma estupenda de adoptar la energía de la Suma Sacerdotisa es practicar la quietud. Retirarse del bullicio de la vida cotidiana es un modo fantástico de recuperar el equilibrio y de escuchar tu sabiduría interior. *Shhhh*...

Una pregunta para reflexionar: *¿En qué momento te ha demostrado tu intuición que es asombrosamente precisa?*

Taroticio

Sostén la Suma Sacerdotisa en tus manos y relaja tu mirada. Mientras te concentras en la carta, empieza a visualizar lo que hay detrás del telón. ¿Qué está ocurriendo entre bastidores? ¿Qué sientes? Si no puedes ver a través del telón, ¿qué podría decirte tu intuición sobre lo que hay en el fondo? ¡Deja que tu imaginación y tu intuición vuelen!

La Emperatriz

Carta número 3

VENUS

Pasemos ahora a la siguiente figura femenina de los arcanos mayores: la Emperatriz. Con solo mirarla, sentada cómodamente en su trono, puedes ver dos cosas: que es importante y que manda. Es el poder femenino en su máximo esplendor. El lujoso vestido, la corona de estrellas, los mullidos almohadones, la corriente del río y el campo de trigo dorado indican prosperidad, placer, todo lo bueno.

Cuando interpretas esta carta, la clave es la abundancia. Esta es la carta de la abundancia, una señal de que todo aquello en lo que te esfuerzas está dando sus dulces frutos. Por fin llega la recompensa. Puedes convertir en oro lo que tocas. Al igual que la figura de esta carta, puedes crear lo que quieras. Todos los poderes del Universo están contigo.

Como esta carta está relacionada con la fertilidad, podría indicar maternidad, embarazo o nacimiento. El matrimonio y el compromiso también entran en el ámbito de esta carta.

La Emperatriz se centra en la crianza. Tanto si cuida de su familia como si está procurando alcanzar un objetivo, puedes estar seguro de que pone toda su atención en la tarea. Por tanto, esta carta te aconseja que cuides bien de quienes dependen de ti o de aquello que quieras crear.

¡Una cosa más! Esta carta también puede representar la sensualidad. ¿Es hora de entregarse a algunas actividades placenteras? Ya sabes, un poquito de diversión...

Otras formas de interpretar esta carta: ternura, riqueza, una gran cosecha, la Madre Tierra, conexión con la naturaleza, belleza.

Así que cuando la Emperatriz aparece invertida, ¿qué puedes aprender sobre ella? Que llega un momento en el que el placer de los comienzos termina en punto muerto. Es decir, la pasión lujuriosa se atenúa o desaparece por completo. La fertilidad se marchita, y ahora te encuentras ante un campo estéril en el que no puede crecer gran cosa. La necesidad de nutrir se sustituye por la indiferencia o la crueldad. La madre sobreprotectora que no permite a su hijo abandonar el nido podría ser la expresión negativa de esta carta.

Sin embargo, esto no es del todo malo; a veces la Emperatriz invertida indica un momento en el que necesitas alejarte de tus emociones y de todo ese placer. En lugar de centrarte en los sentimientos, es hora de hacerle caso a la cabeza. Lo sensual se sustituye por lo lógico.

En algunos casos, esta inversión también indica un exceso de indulgencia. Si te excedes en la buena vida, no te sorprendas si lo pagas en el futuro.

Cómo encarnar la energía de esta carta: la Emperatriz propicia un enfoque sensual de la vida. Una forma de conseguirlo es haciendo algo placentero, una fiesta para los sentidos. Podría tratarse de una actividad de autocuidado, como recibir un masaje, o de jugar con la comida para crear una experiencia sensual con tu pareja, como en la película *Nueve semanas y media*. Hagas lo que hagas, que sea apasionado y espléndido.

Una pregunta para reflexionar: *¿Qué necesitas cultivar ahora mismo?*

Taroticio

Compara la Suma Sacerdotisa con la Emperatriz. Cuando comparas a estas dos damas del tarot, ¿qué diferencias encuentras? ¿Qué similitudes? Ahora, tómate un momento para reflexionar sobre los significados invertidos. ¿Notas algo? Al darles la vuelta a estas dos, verás que cada una de ellas es el reflejo de la otra. La Suma Sacerdotisa invertida sale de la pasividad y se vuelve apasionada, mientras que la Emperatriz invertida se repliega hacia dentro y retrocede.

El Emperador

Carta número 4

ARIES

El poderoso Emperador está sentado en su trono de piedra, mirando de un lado a otro, atento al menor indicio de problemas. Sostiene un cetro en una mano y un orbe en la otra. Si miras bajo la túnica, verás que lleva una armadura. Está preparado para dirigir, atacar o proteger su reino. A diferencia de la Emperatriz, el Emperador no tiene nada de blando.

El Emperador es el patriarca del mundo del tarot, la figura paterna que manda en la casa o en el reino. Es el poder personificado y todo lo que tiene que ver con la autoridad. Cuando aparece en una lectura del tarot, sabes que la situación se va a poner muy seria, rápidamente. Esta carta exige un enfoque disciplinado. Las tonterías no servirán de nada.

Por tanto, una posible interpretación es el trabajo duro y la disciplina. Esta lectura podría señalar un momento en el que necesitas adoptar un enfoque serio ante una situación. Si te esfuerzas ahora, sentarás una base segura para el futuro.

El Emperador también puede indicar autoridad, como en el trato con figuras influyentes. Podría ser el jefe, el padre o la ley. El respeto siempre es necesario, tanto si desempeñas el papel de gobernante como si estás bajo el poder de alguien. En algunas lecturas, esta carta podría indicar que tienes por delante un periodo de seguridad.

Todo está como debe estar, y puedes quedarte tranquilo. Los cimientos son tan sólidos como una roca. Puedes confiar en que las circunstancias actuales son estables.

Otras formas de interpretar esta carta: regulación, rutinas, apoyo, orden, organización, control, liderazgo, fuerza, ley, creación de normas, límites, gobierno, severidad, protector.

Cuando el Emperador está invertido, puede sacar un lado más suave de esta carta. En lugar de ser el Sr. Severo, está algo más tranquilo. No le preocupa tanto controlarlo todo, sino que tiende a permitir que cada uno haga lo que quiera.

La carta también puede indicar que alguien está perdiendo el control o el poder. En lugar de tenerlo todo bajo control, hay un descontrol absoluto. Es el imperio que se desmorona, el político derrocado por súbditos enfurecidos, o el director general destituido en una OPA hostil.

El Emperador invertido también puede simbolizar problemas con las figuras de autoridad.

Acuérdate de James Dean poniendo verde a su padre en *Rebelde sin causa*. Es justo eso.

Esta carta invertida también puede sugerir inmadurez. En lugar de encontrar el valor para hacer lo correcto, alguien huye de las responsabilidades. El padre irresponsable es un ejemplo perfecto del Emperador invertido.

Cómo encarnar la energía de esta carta: fija un objetivo para los próximos treinta días. Este suele ser el periodo de tiempo adecuado para conseguir que un hábito se mantenga. Digamos que tu objetivo es dejar el hábito del café diario. Lo sé, lo sé: ¡no es fácil! Ahora sigue con ello durante los próximos treinta días. Canaliza la energía disciplinada del Emperador. Al final de los treinta días, date una palmadita en la espalda por lo bien que lo has hecho.

Una pregunta para reflexionar: *¿Dónde necesitas más orden?*

Taroticio

El Emperador es un tipo muy estricto. Para este taroticio, intenta encontrar algo benévolo en él. Estudia la carta con atención. ¿Dónde podrías encontrar ternura en el Emperador?

El Sumo Sacerdote

Carta número 5

TAURO

El Sumo Sacerdote es el arcano mayor que más me costó entender. Me resultaba muy confusa, desde el nombre raro que tardé una eternidad en aprender a pronunciar hasta la vestimenta religiosa. Solo después de pasar mucho tiempo con esta carta llegué a comprenderla. Curiosamente, he conocido a muchos lectores de tarot que me dicen lo mismo; sencillamente no les gusta este señor. Sin embargo, una vez que te acostumbras a él, en realidad no es tan malo como parece.

Para empezar, el Sumo Sacerdote no tiene que ver con la religión en sí, aunque en algunas interpretaciones esta carta podría indicar religión, ritos, dogmas o doctrinas. Recuerdo haber leído para una joven hace años, y esta carta cayó en la posición marcada como «ambiente». Le pregunté si había alguna persona religiosa en su casa. Me contó que su padre era predicador. Así que sí, efectivamente la carta puede tener algo que ver con la religión.

Asimismo, es una carta que defiende las normas y el orden. Cuando aparece en una lectura del tarot, quiere decir: obedece las reglas. No te opongas al sistema. Hay que respetar lo establecido. Mientras que el Emperador crea las leyes del hombre, el Sumo Sacerdote crea las leyes del reino espiritual.

El Sumo Sacerdote también puede indicar un momento en el que la mejor solución es un enfoque ortodoxo. Quizá sea necesario ajustarse a las normas de la sociedad. Por ejemplo, para algunas parejas, hablar con un abogado para divorciarse es mejor que la «separación consciente».

En ocasiones esta carta representa a un maestro, mentor, consejero o anciano sabio que desempeña un papel esencial en tu vida y podría ofrecerte una enseñanza fundamental. Presta atención y presenta tus respetos. A menudo, interpreto el Sumo Sacerdote como la carta de la «terapia», porque a veces la gente necesita la orientación de un terapeuta sabio en el que pueda confiar.

Otras formas de interpretar esta carta: conformidad, pensamiento colectivo, estudios, rituales, ceremonias, bendición, el orden establecido, adhesión a una organización o movimiento, conocimiento secreto, tradición, obediencia ciega.

Cuando el Sumo Sacerdote está invertido, favorece la ruptura con las tendencias imperantes. En lugar de seguir las normas, es el momento de hacer lo que consideres oportuno. Déjate llevar por tu propio impulso y no dudes en dejar de lado la forma convencional de hacer las cosas. La mejor manera de avanzar consiste en adoptar un enfoque poco ortodoxo.

Rechaza las tradiciones y encuentra nuevas ideas, estructuras y formas de pensar. ¡Inconformismo hasta el final! Lo importante aquí es que examines y crees tu propio sistema de creencias en lugar de seguir ciegamente el de otros. La obediencia no es necesaria.

Otra cosa que hay que tener en cuenta es que esta carta podría simbolizar el abuso de poder, como el de un líder de una secta, alguien que se aprovecha de las creencias espirituales de la gente para su propio beneficio.

En algunos casos, el Sumo Sacerdote invertido podría indicar rebelión o anarquía. Si lo unes a la Torre, ¡está en marcha una revolución a gran escala!

Cómo encarnar la energía de esta carta: dado que esta carta puede estar relacionada con la religión, una buena forma de integrarla podría ser asistir a un servicio espiritual. Visita una iglesia o un templo, únete a un grupo de meditación, canta en un *ashram*, enciende una vela en una parroquia o júntate con gente que profese el paganismo. Comprueba qué se siente al formar parte de una ceremonia religiosa.

Una pregunta para reflexionar: *¿Qué papel ha desempeñado la religión en tu vida?*

Taroticio

Tanto el Emperador como el Sumo Sacerdote se preocupan por obedecer las normas. ¿Qué reglas podrían compartir ambos? ¿Cómo podrían ver las reglas de forma diferente? Si pudieran hablar, ¿qué leyes establecerían? Tómate unos minutos para reflexionar sobre estas cuestiones y luego escribe tus pensamientos en un diario. Por último, concéntrate en esto: si fueras un emperador o líder de un grupo religioso, ¿qué normas crearías y cómo las harías cumplir?

Los Enamorados

Carta número 6

GÉMINIS

Juraría que la carta de los Enamorados es la que todo el mundo quiere ver en una lectura del tarot. Al fin y al cabo, ¡las relaciones amorosas son uno de los temas que suscitan más consultas! No son muchos los que preguntan por el amor y esperan una carta «mala»; quieren a los Enamorados, en primer plano.

¿Y por qué no iban a hacerlo? La imagen está sacada del Jardín del Edén, con la pareja desnuda y el ángel en llamas flotando sobre ellos. ¡Es el paraíso en una carta de tarot!

Esta carta simboliza las relaciones, no solo las románticas. También puede indicar cualquier asociación importante, como podría ser una empresa conjunta. En cuestiones de amor, es una señal de que el amor está en camino y que es posible un compromiso. En el caso de las relaciones comerciales o de otro tipo, la carta de los Enamorados alude a personas que se unen en un espíritu de armonía. La energía aquí es de atracción mutua, con la capacidad de forjar una conexión profunda. Cuando aparezca esta carta puedes tener la seguridad de que las cosas irán en la dirección correcta tanto si te reúnes con alguien por un romance como para sellar un trato. La ayuda está disponible y el apoyo que necesitas lo tienes ahí, delante de tus narices.

Esta carta también puede indicar elecciones, como en el caso de una decisión importante. Si estás contemplando la posibilidad de dar un gran paso, esta carta dice: plantéate cuidadosamente las consecuencias y deja que tu guía superior te dicte el camino.

Otras formas de interpretar esta carta: unión, equilibrio, valores compartidos, intimidad, atracción, sexo, vulnerabilidad, tentación, encrucijada ética, desgarro entre el bien y el mal.

Cuando la carta de los Enamorados sale invertida, es señal de que una relación ha terminado mal. En lugar de ese equilibrio saludable, la energía aquí es destructiva. Es la carta del mal romance, de un matrimonio acabado o de una relación que se descarrila debido a un abuso de confianza. También puede simbolizar una pareja en la que uno pone más empeño que el otro. ¿El típico enemigo del compromiso que te da largas? Pues sí: la carta de los enamorados invertida. En esta posición también puede indicar una relación adictiva, especialmente cuando se combina con el Diablo. Esa pareja tóxica con continuas idas y vueltas y que se alimenta del sexo y la violencia: de nuevo la carta de los enamorados.

Esta inversión también puede simbolizar la toma de malas decisiones. En lugar de dejar que tu yo superior te guíe, las malas tentaciones te arrastran. El ángel y el demonio luchan en tu conciencia... y este último está ganando la partida.

Cómo encarnar la energía de esta carta: la artista Marina Abramović realizó una actuación en directo en la que se sentaba en silencio con desconocidos durante todo un minuto. Fue cruda, intensa y vulnerable. Energía de los Enamorados totales. Encuentra a gente con quien puedas practicar esto. Siéntate con ellos cara a cara. Estate totalmente presente con ellos, tal y como son. Puede que al principio te sientas un poco ridículo, pero aguanta. Sé abierto, vulnerable y mantente presente en el momento.

Una pregunta para reflexionar: *¿Cómo te muestras en tus relaciones?*

Taroticio

Saca el Sumo Sacerdote y los Enamorados. Te darás cuenta de que tienen una estructura similar: una figura espiritual con dos personajes debajo. ¿En qué se parecen estas dos cartas? ¿En qué crees que difieren? Si pudieras imaginar el consejo que darían las figuras espirituales, ¿qué diría el ángel y en qué se diferenciaría o se parecería al consejo del Sumo Sacerdote? Escribe tus respuestas en un diario.

El Carro

Carta número 7

CÁNCER

El Carro siempre evoca imágenes de Espartaco, el gladiador tracio que escapó durante una gran revuelta de esclavos. En una famosa escena de la película protagonizada por Kirk Douglas, los romanos intentan localizarlo ofreciendo el perdón a quien pueda identificar a Espartaco. Todos los hombres responden con «yo soy Espartaco», lo que lo ayuda a ocultarse. Es una película épica, lo mismo que esta carta.

El Carro nos dice que la victoria está al alcance de la mano. Por medio de la fuerza de voluntad, lograrás dirigir tu destino hacia la línea de meta. Las riendas están en tus manos y posees el vehículo perfecto para alcanzar tu objetivo. Tienes el control. No hay grandes obstáculos que se interpongan en el camino. Aunque haya algunos baches o algunas contradicciones, has descubierto el atajo secreto y el progreso está asegurado. El éxito es tuyo. ¡Adelante!

Otras formas de interpretar esta carta: intención, esfuerzo sostenido, fijación de un objetivo, determinación, militar, combate, fuerza, ego, toma de control, confianza, viaje. A nivel mundano, esta carta puede indicar tu vehículo.

Pero ¿qué ocurre cuando el Carro se vuelca? Por un lado, los obstáculos se interponen en el camino. De repente, la senda ya no está clara. La meta se vuelve inalcanzable, y te quedas atrapado mientras que las ruedas siguen girando, sin ir a ninguna parte. O es posible que pierdas de vista tus objetivos o que te estés rindiendo. La fuerza de voluntad que necesitabas para llegar a tu destino ha desaparecido. En lugar de sentarte en el asiento del conductor y avanzar hacia donde deseas llegar, te has perdido o te diriges de cabeza a un precipicio. En algunos casos, el Carro invertido puede indicar una fuerza de voluntad equivocada o un abuso de poder. La rabia en la carretera es un ejemplo perfecto de esta carta desbocada.

Cómo encarnar la energía de esta carta: como el Carro tiene que ver con la fuerza de voluntad, deberías centrarte en ese aspecto de esta carta. Una forma excelente de hacerlo es mediante la *trataka*, o la mirada concentrada en una vela. Busca un lugar tranquilo para que no te molesten. Enciende la vela. Contempla suavemente la llama parpadeante. Mantén tu atención en ella durante unos minutos. Observa el juego de luces y sombras. Fíjate en cómo se difumina la imagen del fuego. Intenta mantener tu atención totalmente en la vela, aunque a tu alrededor haya distracciones. Permanece en este esfuerzo durante unos cinco minutos o más. Observa cómo esta práctica calma la mente y te lleva al momento presente. Es en el ahora donde florece la fuerza de voluntad.

Una pregunta para reflexionar: *Si pudieras ir a cualquier parte del mundo, ¿a dónde irías y cómo llegarías a tu destino?*

Taroticio

Elige una película que trate sobre la ambición y el triunfo. Por supuesto, te recomiendo *Espartaco*. Mientras ves su desarrollo, piensa en el Carro. ¿Cuándo encontró el protagonista el vehículo perfecto? ¿Cuáles eran las diferentes piezas que debía controlar? ¿O qué aspectos de su propia personalidad tenía que manejar? ¿Qué obstáculos superó? Mira la película a través del filtro de la carta del Carro.

La Fuerza

Carta número 8 (11 en algunas barajas)

LEO

En la carta de la Fuerza, una mujer está cerrando las fauces de un poderoso león. Tiene una expresión de calma absoluta en su rostro.

El león la mira confiado. No hay lucha alguna, aunque se podría pensar que para domar a un león hay que librar algún tipo de batalla. Por el contrario, puedes ver la delicadeza en un momento de presión, que es la interpretación perfecta para esta carta.

La carta de la Fuerza no se refiere necesariamente a la fuerza física, aunque en algunos casos podría hacerlo. De lo que trata es de la fuerza interior que se necesita para superar grandes obstáculos. Algunos de esos obstáculos pueden ser internos, como domar al demonio interior o al ego. (Recuerda que el león está relacionado con el signo solar Leo, que rige el ego). Cuando te enfrentes a cualquier problema, la carta de la Fuerza es un recordatorio de que estos asuntos pueden manejarse con un toque firme pero suave. Aborda tus problemas de frente, confiando en que cuentas con lo necesario para salir airoso, más fuerte y sabio. No importa lo que tengas delante, lo que hay dentro de ti te sacará a flote.

Otras formas de interpretar esta carta: calma, capacidad de supervivencia, límites, ángel de la guarda, persuasión, valor, paciencia, dominio de una situación.

La carta invertida de la Fuerza implica debilidad, tanto física como emocional. En el ámbito físico, el significado adivinatorio es sentirse débil y disponer de pocas reservas de energía. Esto significaría que ha llegado el momento de retirarse y tomarse un respiro.

Recupérate para poder reunir más fuerzas. Si se trata de una situación que no está relacionada con la salud, esto indicaría cobardía o que no tienes los medios o las ganas de seguir adelante. En lugar de tomar las riendas, te rindes. La Fuerza invertida también podría simbolizar la superación de los demonios internos. Si la combinas con la carta del Diablo, verás a un auténtico adicto, atormentado por las adicciones, pero que no puede o no quiere abandonarlas.

Cómo encarnar la energía de esta carta: la próxima vez que te encuentres ante un problema importante, tómate un momento para conectar con tu propia fuerza interior. Encuentra esas reservas de poder dentro de ti (sí, están ahí). Dite: «La tengo». Porque así es.

Una pregunta para reflexionar: *¿Cuándo te has sentido más fuerte que tus dificultades?*

Tarotício

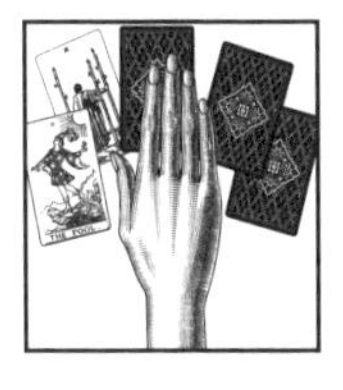

Tanto la mujer de la carta de la Fuerza como el Mago tienen el símbolo del infinito, o lemniscata, sobre sus cabezas. Representa la energía infinita. ¿En qué se diferencia el poder de la carta de la Fuerza del de la del Mago? ¿En qué es igual?

El Ermitaño

Carta número 9

VIRGO

A veces necesitas estar solo. Es la única manera de encontrar las respuestas. Esa es la energía del Ermitaño.

En esta carta, la figura se encuentra en la cúspide de una montaña, lejos del mundanal ruido; lleva un farol para iluminar su camino y un bastón en el que apoyarse. ¿Se siente solo? No hay manera de saberlo. Pero una cosa es segura: se está tomando un descanso para poder resolver las cosas.

Cuando el Ermitaño aparece en una lectura del tarot, simboliza la retirada del mundo exterior. En lugar de formar parte de todo, se aleja para poder conocer una perspectiva mejor y más clara. Este es el viaje interno, con poca conexión con lo externo. Lo externo solo sirve como distracción de la verdad. Únicamente se puede acceder a esa verdad dejando de lado todo el ruido.

A veces esta carta puede representar una especie de maestro o guía, alguien que te ayude a acceder a esas respuestas ocultas que están encerradas en tu interior. Piensa en un sabio gurú o en un líder espiritual capaz de impartir la sabiduría necesaria durante una época oscura e iluminar el camino. Podría ser alguien con quien trabajes o quizá seas tú quien desempeñe ese papel para otra persona. A veces te toca a ti ser tu propio maestro sabio. Tu gurú.

Otras formas de interpretar esta carta: introspección, reclusión, introversión, retiro, búsqueda de consejo sabio, reclusión, el buscador.

Ahora bien, cuando esta carta está invertida, la energía se exterioriza por completo. El mundo exterior marca el camino, y esta inversión nos dice que formemos parte de él. Que dejemos de escondernos. Es el momento de volver a la vida exterior o a una situación que necesita tu presencia. A veces, la única forma de adquirir sabiduría es repitiendo un error o enfrentándote directamente a un asunto que no te gusta. El Ermitaño invertido advierte de que hay que aprender de nuevo la misma lección, pero como se suele decir, a veces la única forma de aprender es por las malas.

Otra interpretación de esta inversión es el miedo a los demás. ¿El agorafóbico o la persona que quiere esconderse del mundo? Ese es el Ermitaño invertido. También puede simbolizar el escapismo, el rechazo a enfrentarse a las dificultades. En lugar de ocuparse de los problemas, la persona huye de ellos o se niega a asumir su responsabilidad. La inmadurez y el rechazo a crecer son energías que coinciden con esta inversión. Me gusta pensar en esta carta como otro «padre irresponsable» del mundo del tarot, que no está dispuesto a esforzarse. En lugar de pagar sus deudas, se quita de en medio. Seguramente se va de viaje con el Emperador invertido.

Cómo encarnar la energía de esta carta: tómate unas minivacaciones. Al menos, un día libre del mundo. Sin Internet, ni televisión, ni contacto con nadie. Desconecta de todo. Pasa el día en silencio. Descansa, lee, medita, reflexiona. Fíjate en que te sientes mucho más lúcido y tranquilo después de un día como eremita.

Una pregunta para reflexionar: *¿Qué papel desempeña el silencio en tu vida?*

Taroticio

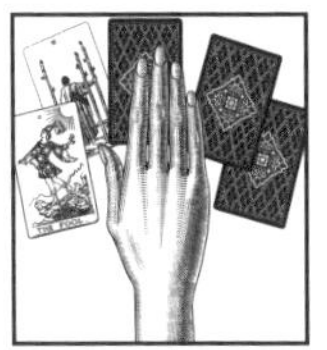

El farol simboliza un guía que ayuda a encontrar el camino en la oscuridad. Revisa la baraja de tarot y busca las cartas con fondo «oscuro». ¿Qué luz podría arrojar el farol del Ermitaño sobre estas cartas? ¿Qué sabiduría podría recoger al adentrarse en las escenas que se están desarrollando? Por ejemplo, el diez de espadas es una carta bastante lúgubre con un fondo negro azabache. Cuando el Ermitaño acerque su lámpara a la situación, podría llamar la atención sobre la falta de derramamiento de sangre. Podría señalar el amanecer en el fondo y la mano sostenida en el mudra *jnana*, una posición yóguica de la mano que simboliza la sabiduría. En lugar de la pérdida y la traición, ese farol muestra un final afortunado menos doloroso de lo imaginado y la luz al final del túnel justo en el horizonte. Prueba esto con otras cartas «oscuras» para ver qué puedes descubrir.

La Rueda de la Fortuna

Carta número 10

JÚPITER

La Rueda de la Fortuna, una carta rica en símbolos, suele ser una carta alegre en una lectura del tarot, pues indica que se avecina un cambio... y normalmente uno bueno. Es la carta del destino, una señal de que nada va a permanecer igual.

Cuando empiezas a estudiar la carta, es fácil que te dejes llevar por todas esas figuras: la esfinge, el ángel, el fénix, el toro, el león, la serpiente y la criatura con cabeza de chacal parecen vigilar la rueda de una forma u otra. ¿Qué papel desempeñan? ¿Cómo pueden hacer girar la rueda o acompañarla?

Antes de pasar a las interpretaciones, echemos un vistazo a algunos de estos personajes. La esfinge está sentada encima de la rueda y sostiene una espada en la mano. Es el guardián de todos los secretos: el propio destino. Las cuatro criaturas del exterior de la rueda también aparecen en la carta número 21, el Mundo. Representan los cuatro elementos o signos fijos del Zodiaco. En la rueda hay una serpiente, símbolo de transformación, y esa criatura con cabeza de chacal, Anubis, es el guía de las almas muertas. Como puedes ver, el tema aquí es el destino, el cambio, la muerte y el renacimiento.

De inmediato, el tema te alerta de que esta carta indica un cambio fundamental, una transformación significativa que se avecina y el final de un ciclo. Puede que no esté claro qué ha provocado el cambio o de qué se trata, pero una cosa es segura: es necesario y para bien. El viejo dicho «todo ocurre por una razón» podría ser una analogía perfecta para la Rueda de la Fortuna. A veces las cosas simplemente suceden, y no sabes por qué, pero al reflexionar más tarde, puedes ver lo importantes que eran esos cambios. Así que cuando aparezca esta carta, déjate llevar por ella. Ponte en manos del destino y confía en que las cosas avanzan como deben. No temas el cambio; inícialo si es posible. El karma hace su trabajo. ¿No te gusta cómo se está desarrollando? Recuerda que tus actos pasados han puesto la rueda en movimiento. Los cambios que se están produciendo forman parte de un ciclo kármico, y tienes que moverte con él lo mejor que puedas.

Otras formas de interpretar esta carta: destino, consecuencias de acciones pasadas, movimiento, nuevas direcciones, dar la vuelta a las cosas, suerte, avance, arriesgarse.

La Rueda de la Fortuna invertida puede representar el limbo o un momento en que las cosas parecen estar en el aire. El movimiento hacia delante está ahora atascado en el piloto automático, y todo lo que puedes hacer es esperar a que las cosas pasen. Esto también puede simbolizar una negativa a aceptar los cambios. En lugar de dejarte llevar por la vida, se produce una lucha. A veces, esta carta también indica una inversión de la fortuna; de repente, todo se desmorona y la rueda se detiene. Las acciones pasadas han creado las condiciones para el fracaso. Es hora de volver a empezar desde cero. ¿Mala suerte o malas decisiones? Solo el tiempo lo dirá.

Cómo encarnar la energía de esta carta: como la Rueda de la Fortuna significa cambio, una de las mejores formas de experimentar esta carta es poniendo en marcha tu propia rueda. Puedes hacerlo estableciendo una intención. Saca tu diario y piensa en un cambio que te gustaría ver en tu vida. Visualiza cómo podría ser o cómo te sentirías si ese cambio se produjera. Tómate un minuto para anotar la afirmación que mejor te represente una vez alcanzado tu objetivo. Por ejemplo, si quieres un nuevo trabajo, tu declaración puede ser: «Tengo el trabajo perfecto». Una vez que hayas decidido tu afirmación, escribe algunas cosas que estés dispuesto a hacer para conseguirlo. Utilizando nuestro ejemplo, podría ser: «Repasar mi currículum. Buscar en Internet. Llamar por teléfono a posibles empleadores».

Siguiente paso: guarda tu diario y empieza a realizar al menos una de esas acciones. Unos meses después, revisa tus notas y comprueba qué cambios se han producido. ¿Has alcanzado tu objetivo? Si no, ¿qué nueva rueda debes poner en marcha?

Una pregunta para reflexionar: *¿Cuándo ha intervenido el destino en tu favor?*

Taroticio

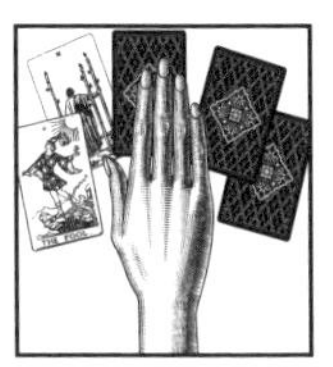

Si miras alrededor de la rueda, te darás cuenta de las letras T-O-R-A, las mismas que aparecen en el pergamino que sostiene la Suma Sacerdotisa. ¿Qué puede decirte esto sobre ese pergamino? Si quieres ampliar tus conocimientos, compara las cuatro figuras de esta carta con las de la carta del Mundo. ¿Qué pistas aportan estos personajes a cada carta?

La Justicia

Carta número 11 (8 en algunas barajas)

LIBRA

Al igual que la Rueda de la Fortuna, la Justicia trata del karma. Ambas cartas indican que lo que estás viviendo en este momento se debe principalmente a acciones pasadas. Las consecuencias han llegado a su fin. La clave de esta carta es comprender la verdad del pasado. Cuando puedas comprender plenamente tu papel en los acontecimientos pasados y asumir la responsabilidad personal de ello, verás la manifestación positiva de esta carta. ¿No estás dispuesto a hacerlo? Bueno, la Justicia estará presente, pero puede que no te guste.

Nunca olvidaré aquella vez, hace mucho tiempo, cuando leí para un cliente escéptico que pensaba que todo era una tontería. Yo trabajaba como camarera y con las bebidas ofrecía lecturas de tarot. Mientras el hombre daba sorbos a su cerveza, le eché las cartas y apareció la Justicia junto con unas cuantas cartas de aspecto no muy agradable. Lo miré y le dije: «Hagas lo que hagas, cambia de rumbo. Si no lo haces, vas a tener problemas con la ley». Se burló de mí, terminó su bebida, dejó una propina en la barra y me dijo que estaba muy equivocada.

Unas semanas más tarde, lo detuvieron por robar cartones de cigarrillos de los camiones. Llevaba años sustrayéndolos y vendiéndolos a bajo precio. Se acabó el juego y terminó cumpliendo condena. Uno de sus amigos vino al bar unos días después de lo ocurrido y me dijo que la lectura del tarot lo había embrujado. Aunque el tipo al que le leí había puesto una cara valiente y chulesca ante los demás clientes del bar y ante mí, en privado no dejaba de preguntarle a su amigo: «No crees que esa tarotista tenga razón, ¿verdad?». No tardó en obtener su respuesta.

Ahora bien, como soy supersticiosa, si yo manejara una red de robo de tabaco y obtuviera una lectura como esa, habría tomado otras decisiones. Pero esa soy yo. Esta historia ilustra cómo creamos nuestro propio karma al tomar decisiones buenas o malas. Una de las interpretaciones de la Justicia es precisamente esa: sé consciente de tus decisiones en este momento. Sopesa tus opciones con cuidado. Sobre todo, haz lo correcto, aunque no sea el camino más fácil.

Otras formas de interpretar esta carta: justicia, decisiones, integridad, saldar deudas (kármicas o de otro tipo), sopesar los pros y los contras, cuestiones legales, hacer leyes y cumplir la condena.

Invertida, esta carta puede indicar una injusticia. Quizá hayas recibido un trato inapropiado. Tal vez alguien te engañó. Sea cual sea el caso, puede que te enfrentes a una sentencia que parece injusta. También es un signo de actividades ilegales. Si estás haciendo algo malo y aparece esta carta, ¡cuidado! Es hora de darle la vuelta antes de que te caiga algo encima. Dependiendo de la pregunta y de otras cartas implicadas (por ejemplo, el siete de espadas), la Justicia invertida puede sugerir que alguien se está saliendo con la suya. Esta inversión también puede advertir de una mala toma de decisiones. Si estás tratando de decidir entre dos cursos de acción, espera.

Cómo encarnar la energía de esta carta: la Justicia es una carta que puedes incorporar cada día de tu vida. He aquí cómo: haz lo correcto. Y punto. ¿Así de sencillo? A primera vista, no lo es, porque a veces lo correcto no es blanco o negro. La forma de encontrar el camino ético comienza con la atención plena. Antes de tomar una decisión o abrir la boca, detente. Tómate un momento para preguntarte: «¿Cómo pueden afectar mis palabras o acciones a mi vida o a la de los demás?». Reflexiona sobre ello. Luego, sigue adelante y sé un buen ser humano.

Una pregunta para reflexionar: *¿Cómo actúas cuando ves la injusticia?*

Taroticio

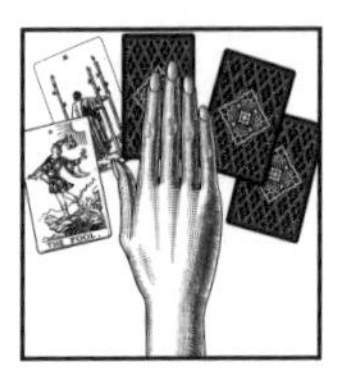

Saca el Mago, el Diablo y la Justicia. ¿Notas algo? Cada uno de ellos tiene una mano levantada hacia el cielo y otra apuntando hacia la tierra. Puede que sostengan herramientas diferentes, pero el mensaje es el mismo: como es arriba, es abajo. Reflexiona sobre lo que podría estar manifestando cada carta. Anota tus conclusiones en un diario.

El Colgado

Carta número 12

NEPTUNO

El Colgado es otra carta que a menudo se malinterpreta. La gente supone que significa algo terrible, como una ejecución. Pero si observas esta carta, no verás ninguna señal de lucha ni ningún derramamiento de sangre. En su lugar, observarás una figura que está colgada, con una expresión de paz en su rostro y un halo dorado alrededor de su coronilla. Esta imagen ciertamente no refleja el miedo, ¿verdad? Por el contrario, la sensación aquí es de aceptación.

La imagen de un hombre colgado de un pie se llama *pittura infamante*, que en castellano significa 'retrato difamatorio'. Estas pinturas eran habituales en la Italia del Renacimiento y estaban destinadas a avergonzar a los ladrones, traidores y otros tipos de delincuentes cuando no existía ningún otro recurso legal. También se utilizaban para burlarse de la clase alta cuando era sorprendida en un delito. Se cree que el Colgado se basa en la *pittura infamante*.

En una lectura del tarot, el Colgado representa una especie de sacrificio. Hay que renunciar a algo para conseguir un objetivo. Esta carta dice: prepárate para arriesgarte a hacer algo. Si alguna vez has necesitado hacer algo que no te reporte ningún beneficio, habrás sentido la energía del Colgado.

También simboliza el hecho de dejarse llevar. En lugar de luchar contra los acontecimientos, acéptalos. Relájate. Confía en que todo va como tiene que ir. Esto significa: ten fe. Todo se resolverá como es necesario.

El Colgado también puede indicar la necesidad de ser tú mismo. Esta carta defiende que sigas tu propio camino en lugar de amoldarte a lo que hace todo el mundo, aunque eso implique pasar por un bicho raro. Otra interpretación popular es la de esperar. Puede que la situación no esté lista para cambiar en este momento. Lo único que puedes hacer es esperar a que pase el tiempo. Si adoptas una actitud relajada, obtendrás una perspectiva totalmente nueva.

En algunos casos, esta carta podría indicar un traidor. O, si sigue a la carta de la Justicia en una pregunta sobre un caso judicial, puede simbolizar la imposición de una sentencia. Debido a la energía de «espera» que la rodea, suelo interpretarla como una pena de cárcel en esos casos.

Otras formas de interpretar esta carta: liberación, una nueva perspectiva, manos atadas, quedar colgado, perdón, el mártir, ceder el control y suspensión.

Cuando el Colgado está invertido, puede indicar una incapacidad para encontrar la libertad. Aquí, la figura está atrapada en el árbol y le es imposible bajar. Esta posición puede interpretarse como un bloqueo, no solo por las circunstancias, sino también por un bloqueo emocional, como aferrarse a un ex y negarse a seguir adelante.

Esta inversión también podría interpretarse como una incapacidad para ser tú mismo. La figura está tensa y temerosa. En lugar del aire de seguridad que proyecta la versión en posición normal de esta carta, aquí es incapaz de dejar de lado la ansiedad o lo que piensan los demás. Se convierte en un prisionero de sus propios pensamientos, incapaz de actuar libremente en el mundo.

En algunos casos, el Colgado invertido puede simbolizar un periodo en el que tienes la capacidad de ponerte en pie... o de volver a hacerlo tras una dura prueba. También puede representar a una persona que se queja continuamente de todo lo que hace por los demás. La madre abnegada que se queja a todas horas es un buen ejemplo del Colgado invertido.

Cómo encarnar la energía de esta carta: encuentra la tarea más tediosa que puedas, una que implique esperar. ¿Hacer cola en la Dirección

General de Tráfico? Perfecto. Ahora procura estar lo más tranquilo que puedas. No importa lo que ocurra a tu alrededor o la lentitud con que se mueva la cola, haz todo lo posible por mantener la calma, confiando en que al final llegarás al mostrador. ¿Fácil? No. Pon a cualquiera en una cola larga, y rara vez verás a alguien que no termine perdiendo los nervios.

Una pregunta para reflexionar: *¿Por qué vale la pena esperar?*

Taroticio

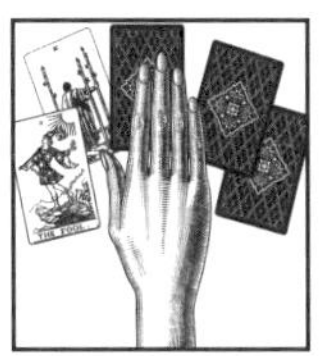

Observa que las piernas del Colgado forman el número 4. Saca todas las cartas de la baraja que tengan el número cuatro o alguna variante (por ejemplo, la Muerte es 13: 1 + 3 se reduce a 4). ¿Qué temas comunes encuentras aquí? Por ejemplo, el Colgado simboliza la capacidad de dejarse llevar por completo. ¿Qué puede decir el cuatro de espadas sobre la fe? Busca las pistas. Anota tus hallazgos en un diario.

La Muerte

Carta número 13

ESCORPIO

«¡Espero que la carta de la Muerte no salga en mi lectura!». Esto es algo que todos los tarotistas escucharán alguna vez. Puede que los medios de comunicación populares tengan la culpa de ello; no son pocas las películas que muestran el estereotipo de la adivina que saca la carta de la Muerte, abre los ojos de forma dramática y exclama: «¡Estás en grave peligro!». Esto ha estigmatizado en gran medida esta carta. (¿Te has dado cuenta de que el protagonista nunca muere a pesar de estas predicciones? *Hmmm...*).

Tienes que saber que la carta de la Muerte no significa la muerte física. De lo que habla es de que algo importante está a punto de llegar a su fin para despejar el camino hacia un nuevo comienzo. En otras palabras, esta carta indica transformación. Predecir la muerte real en una lectura de tarot es muy complicado, y muchos tarotistas ni siquiera la tocan por razones éticas. A menudo, no aparece en absoluto con las cartas de «miedo». La gente da por sentado que hay que ver esas imágenes siniestras para mostrar el final de la vida, pero en realidad, en las raras ocasiones en que la muerte física aparece en una lectura del tarot, suele ser muy diferente de lo que las películas nos quieren hacer creer. Vivimos en una cultura con fobia a la muerte, y por eso asumimos que es algo negativo. Lo que nos cuenta el tarot es una historia diferente.

Por cierto, hablando de historias, esta podría ilustrar bien la idea que quiero comunicarte. Hace unos años, mi hija y yo íbamos en avión hacia San Francisco para celebrar su graduación universitaria. La carrera había sido muy larga y dura para ella, así que era hora de desahogarse y comer como reinas en una de nuestras ciudades favoritas. Después de dos horas en el avión, estábamos aburridas, así que saqué las cartas del tarot de mi bolso para pasar el tiempo.

Mi hija barajó despacio, concentrándose con intensidad en su pregunta. Era evidente que se trataba de una pregunta crítica, y quería asegurarse de que las cartas estuvieran convenientemente preparadas. Cortó la baraja, me la entregó y preguntó lo siguiente: «¿Seré económicamente independiente este año? Estoy harta de depender de papá». En ese momento de su vida, su padre se encargaba de ella, y a menudo tenían furiosas disputas, porque cada céntimo que le daba estaba sujeto a una condición. Esa situación creaba muchas fricciones en su vida, y estaba deseando dejarla atrás para poder ser autosuficiente... y llevarse mejor con él.

Eché las cartas, y eran fabulosas. El Sol, el diez de oros, la Templanza. Unas cartas estupendas. Como el Sol es la mejor carta de la baraja, supuse que eso significaba un porvenir brillante y un trabajo. «Tu futuro se ve muy bien aquí. Parece que serás completamente independiente antes de que acabe el verano». Empezamos a hablar de posibles empleos y planes mientras guardaba la baraja.

Unas semanas después, su padre murió repentinamente de un ataque al corazón. Ella heredó una buena suma de dinero y se quedó sola. Así es como aparece la muerte en una lectura.

¡Otra historia! Una clienta acudió a mí llorando. Su marido había tenido una aventura, y aunque después se reconciliaron, ya no se sentía segura en la relación. Seguían discutiendo, y ella tenía un miedo tremendo a que volviera a marcharse. Saqué el ocho de copas. «Parece que se va a ir otra vez. Quizá para siempre». No quedó muy contenta con la lectura, por eso no esperaba volver a saber de ella. (Cuando no le dices a los clientes lo que quieren oír, suelen desaparecer). Sin embargo, recibí una llamada. «Theresa, cuando dijiste que me iba a dejar, ¿podría significar la muerte? Porque murió mientras dormía hace unos días».

De nuevo, la muerte rara vez aparece en una lectura, y estos ejemplos muestran que puede no ser lo que esperas.

Ahora vamos a profundizar en la carta de la Muerte.

Como dije antes, la Muerte indica un cambio. Aunque te inquiete lo que te espera, esta carta te dice que lo aceptes y sigas adelante. Que dejes el pasado en el espejo retrovisor y mires hacia el futuro. Esta es la carta que deberías ver cuando pienses en hacer un cambio de vida importante. Es una llamada a renunciar a lo viejo, a lo gastado o a todo aquello que has superado para dar paso a un nuevo comienzo.

Otras formas de interpretar esta carta: la eliminación, lo desconocido, la conclusión, una llamada a simplificar la vida, deshacerse de lo innecesario, aceptar tu destino y tu final.

El significado invertido de esta carta intensifica el factor miedo. Ese miedo puede llevar a la resistencia o a la pereza. En lugar de abrazar las posibilidades, la persona se vuelve terca, se ofusca y se niega a dejarse llevar. Aferrarse a la vida es una de mis interpretaciones favoritas de esta inversión. Incluso si el cambio es positivo, alguien que no está dispuesto a ceder se aferrará al pasado. Porque en ocasiones, incluso una historia nefasta es más reconfortante que el miedo a lo que pueda venir. La gente que se lamenta del futuro y añora los «buenos tiempos» –que no fueron tan buenos– es un ejemplo de la Muerte invertida.

Cómo encarnar la energía de esta carta: la mejor manera de experimentar esta carta es deshaciéndote de algo que ya no te sirve. Por ejemplo, un viejo par de pantalones que te están estrechos al que te aferraste con la esperanza de volver a poder ponértelos, o quizá se trate de cambiar tu rutina de ejercicios porque no está dando ningún resultado. Mira a tu alrededor. ¿Qué es viejo, rancio y no está en sintonía con la vida que quieres vivir? Deshazte de ello y no mires atrás.

Una pregunta para reflexionar: *¿Qué debe desaparecer?*

Taroticio

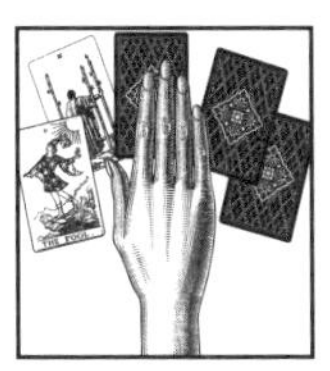

En esta carta hay cinco figuras: la figura del esqueleto sobre el caballo, el rey muerto, el papa, la doncella y el niño. Observa cómo interactúan (o no). ¿Qué pistas pueden darte esas interacciones? ¿Qué se dicen estas figuras entre sí? ¿Qué puedes averiguar sobre sus relaciones... y su relación con la muerte? Anota tus conclusiones en un diario.

La Templanza

Carta número 14

SAGITARIO

Después de la carta de la Muerte, pasamos a la calma de la carta de la Templanza. La figura angélica vierte con destreza un chorro de agua de una copa a otra. Tras ella, una corona de oro se eleva sobre un camino. Esta carta simboliza la paz, el equilibrio y la sanación. Cuando la Templanza aparece en una lectura del tarot, es una señal de que eres capaz de aceptar los acontecimientos pasados y quizás hayas aprendido algo valioso. Esas experiencias pueden llevarte a tomar decisiones mejores y más conscientes en el futuro.

Como carta del equilibrio, la Templanza está a favor de la moderación. En lugar de los extremos, esta carta dice: encuentra el centro. Ese es el punto ideal. Cuando operas desde ahí, ya no te dominan tus reacciones o deseos, sino que encuentras tu esencia y te mueves por la vida con soltura.

Fíjate en cómo la figura introduce con cautela un dedo del pie en el agua mientras el otro pie permanece firmemente plantado en la tierra. Esto podría deberse a que estás probando el agua para ver si algo es posible o no. Experimentar antes de tomar una decisión firme significa que estás actuando con la debida diligencia. También podría interpretarse como la unión de dos elementos diferentes y la búsqueda de la armonía entre ambos. Por ejemplo, una familia mixta feliz sería la Templanza en acción.

A veces esta carta aconseja paciencia. No te apresures a tomar una decisión. Reflexiona sobre ella. Sopesa todas tus opciones.

También he visto aparecer esta carta cuando alguien se está recuperando de una enfermedad.

Es una señal de que el cuerpo está esforzándose por restablecer el equilibrio.

Otras formas de interpretar esta carta: alquimia, abstención, enfoque sensato, mezcla, quietud, esperar el momento, tolerancia, refinamiento y un «término medio satisfactorio».

La Templanza invertida es una energía desequilibrada. En lugar de ser serena, se convierte en perturbadora, inestable. La figura pierde el equilibrio y tropieza. Nos vamos a los extremos. Esos extremos pueden ser hábitos como comer en exceso o abusar de las drogas o el alcohol. Pero también podrían ser la incapacidad de controlar una situación. Se pierde el centro y reina el caos. El caos sustituye a la paz. Si esta inversión aparece con el Diablo, es una advertencia de que los hábitos te están llevando a un lugar oscuro.

Otras interpretaciones de la Templanza invertida son la indecisión y la impaciencia. ¿No eres capaz de decidirte y estás volviendo locos a los demás? Eso es.

Cómo encarnar la energía de esta carta: una de las mejores formas de integrar esta carta es a través de la postura de yoga *Vrksasana* o del árbol. Encontrar el punto de equilibrio en esta postura requiere práctica, pero una vez que la domines, sentirás que te invade una sensación de tranquilidad. Así es como se hace la postura: ponte de pie, bien erguido. Dirige toda tu energía hacia tu pierna izquierda. Imagínatela tan robusta como el tronco de un árbol. Levanta el pie derecho y apóyalo en la pantorrilla o el muslo. Tensa los abdominales y alarga el torso. Visualiza que la coronilla se proyecta hacia el cielo. Coloca las manos en posición de oración delante del corazón. Respira profundamente unas cuantas veces y, si sientes el impulso, alza las manos por encima de la cabeza y separa los dedos como si estuvieras haciendo crecer ramas. Respira un poco más y relájate en la postura. Puede que te sientas un poco tembloroso. Ten paciencia. Respira profundamente. Permanece en la postura durante un minuto más o menos. Luego baja lentamente las manos hacia el corazón y suelta el pie derecho. Repite la secuencia con el otro pie. Fíjate en lo centrado –o inestable– que te sientes cuando mantienes esta postura. ¿Has sido capaz de encontrar el equilibrio?

Una pregunta para reflexionar: *Cuando la vida te pone a prueba, ¿cómo reaccionas?*

Tarotícío

Busca todas las cartas en las que aparezcan dos copas o dos recipientes. ¿Cómo maneja cada una de las figuras esas copas? Las copas simbolizan las emociones: ¿qué emociones crees que están en juego en cada una de estas cartas?

EL DIABLO

El Diablo

Carta número 15

CAPRICORNIO

El Diablo es otra de esas cartas del tarot que infunden miedo. Si le echas un vistazo, verás un demonio de aspecto maléfico con un hombre y una mujer desnudos y encadenados. Esta imagen es probablemente la razón por la que muchos asumen que las cartas del tarot son diabólicas. (¡*Psst*, no lo son! Tan solo son una herramienta compuesta por setenta y ocho cartulinas. No hay nada maligno en ellas, a menos que tengas motivos dudosos para utilizarlas).

El Diablo simboliza la esclavitud; es como meterse en una situación siniestra. Estás atrapado; por ejemplo, una adicción a las drogas o al alcohol. O te has convertido en esclavo de algún otro deseo. También puede indicar negatividad, miseria o materialismo.

Se mire como se mire, es una carta que no resulta agradable. Cuando aparece en una lectura, es una señal de que necesitas examinar cómo te has metido en la circunstancia actual. Fíjate bien y verás que las figuras llevan cadenas sueltas. Esto indica que, aunque te hayas metido en un lío, puedes salir de él. Quedarte o irte: depende de ti asumir la responsabilidad personal. Nada de utilizar el socorrido «el diablo me obligó a hacerlo» como excusa. En algunos casos, esta carta puede indicar la aceptación de tu mala situación. Piensa en la persona que permanece en una relación terrible por motivos económicos o por miedo a no ser capaz de encontrar nada mejor.

A veces, esta carta indica control. En lugar de ser la víctima, has asumido el papel de diablo y eres el opresor. He visto esto en el caso de jefes que gobernaban a sus empleados con puño de hierro. En una relación romántica, puede referirse al control de un cónyuge celoso que está constantemente bombardeando el móvil de su pareja con mensajes de «¿dónde estás?» y cosas peores.

En una pregunta sobre decisiones, esta carta podría significar: tienes que elegir entre lo malo conocido y lo bueno por conocer.

Otras formas de interpretar esta carta: ignorancia, obsesión, renuncia a tu independencia, sumisión, una nube oscura, ausencia de luz, desesperanza, negatividad, deseos impulsados por el ego, heridas, lujuria y trabajo en la sombra.

Invertida indica una liberación total. ¡Es la hora de liberarse! En lugar de estar atrapado, eres libre de irte. Esto podría ser alejarte de una situación que llega a su fin o encontrar el valor para superar tus adicciones y enfrentarte a tus demonios. Vuelves a tener el control de tu vida. El Diablo invertido también puede indicar el rechazo del materialismo. Vuelve a las cosas más sencillas. ¿Realmente necesitas ese carísimo bolso Birkin de piel de avestruz? No.

Cómo encarnar la energía de esta carta: una forma divertida de incorporar el poder del Diablo es realizar alguna travesura. Cómete la tarta, gasta una broma a un ser querido, haz novillos. Sé un poquito malo. Sin pasarte, ¿eh? Solo un poco.

Una pregunta para reflexionar: *¿Qué te hace sentir atrapado(a)?*

Taroticio

Saca las cartas de los Enamorados y del Diablo. Una vez más, como en nuestro taroticio anterior para los Enamorados, reflexiona sobre estas figuras. ¿En qué se parecen los personajes de los Enamorados al Diablo? (Pista: aquí hay un elemento de tentación. Fíjate bien). ¿Qué sugieren las llamas de ambas cartas? ¿Qué temas sobre las elecciones y la liberación puedes encontrar en cada carta? Escribe tus respuestas en un diario.

La Torre

Carta número 16

MARTE

¡¡Catapún!! ¡Esta es la sensación de la Torre! Basta con ver esas figuras saltando del fuego para saber que la Torre no se anda con chiquitas.

Esta carta simboliza el caos, una gran agitación o un cambio inesperado que sacude los cimientos hasta el fondo.

La Torre es otra de esas cartas que generan un tremendo rechazo en la gente. Desde luego, la imagen no es precisamente agradable, y sus interpretaciones tampoco. La Torre puede representar una situación que sufre una gran sacudida, como una revolución o el derrocamiento de una estructura establecida. En las relaciones, significa la ruptura violenta en la que no hay vuelta atrás. Lo que antes se mantenía firme ahora está siendo pasto del fuego, que no dejará más que cenizas. ¿Símbolo de destrucción? Sí. Pero debes saber esto: ese derrumbamiento tiene que producirse. Lo que se está derribando se construyó sobre una base endeble, y este desastre, aunque aterrador, es necesario para que en su lugar se pueda levantar algo mejor.

Esta carta tiene otra cara: la liberación. Pese a que las figuras parecen aterradas, se están liberando de una situación opresiva. Hasta la libertad puede resultar desagradable para quien se ha acostumbrado a «como son las cosas». La Torre promete brindarnos la oportunidad de un nuevo comienzo, pero primero debemos estar dispuestos a ser libres... o a liberarnos de otras circunstancias. Una de las interpretaciones que me gustan de esta carta es la de la llamada de atención. Ese rayo cae en la torre, pero si te fijas, en la parte superior hay una corona. Yo lo veo como el chakra de la coronilla, que se abre de par en par. Piensa en un momento en el que recibiste ese repentino rayo de inspiración que te hizo detenerte y tomar nota. Puede haber sido una idea genial o un mensaje del Universo que te impulsa, por fin, a hacer un cambio. En cualquier caso, esas sacudidas en el cerebro suelen ser algo positivo: la motivación que crea un cambio vital crucial.

La otra energía que encontramos aquí es la de una tormenta que llega y despeja el aire. ¿Esa discusión con tu suegra que te permite poner límites? Ese es un ejemplo de la Torre en acción.

Otras formas de interpretar esta carta: ser humillado, una sorpresa, un derrumbe, la caída en desgracia, la purga, la iniciación, una crisis económica y el colapso de un gobierno.

Invertida sigue sugiriendo cambios significativos, pero en lugar de una inmensa explosión, la vibración es más suave, menos intensa. He visto aparecer esta carta cuando alguien se está preparando para un cambio, como las noticias en el trabajo que pueden indicar la llegada de un nuevo director general. En lugar de un *shock* para el sistema, la Torre invertida dice: tienes tiempo para adaptarte. También puede considerarse que suaviza el golpe. ¿Esa socorrida frase de «no eres tú, soy yo» dirigida a esa pareja con la que no te sientes a gusto? La Torre invertida.

La otra forma de ver esta inversión es el miedo al cambio. En lugar de dar el salto, te quedas en esa torre en llamas, esperando a que te salven o que pase la tormenta. Al igual que la carta del Diablo, la Torre invertida muestra que eliges permanecer en tu sitio, aunque la situación te perjudique.

Cómo encarnar la energía de esta carta: la Torre es una carta de energía drástica. ¿Cómo puedes incorporarla sin hacer una locura como saltar de un edificio? Podrías correr otros riesgos menos peligrosos. Como el de decirle por fin a esa persona lo que sientes o apuntarte a esa clase que te da un poco de miedo. Rechazar esa petición que te parece un lastre o aceptar esa oferta de trabajo que significa que tendrás que redoblar tus esfuerzos: ambas energías de la Torre. Haz hoy algo que te parezca un riesgo muy temible... ¡pero mantente a salvo!

Una pregunta para reflexionar: *¿Qué tiene que desaparecer, ahora mismo?*

Taroticio

Saca las cartas del Diablo y la Torre. ¿Te das cuenta de que ambas son iguales cuando las inviertes? El Diablo invertido es la Torre, y la Torre invertida es el Diablo. ¿Qué otras cartas de la baraja podrían complementarse de este modo? ¡Revisa tu baraja y búscalas!

La Estrella

Carta número 17

ACUARIO

¡Ah, la Estrella! Después del Diablo y la Torre, es un gran alivio encontrar esta carta. La imagen que nos muestra es apacible y relajante.

Una hermosa figura vierte suavemente agua de dos recipientes con la mirada fija en el estanque. Las estrellas brillan al fondo mientras un pájaro observa desde un árbol en la distancia. Es la calma después de la tormenta, el bálsamo que trae la curación y la inspiración para el futuro. Esto es la esperanza en una carta, amigos. Cuando aparece en una lectura del tarot, la Estrella dice: «Todo va a ir bien». La crisis ha terminado, y ahora llega la tarea de reconstruir. Sin embargo, no es abrumadora como el diez de bastos. Por el contrario, la energía aquí es esperanzadora.

Esta carta representa el poder de la creencia y la positividad, que nos hace seguir adelante, pase lo que pase. También es una de las cartas de los «deseos» de la baraja del tarot. Si te centras en un objetivo concreto y aparece esta carta, lo conseguirás.

La Estrella es una de las mejores cartas en caso de que te estés restableciendo de una enfermedad o de una intervención quirúrgica. También es una buena carta si quieres hacerte famoso. ¡Ha nacido una estrella!

Otras formas de interpretar esta carta: la inspiración, el equilibrio, la entrega de tu corazón y tu alma a una situación, la luz al final del túnel, la recuperación de tu ritmo y la búsqueda de tu centro.

Cuando esta carta está invertida, la esperanza desaparece. En su lugar, la Estrella se vuelve pensativa y pesimista. Lo que quieres está fuera de tu alcance o se retrasa. O tal vez tu mentalidad no permite que el bien llegue a tu mundo en este momento. La Estrella invertida puede simbolizar depresión o enfermedad. Se trata de una señal de que algo se ha estancado y es necesario sanar. Hace falta un ajuste, ya sea en tu actitud o en tu estilo de vida. Esta carta también puede indicar que los canales creativos están bloqueados; que, en vez de poder expresarte libremente, de alguna manera estás inhibido.

Cómo encarnar la energía de esta carta: esta es la carta del pensamiento positivo. Una gran práctica que te ayudará a sentir el poder de esta carta es intentar no quejarte durante treinta días. ¿Suena fácil? No lo es. Sin embargo, te cambiará la vida, te lo aseguro. Elige una fecha y empieza. Si te sorprendes quejándote, vuelve a empezar desde el primer día. Una vez que hayas superado los treinta días, te sorprenderá lo bien que te sientes. Positivo. Agradecido. Como una estrella total.

Una pregunta para reflexionar: *¿Cómo puede brillar la esperanza incluso en los tiempos más difíciles?*

Taroticio

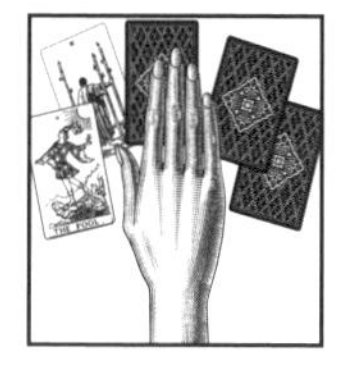

Imagina que eres un periodista y que tu trabajo consiste en entrevistar al personaje de esta carta. ¿Qué preguntas le harías? (Por ejemplo: «¿Por qué estás desnuda?»). ¿Qué respuestas podría darte? Adéntrate en su mente y mira lo que podría decirte. Escribe tus respuestas en un diario.

La Luna

Carta número 18

PISCIS

La carta de la Luna muestra dos perros que aúllan a la luna mientras un cangrejo de río se arrastra fuera del agua. Evidentemente, no está seguro de lo que pretenden esos perros, así que es precavido y espera. Esta imagen resume la energía de esta carta, que es el miedo, la incertidumbre y la incapacidad de ver con claridad. La Luna tiene que ver con las cosas que acontecen en la noche, la noche oscura del alma y las ilusiones. De ahí que sea una carta que a menudo produce ansiedad cuando aparece en una lectura de tarot. Esto se debe a que, en ocasiones, no saber lo que se avecina resulta aterrador. ¿Por qué? Al ser humano le inquieta no tener el control.

La Luna muestra que nada es lo que parece y que pueden producirse cambios. Debido a la falta de claridad, esta carta aconseja hacer una pausa y pensar un poco, como hace ese cangrejo de río. Tendrás que relajarte o dejarte guiar por tus instintos. También puede indicar que se avecina un peligro, pero si dejas que la intuición te guíe, deberías ser capaz de evitar los problemas. Al igual que la Suma Sacerdotisa, esta carta puede indicar el despertar de las facultades intuitivas. Quizá, si has estado ignorando esas corazonadas, la Luna te esté diciendo: «Oye, presta atención; esto es fundamental».

Otras formas de interpretar esta carta: la imaginación, el trabajo en la sombra, la confusión, la locura, el engaño, la falta de orientación, la pérdida, lo desconocido y los sueños lúcidos.

La carta de la Luna invertida es una señal de que las cosas están por fin claras. Tienes el visto bueno a ese plan, o has dejado atrás un desvío que te estaba retrasando, lo que significa que puedes proceder con confianza. La Luna invertida también podría interpretarse como «ver la luz» o una llamada de atención que te permite saber cuál debe ser tu siguiente paso. En algunas situaciones, esta carta puede seguir indicando miedo, sobre todo si las emociones y la imaginación se desbordan. En ese caso la Luna se convierte en una crisis emocional o una locura. La naturaleza animal toma el control.

Cómo encarnar la energía de esta carta: como es la carta del miedo, una de las mejores formas de sentir su energía es ver una película de miedo. Elige una que produzca esa sensación de que «algo está ocurriendo en medio de la oscuridad». ¡*Halloween* es perfecta! Ahora apaga todas las luces. Trata de encontrar una forma de sentirte cómodo con la incomodidad. ¡Bu!

Una pregunta para reflexionar: *¿Has vivido alguna vez una noche oscura del alma?*

Tarotício

Saca todos los naipes que tienen lunas. ¿Qué papel desempeña la luna en cada uno de ellos? ¿Dan miedo o no? ¿Qué puede sugerir la presencia de la luna en cada carta acerca de las demás figuras que aparecen?

El Sol

Carta número 19

EL SOL

Una mirada a la carta del Sol y sabes que algo bueno está en camino. El niño radiante con los brazos extendidos montado en un caballo mientras el sol ilumina el cielo; esta carta te está diciendo: ¡ya vuelven los días felices! El Sol es la carta más deseada en tu lectura, pues indica que todo se vuelve positivo y alegre. La abundancia y el éxito vibran con todo su esplendor.

Se trata de un renacimiento, belleza, asombro y la promesa de un nuevo día.

El Sol es una carta fantástica también para todo lo relacionado con los niños o para ser un niño de corazón.

Otras formas de interpretar esta carta: fama, epifanías, gloria, resplandor, buena salud, vitalidad, confianza, iluminación, valor y prosperidad.

Cuando el Sol está invertido, sigue siendo una carta feliz, pero la energía es un poco tenue. Piensa en esto como en un día nublado en el que hay potencial para lo bueno o para una tormenta. De repente, las cosas no son tan brillantes. Es posible que las influencias externas estén afectando a la situación o tal vez hayas perdido un poco el rumbo. También es posible que seas tú quien está trayendo ese nubarrón. Si te cuesta encontrar la alegría en una situación, puede que estés canalizando la energía del Sol invertida. Yo la llamo la carta de Eeyore, por el burro de *Winnie the Pooh*, que siempre encuentra el lado sombrío de las cosas, por muy brillantes que sean. El Sol invertido también puede indicar una alegría demorada o una situación que no puede llegar a buen puerto. A veces, esta inversión señala la necesidad de sanar o liberar al niño interior. ¡Deja que salga a jugar!

Cómo encarnar la energía de esta carta: dedica un día a hacer algo que te produzca alegría infantil. Juega con una cometa, haz una excursión por el bosque, participa en un juego de mesa, ve al parque. Mejor aún, ¡trae a un niño contigo! Disfruta de un día entero dedicado a actividades centradas en la infancia. ¡Diviértete!

Una pregunta para reflexionar: *¿Cuándo te has sentido como un niño o como una niña?*

Taroticio

¡Prepárate para un juego creativo! Utilizando la carta del Sol como estímulo, crea un cuento de hadas para un niño. ¿Qué podrían hacer las figuras? ¿Qué lecciones podrían aprender? ¿Cómo podrían la positividad y alegría asociadas con la carta del Sol formar parte de la moraleja de la historia? ¡Diviértete con esto!

Extra: léeselo a un niño.

El Juicio

Carta número 20

PLUTÓN

El Juicio es la carta del renacimiento. En esta carta de la baraja Rider-Waite-Smith, la gente se levanta de sus tumbas, con los brazos extendidos hacia un ángel que hace sonar una trompeta en el cielo. Esto señala el fin de la vieja vida y el comienzo de la nueva. Es hora de dejar atrás el pasado y levantarse para abrazar las posibilidades. La vida puede volver a empezar. Deshazte de esa vieja piel. Tu antiguo yo ha muerto y desaparecido. El pasado ya pasó.

El Juicio también puede simbolizar la llamada de atención, o la epifanía, que te impulsa a dar un giro importante. Asimismo puede ser la llamada superior, el trabajo de tu vida o un ajuste de cuentas. Tanto si se trata de una llamada para evolucionar como para dar un paso hacia tu poder, cuando esta carta aparece en una lectura, debes atenderla.

En algunos casos, el Juicio puede estar diciéndote: confía en tu propio juicio.

¡Haz tu propia llamada!

Otras formas de interpretar esta carta: renacimiento, renovación, juzgar una situación, ser juzgado, pedir misericordia, verlo todo de una forma totalmente nueva, expiación, perdón y salvación.

El Juicio invertido indica que, en algún nivel, te niegas a escuchar la llamada. Quizá seas como un avestruz con la cabeza escondida en la arena, sin querer ver las señales. O puede que las veas pero seas demasiado terco para cambiar. Así que te aferras a lo conocido, a lo de toda la vida, aunque no valga nada.

A veces esta inversión puede indicar que oyes la llamada, pero no sabes qué hacer al respecto. Esto podría deberse al miedo o también es posible que te hayas convencido de que no puedes hacerlo, lo cual significa que probablemente estarás poniendo excusas. Como el drogadicto que tiene la oportunidad de entrar en rehabilitación y empieza a decir que primero tiene que «ocuparse de algunos asuntos». Eso es el Juicio invertido. La posibilidad de cambio está ahí, pero en lugar de ir a por ella, sigues aferrado a la tumba.

Otra cosa que puede indicar esta inversión: un juicio terrible. Piensa en una ocasión en la que tuviste malas vibraciones que te decían que te detuvieras, pero seguiste adelante de todos modos.

Cómo encarnar la energía de esta carta: como esta carta trata de la renovación, haz algo para revitalizarte. Ve a la sauna o hazte un masaje. Desintoxica tu sistema con una dieta de limpieza. Deja el azúcar durante un mes. Prueba este tipo de cosas. Fíjate en lo bien que se siente tu cuerpo cuando lo cuidas bien.

Una pregunta para reflexionar: *¿Qué te hace sentirte renacido(a)?*

Tarotício

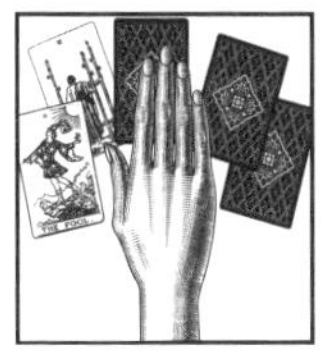

La cruz en el estandarte del ángel de esta carta simboliza los cuatro elementos o las cuatro direcciones. Piensa en los cuatro elementos de los arcanos menores: tierra, aire, fuego y agua. ¿A qué dirección podría apuntar cada uno? Por ejemplo, si te llaman a seguir el elemento tierra, ¿qué podría significar eso? Si el Universo te empuja a ir en la dirección del agua, ¿en qué consejo se traduciría esto? Tómate tu tiempo para explorar la orientación y los elementos.

El Mundo

Carta número 21

SATURNO

Con el Mundo, llegamos a la última carta de la serie de los arcanos mayores. Simboliza el final. Un objetivo se ha alcanzado con éxito. ¡Bravo! El Mundo dice: «¡Lo has conseguido!». Es hora de celebrar tu éxito. Todo el trabajo que has realizado da por fin sus frutos. Esta es la ceremonia de graduación antes del siguiente nivel. Por fin se cierra un capítulo. Tómate un tiempo para recoger tu recompensa y luego prepárate... porque hay un nuevo viaje por delante. Un ciclo se cierra y otro está a punto de comenzar.

Otras formas de interpretar esta carta: plenitud, integración, viaje por el mundo, distancia, fama, visibilidad, inclusión, éxito terrenal y pasar página.

Si esta carta te aparece invertida, es como si tu mundo se pusiera patas arriba. En lugar de llegar al fin, vuelves al punto de partida... o al limbo. Nada avanza, y pasar página es imposible. La energía de esta inversión es de estancamiento. Hay una sensación de estar incompleto, y eso solo puede cambiar cuando estés preparado para asumir la responsabilidad y liberarte. Recuerda que, aunque decidas permanecer en tu sitio, el mundo sigue girando.

Cómo encarnar la energía de esta carta: encuentra un motivo para celebrar un logro. No hace falta que sea nada del otro mundo, tampoco tiene que marcar un hito. Solo es necesario que se trate de algo que para ti es importante. Podría ser ese último cigarrillo. O tu sobresaliente en el examen de historia. O quizá tu compromiso con tus estudios de tarot y ese momento en que por fin comprendes el significado de la carta de la Muerte. Elige algo y luego crea una pequeña ceremonia de celebración. Enciende una vela, cómete un pastel o alza tu copa en un brindis. ¡Aplausos!

Una pregunta para reflexionar: *¿De qué logro estás más orgulloso(a) en este momento?*

Taroticio

En la baraja del tarot, muchas cartas pueden simbolizar una especie de final: no solamente el Mundo, sino también la Muerte, la Torre o la Rueda de la Fortuna, y en los arcanos menores, fíjate en los ochos, los nueves y los dieces. Repasa la baraja y encuéntralos todos. ¿Qué similitudes descubres? ¿Cómo podría cada uno representar un final de forma diferente? ¿Cómo interpretarías una lectura del tarot con todas las cartas «finales»? Escribe tus pensamientos en un diario.

***

Hemos terminado nuestro estudio de los arcanos mayores. Tómate un minuto para recuperar el aliento. Prepárate una infusión y ponte cómodo. A continuación, repasaremos los arcanos menores. ¿Preparado? ¡Adelante!

Los arcanos menores

Recapitulando: las cincuenta y seis cartas de los arcanos menores tratan de los acontecimientos cotidianos y de las personas que interactúan contigo. Son los aspectos que puedes controlar en algún nivel. Cada palo se asocia a un elemento diferente de las cuestiones humanas:

Bastos
Pasión, empleo, creatividad, energía física, construcción.

Copas
Sentimientos, emociones, relaciones, amor, conexión.

Espadas
Conflictos, pensamientos, intelecto, fortaleza mental.

Oros
Bienes materiales, seguridad, dinero, valores.

As de bastos

AS de BASTOS

Elemento: fuego

Esta carta simboliza una nueva aventura creativa, un nuevo comienzo y en ella se nos ofrece una rama de olivo. Es la oportunidad de pasar página... o de empezar por fin ese nuevo trabajo. Los ases indican un nuevo comienzo, y en el elemento ardiente de bastos, el as es el inicio de una pasión. Tanto si se trata de un proyecto creativo como de una nueva aventura, esta carta dice: ¡ve a por ello!

Esta carta es también lo que yo llamo mi «sí» o «pulgar arriba» en la baraja del tarot. La considero una afirmación cuando se hace una pregunta de sí o no.

El as de bastos se suele asociar con el nacimiento de un niño. Ese nacimiento tampoco tiene por qué venir siempre en forma humana; puede ser cualquier cosa que estés creando.

Otras formas de interpretar esta carta: la confianza, el entusiasmo, la chispa, la fuerza necesaria para poner algo en marcha, una nueva empresa, una oportunidad.

El as de bastos invertido es como un automóvil que se queda sin gasolina. La acción puede arrancar con mucha fuerza, pero de repente se para en seco. El fuego se apaga. A veces esto puede deberse a circunstancias como tener un mal momento o a intentar forzar algo antes de que esté listo. Sea como sea, la situación se enfría o termina enredándose. Esto también puede simbolizar una oportunidad que te arrebatan. ¿Ese ascenso que creías que ibas a conseguir y que pasó a manos del hijo del jefe? Un ejemplo perfecto. Esta inversión puede indicar asimismo una pasión que se enfría. Por ejemplo, una relación que pierde su chispa. Si nadie está dispuesto a mantener el fuego encendido, hay pocas posibilidades de que pueda continuar.

Cómo encarnar la energía de esta carta: empieza un nuevo proyecto artístico. Puede tratarse de tomar un pincel y un lienzo para empezar a trabajar en tu primera obra maestra o tal vez decidirte por fin a pintar ese feo dormitorio de un hermoso tono azul. Encuentra un proyecto que te entusiasme y pon manos a la obra.

Una pregunta para reflexionar: *¿Qué significa vivir con pasión?*

Tarotício

Junta todos los ases. Colócalos uno al lado del otro en parejas. Los ases pueden simbolizar una ofrenda. Digamos que el as de oros y el as de copas están enfrentados. ¿Qué se ofrecen estas dos cartas? ¿Cómo podrían responder la una a la otra? ¿Y el as de oros con el as de bastos? Muévelos. ¿Y si pones el as de espadas junto al as de oros? Ahora no están enfrentados, sino que miran en la misma dirección. ¿Qué puede insinuar eso? ¿Y si pones el as de copas junto al as de espadas? En esta posición, están espalda con espalda. ¿Qué pistas puede darte eso sobre la energía entre estos ases? Anota tus conclusiones en un diario.

Dos de bastos

Elemento: fuego

En el dos de bastos, una figura con un globo terráqueo en la mano contempla el mar. Con toda seguridad está en una buena posición. Eso es lo que dice esta carta cuando aparece en una lectura del tarot. Los planes se están cumpliendo y el éxito está asegurado. Tal vez hayas conseguido un objetivo muy preciado y ahora te estés preparando para la siguiente gran empresa. Aún te queda mucha planificación por hacer. Examina tus opciones y establece objetivos.

Los doses también pueden simbolizar opciones y elecciones. El dos de bastos dice: las posibilidades son ilimitadas. El mundo está en tus manos. Puedes ir tan lejos como quieras y en cualquier dirección que desees.

Otras formas de interpretar esta carta: respeto, seguridad, obtención de poder, valor, estrategia y todos quieren dominar el mundo.

Cuando esta carta aparece invertida, el mensaje es que ha llegado el momento de dejar de hacer planes y pasar a la acción. Se acabó el sentarse a conspirar. Esta carta dice: ¡que empiece el espectáculo! Arriésgate y sal de tu zona de confort. Fuera hay un mundo inmenso que espera tu llegada. El que vacila pierde. La única forma de ganar es pasar a la acción, aunque no estés del todo seguro de tu objetivo. Esto también podría indicar un momento en el que no estés haciendo nada o no te atrevas a arriesgar. En algunos casos, es falta de previsión.

Cómo encarnar la energía de esta carta: dado que tiene que ver con el éxito y la planificación, una forma divertida de «ser» esta carta es planear un viaje a algún lugar lejano. Aunque en realidad no tengas ganas de ir a ningún sitio, ¡utiliza tu imaginación! Investiga lugares interesantes. Mira lo que podría suponer para ti llegar hasta allí. ¿Viajarías en avión o en barco? ¿Qué vistas podrías ver? ¿Quién te acompañaría? Planifica una gran aventura. Y si quieres ganar unos puntos extra: hazlo, emprende el viaje.

Una pregunta para reflexionar: *¿Cómo sería tu vida si todos tus planes salieran tal y como quieres?*

Taroticio

Si fueras la figura de esta carta, ¿hacia dónde mirarías? Como puedes ver, está contemplando una masa de agua. ¿Cuál? ¿Se trata del océano Atlántico o los Grandes Lagos? ¿Cómo podrían influir los distintos lugares en su punto de vista o en sus planes? Deja que tu imaginación te guíe y anota tus descubrimientos en un diario.

Tres de bastos

Elemento: fuego

Al igual que en el dos de bastos, en el tres de bastos vemos una figura que mira hacia el mar. Pero este hombre no está sentado en la fortaleza haciendo planes. Está preparándose para un viaje... o esperando a que su barco llegue a la orilla. Esta imagen simboliza estar en el mundo, listo para el siguiente gran paso. Hay nuevas aventuras en el horizonte. Tienes mucho que esperar. Seguro que ya has conseguido muchas cosas, pero ¿por qué dormirte en los laureles? Esta carta dice: crece. Hay más cosas ahí fuera para ti. También es una de mis cartas favoritas cuando se trata de una pregunta sobre viajes.

Otras formas de interpretar esta carta: audacia, exploración, mirar hacia delante, emoción, aventura, visionario, dominio del mundo, búsqueda, liderazgo y conquista.

El tres de bastos invertido indica que los planes no están funcionando. Un fracaso total. Lo que esperabas no es posible. Es hora de volver a la mesa de dibujo y revisar. Examina tus objetivos. ¿Tienen sentido? ¿O te has embarcado en un sueño imposible? En una pregunta sobre viajes, no te conviene sacar esta carta, porque significa que el viaje no se realiza. Todo está en suspenso.

Cómo encarnar la energía de esta carta: deja de mirar al pasado y empieza a pensar en tu futuro. ¿Cuál es la próxima gran aventura que te gustaría emprender? ¿Qué te atrae? ¿Qué quieres incorporar a tu vida? Sueña con las posibilidades y luego crea tu lista de deseos.

Una pregunta para reflexionar: *¿Qué es lo siguiente?*

Tarotício

Presta atención a los gestos y posiciones de las manos en el palo de bastos. Fíjate en la forma enérgica en que el as de bastos toma el bastón en comparación con cómo lo hace esta figura. ¿Notas la diferencia? Parece que se inclina sobre él para apoyarse. ¿Y el resto del palo de bastos? Observa cómo sujeta el bastón cada una de las figuras.

¿Qué te dice esto sobre la energía de la carta?

Cuatro de bastos

Elemento: fuego

El cuatro de bastos es una de las cartas que más me gusta ver en una lectura porque simboliza los buenos momentos y las celebraciones. La escena de la fiesta te dice: ¡es hora de descalzarse y bailar a lo loco! Alégrate, como las figuras de esta carta. Da las gracias por lo lejos que has llegado o por lo mucho que tienes. Disfruta de las recompensas que te has ganado. Esta carta promete el logro, el cruce de la línea de meta, la finalización con éxito de un objetivo. La escena de la celebración también puede ser eso: una ceremonia o un acontecimiento alegre, como una vuelta a casa, una boda o una reunión familiar. El optimismo y la alegría están en el aire. Las cosas están mejorando.

Otras formas de interpretar esta carta: ser libre, triunfar, libertad de acción, conciertos y comité de bienvenida.

Incluso cuando la carta aparece invertida, la alegría permanece. Puede que sea menos bulliciosa, pero no deja de ser una celebración. O quizá haya motivos para estar agradecido, pero no son evidentes. Mira a tu alrededor: puede que descubras que tienes muchas razones para ser feliz.

Cómo encarnar la energía de esta carta: ¡da una fiesta! Envía invitaciones. Limpia la casa. Prepara algunos aperitivos y abre una botella. Reúne a tus amigos y familiares. No necesitas un motivo para celebrar una reunión. Basta con una excusa para estar en compañía de los demás, disfrutando del tiempo juntos. Recuerda: puedes hacer que cualquier momento sea especial.

Una pregunta para reflexionar: *¿Qué puedes celebrar ahora mismo?*

Taroticio

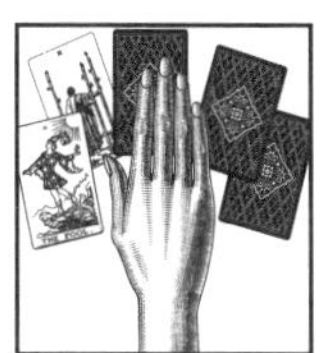

Saca la carta de la Torre de la baraja. Te darás cuenta de que las figuras de la Torre y del cuatro de bastos están vestidas igual. Si pones estas cartas una al lado de la otra, verás cómo surge una historia. Pruébalo con la Torre primero y con el cuatro de bastos después. Esto podría indicar una fuga milagrosa. ¿Y si inviertes las cartas? ¿Cuál podría ser entonces la historia?

Cinco de bastos

Elemento: fuego

En el cinco de bastos, las figuras parecen estar en una especie de batalla. ¿O se trata de un juego? Sea lo que sea, el espíritu competitivo está presente. Podemos estar ante un juego de poder o un deporte de competición. Tampoco es perjudicial. Por el contrario, el ambiente es amistoso. Emocionante tal vez. Aunque desde fuera parezca una pelea, es un juego. A veces necesitas un reto para crecer. El cinco de bastos te dice: ¡hazlo! Esto es bueno si quieres cambiar tu situación en el trabajo. ¿Estás preparado para establecer nuevas reglas? Esta carta indica que ahora es el momento de hacerlo.

A veces, dependiendo de las otras cartas implicadas, esta puede indicar una competencia negativa. Por ejemplo, si esta carta saliera con el Diablo, podríamos ver a un rival interponiéndose entre tú y tu pareja.

Otras formas de interpretar esta carta: rivales, la emoción de la persecución, contratiempos, interferencias, irritación, distracciones, falta de liderazgo o demasiados cocineros en la cocina.

El cinco de bastos invertido hace que la competición deje de ser divertida. En lugar de ser un deporte emocionante, se convierte en algo sangriento. No se respetan las reglas y se transforma en una batalla campal. A menudo veo esto como una señal de triquiñuelas políticas o juego sucio. La campaña política en la que un partido calumnia al otro es un ejemplo perfecto del cinco de bastos invertido. Se trata de la ley del más fuerte llevada al extremo. Esta inversión también puede simbolizar la renuncia. En lugar de ir a por todas, te sientes intimidado por la competencia, así que arrojas la toalla y te alejas.

Cómo encarnar la energía de esta carta: participa en un deporte competitivo, pero con un espíritu lúdico. Una gran idea sería reunir a algunos de tus amigos y jugar al golf con un *frisbee*. Es fácil pero también desafiante... ¡y muy divertido! Además, es una excelente excusa para pasar el rato en compañía de tus amistades y desahogarte. ¡Que gane el mejor! (Recuerda que no se trata de ganar, sino de la emoción del juego).

Una pregunta para reflexionar: *¿Qué te hace sentir competitivo(a)?*

Taroticio

Saca el cinco de bastos y el cinco de espadas. Ambas cartas representan escenas de lucha. ¿Qué tipo de lucha puedes encontrar en cada una? ¿En qué se diferencian? ¿En qué se parecen? Busca en la baraja las demás cartas con escenas de batalla (sí, hay más). ¿Qué batallas actuales podrían representar estas cartas?

Seis de bastos

Elemento: fuego

Después de la batalla, ¡el desfile de la victoria! El seis de bastos muestra al campeón rodeado de una multitud que lo aclama. ¡Aplausos! Se ha logrado un gran triunfo, y ahora estás entrando en el círculo de los ganadores. Todavía no se ha llegado a la meta, pero vas bien encaminado. El ambiente es de optimismo. Estás viendo el camino que te espera, y se ve brillante y abierto. Misión cumplida. ¿O no? Sigue avanzando. Pronto conocerás el resultado. Esta carta es la que más confianza te da. Con unas cuantas victorias en tu haber, tú también te sentirás en la cumbre.

Otras formas de interpretar esta carta: volver a la carga, orgullo, liderazgo, luchar por tu sueño, fama, apoyar al equipo ganador, somos los campeones.

Pero ¿qué pasa cuando el seis de bastos está invertido? En este caso, la figura es incapaz de subirse a la silla de montar. En su lugar, flaquea y lleva a su equipo por el mal camino. Esta es la carta del mal liderazgo, así como de la derrota. El objetivo no puede completarse. Aún queda trabajo por hacer. El seis de bastos invertido también puede simbolizar la falta de apoyo. Si no puedes contar con tu equipo, te costará alcanzar la victoria.

En algunos casos, esta inversión simboliza una caída en desgracia. Un golpe de estado. O quizás la constatación de que el emperador está desnudo. Te ves obligado a bajarte de tu caballo. Una humillación pública.

Cómo encarnar la energía de esta carta: piensa en un momento en el que hayas necesitado el apoyo de los demás para alcanzar un objetivo. Tener a ese equipo animándote seguramente te hizo sentir muy bien, ¿verdad? Intenta encarnar esa sensación encontrando a alguien a quien apoyar. Puede tratarse de un ser querido que decide volver a estudiar o de un colega que esté terminando una maratón. No importa de quién se trate ni cuál sea el objetivo final. Lo que importa es que lo apoyes y lo animes hasta que cruce la línea de meta. A continuación, viene el reverso de la moneda: la próxima vez que te propongas un objetivo, pide apoyo. Deja que los demás te ayuden a remontar el vuelo.

Una pregunta para reflexionar: *¿Cuándo te sabe más dulce la victoria?*

Taroticio

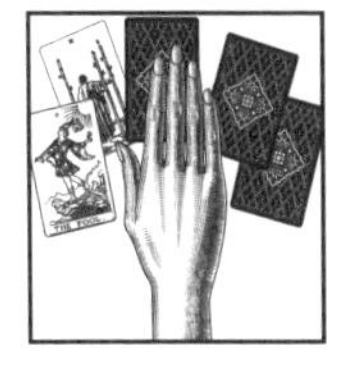

El número seis está relacionado con la armonía y el cuidado. ¿Cómo se manifiesta esa energía en el seis de bastos? Escribe tus conclusiones en un diario.

Siete de bastos

Elemento: fuego

Tras la dulce danza de la victoria del seis de bastos, ahora vemos que esa victoria ha sido efímera. El siete de bastos no se ha dormido en los laureles. Por el contrario, se está enfrentando a nuevos retos. Sin duda, algunos son perturbadores, pero la figura sigue adelante. Así es la vida. Superas una dificultad y a continuación aparecen otras tres con las que tienes que lidiar. El siete de bastos representa nuevas batallas. Debes afrontarlas con todas tus fuerzas. Seguir adelante puede ser doloroso, pero debes continuar. Otra victoria es posible o, al menos, si te esfuerzas con valentía, lograrás mantener a raya a los lobos.

En algunos casos, esta carta puede indicar la necesidad de defender tu territorio. Mantente firme.

Otras formas de interpretar esta carta: agresividad, oposición, fuerza, límites, fortaleza, lanzarse al ataque y coraje ante una gran adversidad.

Su significado invertida es abandonar la lucha. Quizá te encuentres demasiado cansado para continuar. O las fuerzas en contra tuya sean excesivas. O tal vez sea solo que no te importa lo suficiente. Sea cual sea el caso, han podido contigo y ahora únicamente te queda bajar las armas y rendirte. Esta carta representa la derrota contundente que tiene lugar cuando estás rodeado por todos los lados y no logras abrirte camino peleando. Puede que admitir la derrota y sacar la bandera blanca te revuelva las tripas, pero a veces no queda otra. Cuando uno no puede seguir adelante, tiene que retirarse. Hay batallas que no merecen la pena.

También cabe la posibilidad de que no te hayas esforzado lo suficiente. No luchaste por la chica, y ahora un imbécil te la robó. Tenías que habértelo currado más, querido.

Cómo encarnar la energía de esta carta: los sietes de bastos luchan por aquello en lo que creen. Una de las mejores formas de vivir esta carta es involucrarse en una buena causa. Podría ser salvar a las ballenas o luchar contra el cambio climático. Encuentra algo por lo que estés dispuesto a luchar y hazlo. ¡Toma partido!

Una pregunta para reflexionar: *¿Por qué vale la pena luchar de verdad?*

Taroticio

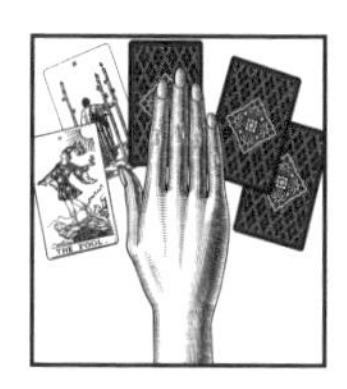

Saca las siete primeras cartas de bastos que hemos visto hasta ahora. Colócalas en orden secuencial. Si este fuera el *story board* ('guion gráfico') de una película, ¿de qué película se trataría? ¿Por qué? Escribe tus pensamientos en un diario. Y si quieres obtener el premio extra, escribe una línea argumental basada en las cartas que van del as al siete de bastos.

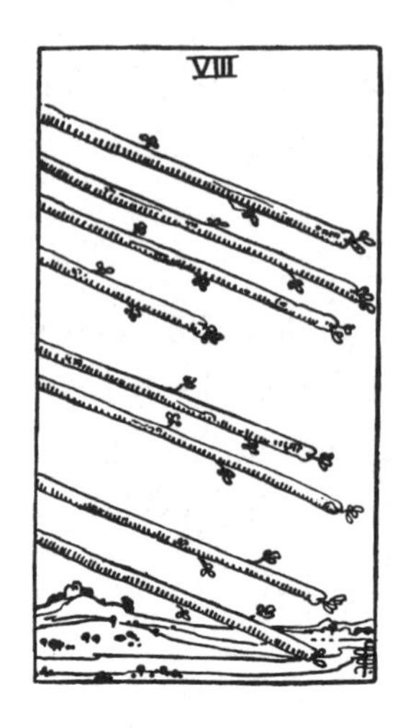

Ocho de bastos

Elemento: fuego

El ocho de bastos es uno de los pocos arcanos menores de esta baraja que no tienen figuras humanas. En su lugar, hay ocho varas lanzadas al aire. ¿Quién las ha lanzado? ¿Por qué? ¿A dónde van las varitas? Es difícil de decir, pero una cosa está clara: hay movimiento.

Esta es la carta de la rapidez y el progreso. No hay obstáculos en el camino, lo que significa que puedes esperar cubrir mucho terreno... rápidamente. El ocho de bastos simboliza noticias emocionantes y aceleración. Todo va según lo previsto. Quizá incluso mejor de lo que se pensaba. ¡A toda velocidad!

Otras formas de interpretar esta carta: viajes, pasión, cartas de amor, mensajes esenciales, un romance torbellino, pasar a la acción, finales, eficacia, exploración o una resolución repentina.

El ocho de bastos invertido no detiene forzosamente el progreso, pero sí lo ralentiza. Es como conducir con un pie en el freno: parar y seguir hasta el final. En lugar del rápido progreso de la versión invertida, es un camino largo y duro. Es posible que no tengas gasolina para avanzar o que sencillamente no sepas hacia dónde dirigir tu energía. Las cosas se retrasan y puede que tengas que volver sobre tus pasos para ver dónde te has equivocado.

Hace unos años, tenía que atravesar el charco para ir a Inglaterra a una conferencia de tarot. Esa mañana, me salió el ocho de bastos invertido. Me preocupé un poco, pero pensé: «No, todo parece estar bien». Las maletas estaban hechas, no había ni una nube en el cielo; todo debería ir como la seda. Sin embargo, mientras esperaba para embarcar, una siniestra nube oscura empezó a aparecer de la nada y comenzó a llover a cántaros. Ni que decir tiene que el vuelo se canceló y me enviaron a casa. Al día siguiente, volví al aeropuerto. Lo mismo. Al tercer día, embarqué en el avión y estuve sentada en la pista durante más de una hora antes de que la compañía aérea nos desembarcara y dijera que había problemas meteorológicos. Nunca llegué a Inglaterra. Ahora, cuando viajo, respiro profundamente y espero que el ocho de bastos invertido no haga acto de presencia. Hasta ahora no ha ocurrido, ¡y he podido hacer todos los demás vuelos!

Cómo encarnar la energía de esta carta: como el ocho de bastos está relacionado con el movimiento, la mejor forma de sentir esta carta es moviendo el cuerpo. Mueve el esqueleto en la pista de baile o apúntate a una media maratón y empieza a entrenar. Preparados, listos, ¡YA!

Una pregunta para reflexionar: *¿Qué necesita ponerse en movimiento?*

Taroticio

El ocho de bastos es una de las escasas cartas en las que no aparecen figuras humanas. Repasa la baraja y encuentra todas las cartas que no tengan ningún ser humano. Mira cada una de ellas y pregúntate: «Si hubiera una persona en esta carta, ¿qué acciones podría llevar a cabo o qué no haría nunca?». Escribe tus reflexiones en un diario.

Nueve de bastos

Elemento: fuego

En el nueve de bastos, la figura está de pie, con la cabeza vendada, sujetando con recelo una vara. Su expresión es insegura, nerviosa y asustada. Aquí tienes otra vez el contratiempo, esa situación que creías haber dejado atrás, pero que ¡ha vuelto a las andadas! Ahora debes dar marcha atrás y terminar lo que empezaste. Uf. Pero una vez hecho, puedes seguir adelante.

El nueve de bastos también puede indicar paranoia. Una vieja traición que te persigue. Esa pérdida que nunca has superado del todo.

La vieja herida que, al parecer, no se cura por más que lo intentes. Así que sientes una desconfianza tremenda ante todo.

Otras formas de interpretar esta carta: tomar partido, perseverar a pesar de las contrariedades, pensar en lo peor, determinación, límites, problemas de confianza, encontrar la fuerza para seguir adelante o poner límites a alguien.

Cuando esta carta está invertida, puede significar: baja la guardia, derriba tus muros y ábrete. En lugar de sospechar, confía. Esta inversión también podría indicar que estás a punto de terminar un trabajo. Por fin, asoma el progreso. Has superado los problemas y ahora puedes dirigirte hacia la victoria.

Cómo encarnar la energía de esta carta: encuentra un proyecto inacabado. Puede ser cualquier cosa: pintar la habitación, vaciar el garaje, terminar los deberes, leer un libro que está en la estantería... Elige una tarea que hayas dejado a medias, vuelve a ella y termínala.

Una pregunta para reflexionar: *¿Qué herida necesita aún curarse?*

Tarotícío

Revisa la baraja de tarot y encuentra todas las cartas que muestran figuras con vendas. ¿Qué simbolizan estas vendas? ¿Una herida? ¿Una incapacidad para moverse o ver? Escribe tus reflexiones sobre el simbolismo de las vendas.

Diez de bastos

Elemento: fuego

Soy una adicta al trabajo, así que el diez de bastos nunca me ha molestado. Al fin y al cabo, es la carta más trabajadora de la baraja. La figura está encorvada con una pesada carga de varas, caminando lentamente hacia su casa. El haz de varas simboliza un lastre, mientras que la casa muestra una meta aún por alcanzar. Esto representa el importante esfuerzo que se necesita para lograr tu objetivo. Me gusta visualizar al tipo del nueve de bastos, agarrando todas las varas y esforzándose por acarrearlas.

Cuando este arcano menor aparece en una lectura, se te pide que asumas responsabilidades importantes. Es un momento en el que no puedes eludir tus obligaciones. Por el contrario, debes ponerte en marcha y seguir adelante, sin importar lo grande que pueda parecer la carga. Pronto alcanzarás tu objetivo. Pero hasta que llegue ese día, como dice RuPaul,* «será mejor que te esfuerces».

Otras formas de interpretar esta carta: trabajo duro, opresión, asumir los problemas de los demás, presión de los compañeros, intentar hacerlo todo, horas extra, esforzarse demasiado, ir por libre, tiempos difíciles, la dificultad es real.

Cuando esta carta se invierte, la carga se aligera. La situación se suaviza o quizás alguien te ayude a sobrellevar la carga. Por fin hay alivio tras un largo y duro camino. Lo que sea que hayas estado tratando de conseguir finalmente se alcanza o queda resuelto.

---

* N. del T.: RuPaul es un artista, presentador de programas de televisión y actor estadounidense. En su faceta de *drag queen* es considerada una de las más influyentes a nivel internacional. En la cultura popular de Estados Unidos, muchas de sus expresiones se han convertido en frases emblemáticas, esta es una de ellas.

Cómo encarnar la energía de esta carta: elige una tarea que te parezca un reto. Para mí, podría ser terminar este libro. Ahora, deja de pensar en ello y hazlo. Sigue adelante hasta que la tarea esté terminada. ¡Comprométete! Otra forma de sentir esta carta es ser un hombro en el que se apoye otra persona. Deja que alguien descargue sus preocupaciones en ti. Sé fuerte por los demás.

Una pregunta para reflexionar: *¿Cuándo te has sacrificado por alguien?*

Taroticio

Alinea el ocho, el nueve y el diez de bastos. ¿Qué historia te cuentan estas cartas? ¿Cómo se traduce la buena noticia del ocho de bastos en todo este arduo esfuerzo?

Sota de bastos

Elemento: fuego

Las sotas simbolizan mensajes, y este en particular trae buenas noticias. Podría tratarse de una nueva aventura creativa o de tu siguiente trabajo.

Es el comienzo de algo impresionante, así que confía en que cuando la sota de bastos aparece en una lectura, está trayendo algo positivo.

Pero esta sota también puede simbolizar a una persona. En ese caso, se trata de una persona joven y enérgica que a veces puede ser impulsiva. Puede que tenga una pasión por la que luchar, y sea cual sea puedes estar seguro de que su actitud es entusiasta. Podría tratarse de un atleta con una beca o de un auténtico cerebrito que va a por sus objetivos académicos con ilusión. Recuerda: ¡cualquiera puede ser una sota! Incluso una persona mayor puede desempeñar este papel; todo lo que se requiere es una pasión por la que hay que esforzarse.

A veces la sota de bastos indica un nuevo comienzo. El palo de bastos favorece el trabajo o la creatividad, así que el comienzo tal vez sea un ascenso, un nuevo trabajo o el inicio de un nuevo proyecto. Cualquier semilla plantada ahora puede crecer.

Otras formas de interpretar esta carta: originalidad, confianza, inspiración, talento, independencia, entusiasmo y espíritu de aventura.

Cuando esta sota se invierte, disminuye el entusiasmo. Pierdes interés y buscas un nuevo objetivo. En algunos casos, podría indicar noticias no deseadas. O algo que nunca llega a cuajar. La sota de bastos invertida también puede simbolizar un joven rebelde o un vago.

Cómo encarnar la energía de esta carta: estate atento a las buenas noticias de hoy. Puede tratarse de algo personal... o de algo en el mundo. Sea cual sea la noticia, ¡celébrala!

Una pregunta para reflexionar: *¿Qué semillas estás plantando en este momento y cómo piensas cultivarlas?*

Taroticio

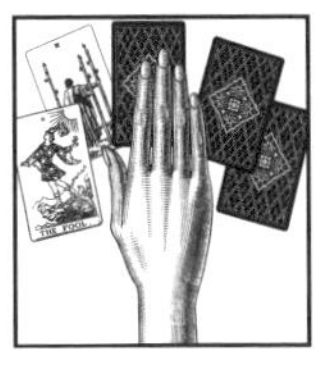

Tanto el as como la sota de bastos simbolizan un nuevo trabajo o una aventura creativa a punto de comenzar. Pero ¿en qué se diferencian los mensajes de estas cartas? ¿Cómo podrías encontrar en ellas algo en común? ¿Qué similitudes observas entre estas cartas? Escribe tus descubrimientos en un diario.

Caballero de bastos

Elemento: fuego

Este individuo ardiente es la pasión en su máximo exponente. Haga lo que haga y vaya donde vaya el caballero de bastos, puedes estar seguro de que dejará huella. Eso es porque está orientado a la acción. En lugar de conformarse con sus deseos, lucha por ellos. Este personaje simboliza la valentía, el coraje y la capacidad de arriesgarse. Esta carta también puede indicar el ardor sexual, ese primer arrebato de excitación de una nueva conquista.

El caballero de bastos también puede indicar un momento en el que necesitas dejarte guiar por tus pasiones... o una aventura. Si alguna vez hiciste algo por capricho o te lanzaste a una nueva relación sin dudarlo, has experimentado la vibración de esta carta. Esto marca un periodo en el que las cosas son emocionantes. Preparados, listos y ¡vamos, vamos, VAMOS!

Ten en cuenta que también existe la posibilidad de tomar decisiones precipitadas e imprudentes. Aunque no hay nada malo en buscar la emoción, no está de más pensar antes de lanzarse al vacío.

Cuando simboliza a una persona, el caballero de bastos es ese seductor irresistible que da la impresión de ser un poquito peligroso. La estrella del *rock* o el líder valiente que entusiasma a todo el mundo.

Otras formas de interpretar esta carta: las aventuras, el pícaro, el temerario, los viajes o la arrogancia.

A veces, cuando la carta está invertida, este caballero indica un impulso que ha salido mal. Ese momento en el que sabes que no deberías hacerlo, pero lo haces de todos modos. Seguro que te arrepientes. Se necesita un poco de moderación. En las relaciones, podría ser la persona que va de un romance a otro sin tener en cuenta a los demás. Ese imbécil que solo busca obtener lo que quiere. Deseos egoístas. O podría ser el fracasado, alguien lleno de carisma que, sin embargo, carece de pasión.

También es posible que la llama se apague antes de que algo empiece a funcionar. En lugar de avanzar con entusiasmo, te echas para atrás, temeroso de lo que pueda ocurrir. La falta de riesgos conduce al estancamiento. Una situación que no va a ninguna parte.

Cómo encarnar la energía de esta carta: juega al juego de la verdad con un amigo. Prepárate para aceptar todos los retos que puedas. ¿Qué se siente al hacer algo emocionante y atrevido?

Una pregunta para reflexionar: *¿Qué es lo que desearías haber arriesgado en el pasado?*

Taroticio

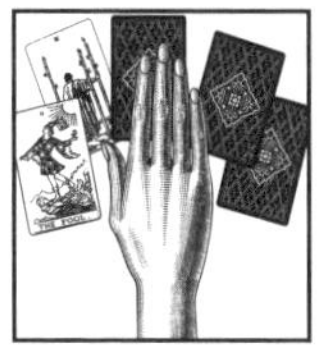

Saca el caballero de bastos de la baraja. Baraja las cartas y saca una al azar. Pon esa carta delante del caballero de bastos, de modo que la figura esté orientada hacia la otra carta. ¿Qué te dice esta carta sobre hacia dónde va el caballero de bastos? Por ejemplo, si está mirando el cuatro de bastos, puede que se dirija a una fiesta. ¿Mirando a la Luna? ¡Rumbo al desierto! Prueba con varias cartas y descubre qué aventuras te esperan.

Reina de bastos

Elemento: fuego

La reina de bastos se sienta orgullosa en su trono, consciente de su poder y dispuesta a liderar. Es la protectora del reino, la valiente líder femenina que inspira a todos quienes la rodean. Está entregada a su creatividad y siempre obedece a lo que le apasiona. Tiene una naturaleza ardiente e intensa que a veces puede ser muy temperamental.

En ocasiones, esta carta indica una persona con una pasión ardiente que motiva a los demás. Asimismo, puede ser la madre leona que hará cualquier cosa para mantener a sus cachorros a salvo. Pero la reina de bastos también podría simbolizar un momento en el que te encuentras con tu creatividad. La musa está cantando, y lo que haces ahora es verdaderamente emocionante. Una chispa de inspiración se convierte en algo hermoso.

Otras formas de interpretar esta carta: calidez, vitalidad, energía creativa, poder personal y protección.

En el corazón de la reina de bastos invertida subyace un propósito egoísta. En lugar de asegurarse de que todos están atendidos, quiere saber: «¿Qué beneficio obtengo con esto?». También puede ser una persona dura, una auténtica bruja, alguien que quiere imponer su criterio. La arrogancia y la gentileza crean a un intimidador que utiliza el poder para degradar a los demás. La sexualidad sin control, una persona dispersa o alguien que siempre parece ausente.

Cómo encarnar la energía de esta carta: ¿qué actividades creativas te gustaban en tu infancia? Regresa a un medio que te gustara. Vuelve a alimentar, poco a poco, esa fuerza creativa. Deja que crezca. Comprueba qué se siente al atender tu fuego creativo.

Una pregunta para reflexionar: *¿Qué significa ser creativo(a)?*

Taroticio

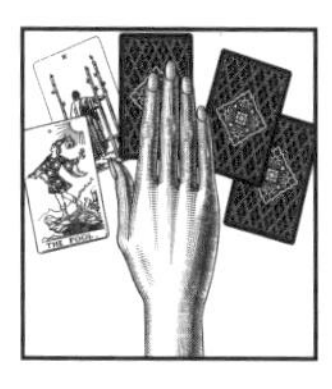

¿Qué líderes mundiales encarnan el estilo de liderazgo femenino de la reina de bastos? Enumera los que te vengan a la mente y las situaciones en las que mejor han mostrado esa vibración ardiente y alentadora.

Rey de bastos

Elemento: fuego

El rey de bastos se sienta en el borde de su trono. ¿Está listo para emprender una acción valiente? ¿O va a relajarse tras alcanzar una meta importante? Esta es la carta de la maestría creativa, del liderazgo audaz, del líder inspirador que motiva a la gente para que dé lo mejor de sí misma. Nunca tiene miedo de arriesgarse ni de animar a los demás a hacer lo mismo.

Esta carta podría indicar un momento en el que necesitas ser osado. Tal vez se te pida que guíes a otros con tu valiente ejemplo. O puede que necesites expresarte. No te hagas el remolón. Deja que tu gran corazón marque el camino y mantente dispuesto a correr riesgos. El rey de bastos puede simbolizar la maestría creativa o a una persona extravagante y segura de sí misma que llama la atención como un pavo real.

Otras formas de interpretar esta carta: carisma, originalidad, dramatismo, dominio y poder masculino.

Cuando esta carta está invertida, la energía se vuelve tímida, temerosa de tomar partido. O va en sentido contrario: insensato, imprudente y arrogante. El orgullo se interpone en el camino y se produce una caída. También puede ser el uso imprudente del poder o su abuso. Un dictador o alguien que se salta las normas para servir a su ego. La falta de habilidad o la falta de voluntad para aceptar la responsabilidad en el trabajo. Aquella vez que seguiste ciegamente tu pasión y al final descubriste que no valía la pena hacerlo. Un antiguo amor que se niega a superar la ruptura. Dirigir con la mentalidad equivocada.

Cómo encarnar la energía de esta carta: busca una forma de motivar a alguien hoy. Dale a tu hijo una charla motivadora. Anima a tu mejor amigo. Planta cara a un abusón. Comparte una cita inspiradora en las redes sociales.

Una pregunta para reflexionar: *¿Qué o quién te inspira en este momento?*

Taroticio

Elige un deporte cualquiera (si no te gustan los juegos, quizás una competición de baile). Ahora observa a los entrenadores. ¿Son el rey de bastos o son el rey de bastos invertido? ¿Cómo motivan (o no) a su equipo?

As de copas

Elemento: agua

En el as de copas, una hermosa vasija rebosa de agua. Una paloma se sumerge de cabeza en la copa llevando en el pico una hostia de comunión. Este as señala un nuevo comienzo emocional. Podría ser el inicio de una nueva relación o un momento en el que estás curando viejas heridas y empezando de nuevo. El corazón está abierto, listo para recibir... y dar por igual. El amor se desborda. Comienza una conexión divina. Es el momento de la concepción, del nacimiento, de una proposición, del matrimonio o del despertar espiritual.

Cuando llega esta carta, las emociones se limpian y purifican. Se presenta una oportunidad para el amor, y puedes proceder con el corazón y la mente abiertos.

Otras formas de interpretar esta carta: intuición, nuevas profundidades, intimidad, perdón, un regalo, compasión, generosidad y autoexpresión.

Cuando inviertes el as de copas, nada fluye. Las emociones se bloquean, se atrofian y se cierran. Es la clásica indisponibilidad emocional. Podría señalar un momento en el que no estás preparado para iniciar una relación. Tal vez una mala experiencia te haya amargado la vida y minado tu confianza. O podría ser que no estés interesado por falta de química. Es decir, «que no sientas lo que hay que sentir», así que pasas de largo. En ocasiones, el as de copas invertido simboliza una recaída o un momento en el que viejos problemas emocionales vuelven a salir a la superficie. Asimismo, esta inversión podría indicar el rechazo de una oferta.

Cómo encarnar la energía de esta carta: hazle saber a alguien que te importa. Establece contacto y comunícale tu afecto. Puede ser mediante una carta, un correo electrónico, una llamada telefónica o un mensaje de texto. Lo importante es que le envíes tu amor sin pensar en recibir nada a cambio.

Una pregunta para reflexionar: *¿Cómo sería tu vida si lo abordaras todo con un corazón completamente abierto?*

Tarotício

Saca de la baraja el as de copas y el cinco de copas. Son las dos únicas cartas de copas que muestran líquido. ¿Qué significa el vertido del líquido en cada carta? ¿Por qué crees que ninguna de las otras cartas de copas muestra agua? ¿Qué cartas de los arcanos mayores puedes encontrar que muestren el vertido de líquidos? ¿Cómo podría interpretarse de forma diferente?

Dos de copas

Elemento: agua

Dos personas se unen en un brindis, señal de que se ha establecido una conexión. Esta es la carta de la atracción, ese momento en el que conoces a alguien y te sientes atraído. El amor a primera vista. Un encuentro de corazones y mentes. Esta carta indica una relación en desarrollo o que dos personas están formando un vínculo más profundo. Ten en cuenta que no siempre significa romance.

A veces se trata simplemente de dos viejos amigos que se reúnen o de una reunión de negocios. O un momento en el que puedes llegar a un acuerdo con alguien o alcanzar un consenso. La cooperación y el trabajo en equipo dan resultados.

Otras formas de interpretar esta carta: tregua, diplomacia, sanación de una relación, matrimonio, pedida de mano, firma de un contrato o una empresa conjunta.

Si el dos de copas aparece invertido, puedes ver una desconexión o una ruptura. Una relación se disuelve y ambas personas siguen caminos distintos. Peleas y traiciones. Incapacidad para comprometerse. También es posible que esta lectura indique que la relación pasa por un momento difícil, pero lo supera. Mucho dependerá de las otras cartas presentes.

Cómo encarnar la energía de esta carta: sal a la calle y mira a los ojos a todas las personas con las que te encuentres. Dile hola al camarero, coquetea con alguien que te resulte atractivo, saluda al cartero, escucha a un ser querido sin mirar el móvil... Permanece completamente presente con todas las personas que encuentres.

Una pregunta para reflexionar: *¿En qué medida conectas con otros?*

Tarotícío

Mira las otras cartas de copas y encuentra aquellas en las que una figura ofrece una copa. Ejemplo: seis de copas. ¿Qué se ofrece? ¿Quién hace el ofrecimiento? ¿Cómo responde la otra figura de la carta? Escribe tus respuestas en un diario.

Tres de copas

Elemento: Agua

¡Tiempo de celebración! ¡La cosecha ha llegado! Estás rodeado de creatividad y abundancia. El tres de copas indica amistad y fiestas. Unos momentos felices y bien aprovechados con quienes más te agradan. Una reunión de personas afines. El grupo que se reúne a tu alrededor para apoyarte justo cuando más lo necesitas. Fiestas, diversión, matrimonio o nacimiento. Esta carta también podría indicar un feliz reencuentro con viejos amigos o seres queridos. Tierra fértil o ritos de fertilidad.

Otras formas de interpretar esta carta: comunidad, trabajo en común, baile, círculos de mujeres, fiesta, buen humor, triángulo amoroso, poliamor o trío.

Esta carta invertida es una señal de que la fiesta ha terminado. Tal vez recibas una mala noticia. O quizá algo con lo que contabas no llegue a buen puerto. El tres de copas invertido también puede sugerir un exceso o una borrachera. Caer en el vicio. A veces, en las lecturas de relaciones, esta inversión indica un embarazo inesperado, interferencias de otras personas, un triángulo amoroso que ha acabado mal, infidelidad o una pareja promiscua. En algunos casos, esta carta significa enemistades o amigos indeseados, de los que solo se acercan cuando las cosas te van bien. Otra posibilidad es la traición entre compañeros.

Cómo encarnar la energía de esta carta: ¡vete de juerga con tus amigos! Pasar una noche con tus amigos más divertidos, riendo y bailando representa la energía total del tres de copas.

Una pregunta para reflexionar: *¿Cuándo fue la última vez que te lo pasaste en grande?*

Taroticio

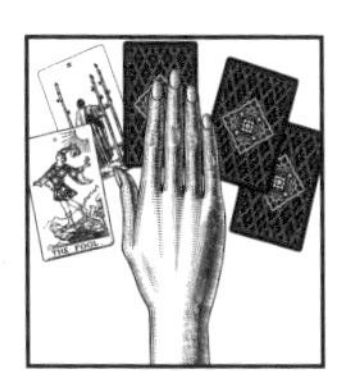

Encuentra todas las cartas que indican celebración en la baraja del tarot. ¿Cuántas son del palo de copas? ¿Qué otros palos podrían mostrar una escena festiva? ¿En qué se parecen? ¿En qué se diferencian? Anota tus conclusiones en un diario.

Cuatro de copas

Elemento: agua

En el cuatro de copas, una mano con una copa que surge de la nada hace un ofrecimiento. Pero la figura sentada con la espalda apoyada en un árbol no levanta la vista. ¿Se ha fijado siquiera en la copa? ¿No le interesa? ¿O es que está meditando? El cuatro de copas indica aburrimiento, apatía o desinterés. Por muy prometedoras que sean las oportunidades, no te sientes motivado para mover un solo dedo. Tal vez quieras algo distinto de lo que te ofrecen. O puede que seas un ingrato. Esta carta también podría indicar un momento de la vida en el que las opciones no nos entusiasmen. Por supuesto, también puede representar un momento de descanso. Tómate un tiempo. Reposa durante unos momentos antes de tomar una decisión. En asuntos de relaciones, esta carta también podría sugerir indisponibilidad emocional o celibato.

Otras formas de interpretar esta carta: letargo, pereza, falta de motivación, introspección o cortar con la gente.

El cuatro de copas invertido dice: ¡es hora de actuar! Di que sí a nuevas experiencias y opciones. Levántate y ponte en marcha. Hay mucho que hacer y todo vuelve a ser emocionante. Ahora ves la oportunidad de oro que tienes ante ti y estás dispuesto a hacer algo al respecto. Una nueva pasión sentimental o volver a salir con alguien después de un tiempo sin hacerlo. Una oferta sorpresa que surge de la nada.

Cómo encarnar la energía de esta carta: siéntate con la espalda apoyada en un árbol. Cierra los ojos. Respira profundamente. Siéntate un rato. ¿Puedes aquietar tu mente? ¿O te resulta molesta la meditación?

Si observas que esta práctica te inquieta, reflexiona sobre por qué es así. Escribe tus pensamientos en un diario.

Una pregunta para reflexionar: *¿Qué hace que algo te resulte aburrido?*

Tarotício

Observa todas las cartas asociadas al número cuatro (incluido el Emperador). ¿Qué tienen todas ellas en común?

Cinco de copas

Elemento: agua

Este naipe no suele ser bienvenido en una lectura del tarot. Al fin y al cabo, la figura encapotada parece estar de luto. La interpretación suele ser la aflicción o una pérdida parcial. Tristeza, pena y remordimientos. Centrándose en las copas derramadas, la figura no es capaz de ver lo que sigue en pie. Sin embargo, ¿debería seguir adelante o esperar a que termine el proceso de duelo? Eso dependerá del contexto de la pregunta y de las demás cartas que la rodean.

En algunos casos, el cinco de copas puede aconsejar que es hora de dejar de lamentarse y empezar a reconstruir tu vida. Pero también puede decir: «Oye, ahora estás triste. Acepta esta situación. Enfréntate a esos sentimientos». El dolor es un maestro riguroso, pero forma parte de la vida. Cuando llega esta carta, debes reconocer la pérdida y cómo te sientes antes de volver a empezar.

Otras formas de interpretar esta carta: depresión, resaca, problemas emocionales, sentirse excluido, abandono, pérdida, dolor, incapacidad para olvidar o abuso de sustancias.

Si esta carta está invertida, ha llegado el momento de seguir adelante. Se presenta una nueva oportunidad. No dejes que el pasado defina tu futuro. En vez de eso, recoge lo que queda y comienza tu nueva vida. En algunos casos, esta inversión también indica que te niegas a afrontar tus problemas. En lugar de afrontar tu pérdida, estás negándola. También significa una incapacidad para seguir adelante con las cosas porque supones que la situación mejorará por sí sola sin tu esfuerzo. Recuperación tras la recaída. Aceptación de la decepción.

Cómo encarnar la energía de esta carta: piensa en un momento de tu vida en el que hayas sufrido una pérdida. Puede ser la ruptura de una relación, la muerte de un ser querido o incluso el final de un trabajo. Si nunca has vivido un duelo, pasa tiempo con alguien que haya atravesado por esa experiencia. Presta atención a lo que sientes. ¿Puedes aceptarlo o te apartas?

Una pregunta para reflexionar: *¿Qué has aprendido de los momentos tristes de tu vida?*

Taroticio

Tanto el personaje del cuatro de copas como el del cinco tienen tres copas delante de ellos. Ninguno de los dos parece fijarse en las otras copas que hay junto a ellos. ¿Qué puede decir esto sobre las figuras? ¿Qué se puede aprender examinando las tres copas... y a quienes no se dan cuenta de su existencia?

Escribe tus pensamientos en un diario.

Seis de copas

Elemento: agua

Esta alegre carta es un recordatorio de todas las cosas buenas del pasado, así como de los dulces momentos del presente. El seis de copas indica una época en la que puedes disfrutar de los placeres sencillos. Detente y disfruta del momento. La seguridad y la alegría. La felicidad que proviene de los recuerdos o de un ser querido del pasado.

Esta carta también podría indicar un cortejo a la antigua. Una pareja sentimental que viene con regalos y flores. Una oportunidad para conocer a alguien. La unión de dos corazones. A veces también se considera una carta que representa a los niños y al hogar, que trae alegría... o la época de la inocencia.

Otras formas de interpretar esta carta: nostalgia, felicidad, caridad, lugar de nacimiento, embarazo, virtud, buena voluntad, comunidad y asuntos familiares.

¿Alguna vez te has obsesionado tanto con el pasado que no puedes apreciar las magníficas oportunidades que se presentan en este momento? Eso es lo que significa esta inversión. Aferrarse a lo viejo y conocido. Quedarse estancado en lo que te resulta familiar. También podría indicar una vuelta a la realidad: ocurre algo que te trae aquí y ahora. En algunos casos, el seis de copas invertido puede mostrar el viejo conflicto familiar que aún sigue dándote quebraderos de cabeza o a un antiguo amor que se niega a pasar página.

Cómo encarnar la energía de esta carta: pasa tiempo con los mayores y pregúntales por los buenos tiempos. ¿Cómo era la vida cuando eran jóvenes? ¿Qué experiencias influyeron en lo que son hoy? Asimismo, revisa viejos álbumes de fotos y recuerda lo que ocurría por aquel entonces. Otra forma estupenda de encarnar esta carta es llamar a un amigo de la infancia.

Una pregunta para reflexionar: *¿Qué lecciones del pasado estás llevando a la práctica?*

Taroticio

Busca todas las cartas que contengan casas. Las casas pueden simbolizar seguridad y logros. ¿Cómo actúan las casas en cada carta? ¿Qué pasa con el edificio de la Torre? ¿Qué puede decir sobre la seguridad? Escribe tus pensamientos.

Siete de copas

Elemento: agua

En el siete de copas, una figura aparece frente a un grupo de copas, algunas llenas de oro. Las observa desde las sombras. ¿Por qué duda? ¿A qué espera? Esta carta simboliza las decisiones, las elecciones y la incertidumbre sobre cuál escoger. ¿Las opciones son reales o son espejismos? Quizá sea difícil saberlo. Esta carta marca un momento en el que debes elegir sabiamente, y esto empieza por examinar cada oportunidad con mucho cuidado.

Mira bajo la superficie. ¿Qué es lo que, de verdad, te están ofreciendo? Tal vez no sea oro todo lo que reluce.

El siete de copas también podría indicar que sueñas despierto, que te haces ilusiones y que tienes la cabeza en las nubes. Aunque no hay nada malo en fantasear, debes tener cuidado de no perder de vista la realidad.

Otras formas de interpretar esta carta: delirios, distracciones, pereza, desorganización, desorden, excesos, falta de espíritu práctico, pensamiento creativo y personas poco realistas.

Invierte el siete de copas y de repente verás con claridad. O alguien decidirá por ti. También puede indicar un momento en el que estás tan inseguro de ti mismo que te quedas paralizado, esperando que otro asuma la responsabilidad de tomar decisiones. Desaparecen las ilusiones. Es un momento de acción, no de ensueño. Ha llegado la hora de tomar tus sueños y convertirlos en realidad.

Cómo encarnar la energía de esta carta: ponte en una situación en la que sepas que tomar una decisión será un reto. En mi caso, ¡eso es en una librería! Puedo pasarme horas intentando decidir qué libro voy a comprar.

Una pregunta para reflexionar: *¿Cuáles podrían ser las consecuencias de la elección que vas a hacer?*

Taroticio

¿Qué hay en las copas? Examina cada una de ellas. Reflexiona sobre lo que contienen y lo que crees que significan esos símbolos. Escribe tus respuestas en un diario.

Ocho de copas

Elemento: agua

El ocho de copas indica que hay que seguir adelante. Sea lo que sea lo que hayas conseguido, has de dejarlo atrás y aventurarte en una nueva dirección. Podría ser un momento de tu vida en el que sientes que necesitas algo diferente. O quizás te estés tomando un tiempo para buscar en tu alma. No mires hacia atrás. Mira hacia delante y confía en que lo que vayas a hacer te aportará crecimiento.

El buscador de conocimiento. Un periodo de reflexión. Viajar. Todo esto también son posibilidades. En mi propia práctica del tarot, a veces he visto esta carta como una advertencia para alejarse, por muy buena que parezca la situación. Eso ha ocurrido con ciertas amistades: he preguntado por la persona y he sacado esta carta. En dos ocasiones ignoré el consejo y aprendí una lección bastante dolorosa. Así que cuando veo llegar esta carta, sé que a veces seguir adelante es una medida preventiva.

Otras formas de interpretar esta carta: dejar marchar, mudarse a una nueva casa, reducción de personal, elegir una vida minimalista, inquietud, finales y cambio.

Interpretemos la carta invertida: vuelve. No has terminado. Tienes que finalizar algo y antes de que te marches debes ocuparte de los detalles. Esta carta podría indicar que vuelves al pasado, ya sea para poner fin a una situación o porque sientes que no eres capaz de seguir adelante. ¿Volver a esa vieja relación tóxica? Sí. Eso. También puede indicar una situación en la que te sientes atrapado debido a las circunstancias. Ejemplo: intentas salir de la ciudad, todos los vuelos son cancelados debido a una gran tormenta. Lo único que puedes hacer es esperar a que mejore el tiempo.

Cómo encarnar la energía de esta carta: piensa en algo de tu vida que ya está acabado, pero a lo que te sigues aferrando. Por ejemplo, un rencor de hace veinte años. Un viejo amigo que te resulta agotador. Un proyecto que está terminado, pero no paras de revisar los detalles. Sigue adelante. Olvídalo. Empieza a mirar hacia el frente, hacia un nuevo comienzo.

Una pregunta para reflexionar: *¿Qué te avisa de que ha llegado el momento de irse?*

Tarotício

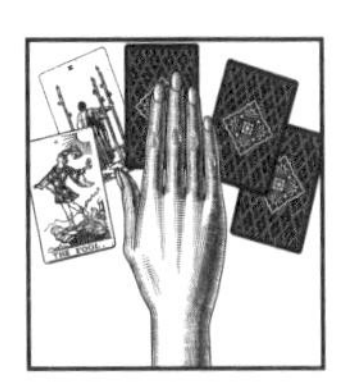

Fíjate en la forma en que se apilan las copas. Hay un grupo de cinco y un grupo de tres. ¿Por qué están apiladas de esta manera? ¿Por qué no están colocadas en una pirámide ordenada? ¿Qué te dice esto sobre la carta?

Nueve de copas

Elemento: agua

Al nueve de copas se le conoce como la «carta de los deseos», lo que significa que a la gente le encanta que aparezca en una lectura de tarot. Después de todo, ¿quién no quiere que se cumplan sus deseos? Esta carta puede indicar la realización de tus deseos más queridos, pero también esa sensación de que todo parece alinearse maravillosamente. Tenerlo todo bien atado. Tu universo está ahora preparado para que ocurran cosas buenas, pero tienes que saber que esto no es magia, sino que se debe a que te has centrado y te has esforzado hasta alcanzar la mejor posición posible.

Esta carta también puede indicar celebraciones y felicidad. Un momento en el que la vida te sonríe y la alegría es abundante. Todo lo que necesitas está presente. Los amigos y otras personas que te quieren te rodean y apoyan. La vida mejora. Todo va bien. Disfruta de tu buena suerte.

Otras formas de interpretar esta carta: satisfacción, indulgencia, fiestas, petulancia, placeres sensuales y derecho a presumir.

Si aparece invertida, ten cuidado con lo que deseas: puedes conseguirlo. A veces las cosas que deseamos no siempre nos convienen. Por tanto, el nueve de copas invertido te sugiere que examines tu motivación. ¿Por qué quieres lo que quieres? ¿Qué esperas ganar? ¿Es un objetivo beneficioso o algo que pueda perjudicarte? Esta inversión también podría indicar un exceso de buena vida. Abusar de la fiesta lleva a la pereza y a la ruina.

Cómo encarnar la energía de esta carta: sujeta la carta en la mano y cierra los ojos. Piensa en un momento en el que un deseo se hizo realidad. ¿Cómo te sentiste? ¿Qué pasos diste para que se hiciera realidad? ¿O dio la impresión de surgir de la nada? Considera el papel que desempeñan la magia y la intención en tu vida, y anota tus pensamientos.

Una pregunta para reflexionar: *¿Qué quieres de verdad en este preciso momento?*

Taroticio

El nueve es un número de finales y de cierre. ¿Cómo encaja esto con el feliz nueve de copas?

Diez de copas

Elemento: agua

El diez de copas es la carta del final feliz. Paz, alegría y prosperidad. La felicidad está aquí, y te sientes profundamente arropado. Esta carta puede indicar la conclusión alegre de un objetivo o cualquier motivo de celebración (boda, nacimiento, graduación, cumpleaños, etc.). También simboliza la felicidad doméstica y la armonía familiar. Las relaciones se mueven en una dirección positiva. La familia que siempre deseaste está al alcance de tu mano. Te encuentras rodeado de gente que te quiere. Estás seguro. Sientes esa sensación de «tenerlo todo».

Otras formas de interpretar esta carta: reunión familiar, paz, un tratado de paz, construir o comprar una casa, niños, abundancia, ampliar tu familia, vecinos acogedores o un vecindario seguro.

Toda esa buena energía se desmorona cuando el diez de copas aparece invertido. Esta lectura indica problemas familiares. Peleas con los seres queridos. Divorcios. Una discusión con tu familia. O una incapacidad para salir de la casa familiar. La buena fortuna sigue aquí, pero quizá no seas capaz de verla o disfrutarla. En ese caso, la alegría se silencia.

Cómo encarnar la energía de esta carta: pasa tiempo con los miembros de la familia que quieres. Puede ser tu familia biológica o tu familia elegida. ¡Empápate de esas buenas vibraciones!

Una pregunta para reflexionar: *¿Qué significa para ti la familia?*

Taroticio

Compara esta carta con el diez de oros, en la que también aparece una familia. ¿En qué se asemejan estas cartas... y en qué se diferencian? ¿Qué familia prefieres y por qué? Escribe tus reflexiones.

Sota de copas

Elemento: agua

Las sotas pueden indicar mensajes, y en el caso de la sota de copas, las noticias son favorables. Puede tratarse de un anuncio que estabas esperando o de una carta de amor. También puede simbolizar el comienzo de una relación sentimental. Un flechazo o un enamoramiento. Ese primer aleteo del corazón, ¡y de repente te enamoras!

Como personaje, la sota de copas representa a un joven sensible, alguien profundamente emocional. Es creativo e intuitivo. El niño amado y deseado. Alguien con un corazón joven y alegre.

Otras maneras de ver esta carta: nuevos sentimientos sobre una situación o persona, intuición, perdón, sorpresa o nueva alegría.

Si la carta está invertida, lo que aparece es un mocoso malcriado. Un manipulador que utiliza las emociones para conseguir lo que quiere. O alguien que vive en un mundo de fantasía, incapaz de enfrentarse a la realidad. La sota de copas invertida también puede indicar noticias que te entristecen. O una relación que no termina de arrancar. En algunos casos, puede significar un enamoramiento o una obsesión no correspondidos.

Cómo encarnar la energía de esta carta: envía un mensaje de amor a alguien. Puede tratarse de un familiar, de tu pareja actual o de un enamoramiento secreto.

Una pregunta para reflexionar: *¿Qué riesgos has corrido por amor?*

Taroticio

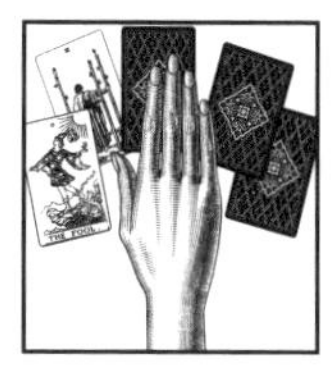

La sota de copas es una de las trece cartas «de escenario» de la baraja del tarot, que muestran figuras de pie en lo que parece ser un escenario. La línea horizontal representa un telón de fondo pintado. Encuentra las demás cartas de escenario de la baraja. ¿Qué obra podrían estar ensayando?

Caballero de copas

CABALLERO de COPAS

Elemento: agua

El caballero de copas es la persona que se guía por su corazón, el héroe romántico. Las aventuras sentimentales están en camino cuando esta carta aparece en una lectura. Puede simbolizar un momento en el que estás dispuesto a dejar que tu corazón te guíe. Tal vez desees iniciar una relación. O puede que te arriesgues a hacer algo que te gusta. Los sentimientos y las emociones están activos en este momento. ¡Expresa lo que te dicta tu corazón!

Esta carta también puede representar a una persona de naturaleza romántica, efusiva y sensible. Responde profundamente a la vida y a la belleza y se ve afectada fácilmente por los estados de ánimo de los demás. En algunos casos, podría tratarse de alguien con una gran imaginación que carece del sentido práctico necesario para poner algo en marcha.

Otras formas de interpretar esta carta: compasión, imaginación, visionario, el caballero de la armadura brillante, el príncipe azul, un poeta o artista, o un soñador.

La persona excesivamente emocional y poco realista que parece incapaz de vivir en la realidad es el clásico caballero de copas invertido. No cumple sus promesas, sino que se queda atrapada en su mundo de fantasía. Cuando las cosas se vuelven demasiado reales, se ofusca. El caballero de copas invertido también puede indicar una época en la que te cuesta escuchar a tu corazón. Tal vez elijas desentenderte de él, aunque luego te arrepientas. Representa una incapacidad para actuar siguiendo tus instintos.

Cómo encarnar la energía de esta carta: ¿cuándo has actuado según tus sentimientos? Tal vez te hayas acercado a esa persona que te gustaba. O dijiste que sí a ese trabajo sin pensarlo mucho... y te gustó tanto que te quedaste. Yo compré mi primera baraja de tarot impulsivamente y me quedé enganchada. ¡Esa es la energía del caballero de copas!

Una pregunta para reflexionar: *¿Qué te dice tu corazón en este momento?*

Taroticio

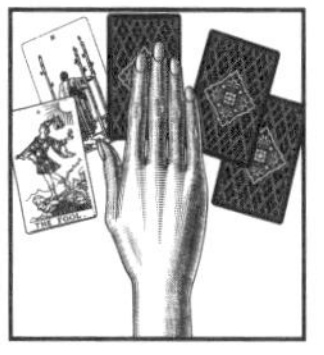

¿Cuáles son algunos de los héroes o heroínas románticos clásicos de la literatura que pueden encajar en el perfil del caballero de copas?

Reina de copas

Elemento: agua

La reina de copas, cariñosa y tierna, está totalmente en sintonía con lo que siente. No solo emocionalmente, sino también a nivel intuitivo. Confía en su instinto y nunca ignora cómo le hacen sentir las situaciones o las personas. Tiene empatía y facultades de videncia, lo que significa que puede leer fácilmente el estado de ánimo de la gente. Su naturaleza dulce hace que tienda a ser amable con los demás. La compasión y la dulzura son su estado natural.

Esta carta puede simbolizar un momento en el que tienes que conectar con tus sentimientos. ¿Eres consciente de cómo te afectan las situaciones? O puede que estés preparado para abrirte a alguien, tal vez una compañía amorosa. También podría indicar que estás cuidando a otros. Quizá estés a cargo de un ser querido o participando en un trabajo en el que atiendes a otros, como profesor o enfermero. Las emociones son fuertes en este momento.

Otras formas de interpretar esta carta: vidente, profundidad emocional, sexto sentido, cuidador, consejero o madurez espiritual.

Invertida, la reina de copas se vuelve descentrada, malhumorada y tremendamente dramática. En lugar de confiar en sus sentimientos, está llena de dudas. Esta inversión puede señalar un momento en el que pierdes los nervios... o en el que ignoras tus instintos.

Cómo encarnar la energía de esta carta: la próxima vez que estés en cualquier lugar con otras personas, siéntate en silencio y observa lo que sientes. ¿Qué vibración captas? Ahora, entra en otra situación que pueda ser desagradable, por ejemplo una película triste. Deja que tus sentimientos afloren por completo. Permítete un buen llanto si lo necesitas. Escribe tus pensamientos en un diario.

Una pregunta para reflexionar: *¿Cómo afectan tus sentimientos a tu toma de decisiones?*

Taroticio

La reina de copas y la reina de bastos están ambas en contacto genuino con sus deseos, pero ¿cómo podría mostrarse eso de forma diferente?

Rey de copas

Elemento: agua

¡Ah, el sabio y bondadoso rey del amor! El rey de copas siempre mira por todos. Es sincero y cariñoso, un cuidador leal que siempre tiene una palabra amable para cualquiera. Conocido por su benevolencia, la gente recurre a él. Es el consejero, el sostén de la familia y también un ser lleno de amor. Esta carta puede representar a una persona que hace que todos se sientan seguros y queridos. El rey de copas es el amante maduro con el que siempre se puede contar para el romance o para manejar las situaciones con calma.

Esta carta puede indicar una situación en la que es posible el crecimiento emocional. Un momento en el que estás curando las viejas heridas y descubriendo nuevas capas de amor. En lugar de la fuerza, el amor lo domina todo.

Otras formas de interpretar esta carta: la tolerancia, el dominio de las emociones, la experiencia, el sanador, el terapeuta, el padre bondadoso, la navegación en mares agitados, los viajes, la diplomacia y muchos peces en el mar.

El rey de copas invertido es inmaduro y superficial. Tal vez sea alguien en quien no se puede confiar, sobre todo cuando las cosas se ponen difíciles. En lugar de mantener la paz, provoca el malestar. O se trata de alguien incapaz de dar afecto o emocionalmente dependiente. En algunos casos, esta inversión puede simbolizar una situación en la que se pierde el control y todo se vuelve inestable. Adicción y exceso de indulgencia. Una persona que está «perdida», incapaz de encontrar su brújula moral.

Cómo encarnar la energía de esta carta: piensa en *Papá lo sabe todo.*[*] En esta serie de televisión, la figura paterna guiaba con suavidad a sus hijos. Busca otras fuentes de individuos maduros y afectuosos en la cultura popular o en tu vida. ¡El Sr. Rogers[**] es mi rey de copas favorito!

Una pregunta para reflexionar: *¿Cómo navegas en los momentos emocionales difíciles para ti o para los demás?*

Taroticio

Tanto la sota como el rey de copas tienen peces en sus cartas. ¿Qué puede simbolizar eso? Escribe los pensamientos que te sugieren los peces en estas cartas y sobre por qué crees que en las otras dos cartas de figuras de la corte de copas no aparecen peces vivos. (Busca los peces ocultos en el caballero y la reina).

* N. del T.: *Father Knows Best,* en inglés, se emitió a mediados de la pasada década de los cincuenta en Estados Unidos.

** N. del T.: Fred Rogers, figura de la televisión norteamericana. Es una de las celebridades más queridas de Estados Unidos. Fue el creador del programa infantil *Mister Rogers' Neighborhood* [El barrio del señor Rogers], que se emitió durante tres décadas en la televisión pública. Rogers declaró que su objetivo era ayudar a los niños a verse a sí mismos como valiosos y a confrontar sus miedos y ansiedades, así como contagiarles el gozo de aprender. Ha dejado huella en varias generaciones, entre ellas la de la autora.

As de espadas

Elemento: aire

El as de espadas es la gran oportunidad o avance. Ese momento en el que las nubes se disipan y puedes avanzar con confianza. Esta carta indica claridad, un nuevo comienzo, una idea emocionante, la búsqueda de la verdad. Puede tratarse de una oferta mentalmente estimulante o de un reto que conduce a una oportunidad más importante. Asimismo, podría señalar un momento en el que debes ser ético, pase lo que pase. En algunos casos, también suele advertir del inicio de un conflicto.

Cuando esta carta aparezca en una lectura, prepárate para pensar, actuar y, en algunos casos, luchar. *¡Carpe diem!*

Otras formas de interpretar esta carta: tomar las riendas, fuerza mental, superar obstáculos, hacerse con el poder, superar una prueba, corregir un error y objetividad.

Invertido, este as es una idea que no va a ninguna parte. Se pierde el impulso. Nada consigue arrancar. Esta inversión también podría indicar el final de un conflicto o una rendición. En algunos casos, es una incapacidad para luchar por lo que es correcto. Cobardía. El as de espadas invertido puede indicar asimismo palabras duras que cortan hasta el hueso. Una mentira sin motivo. La crisis que se produce antes de alcanzar un logro.

Cómo encarnar la energía de esta carta: la próxima vez que se te ocurra una gran idea, ¡actúa de inmediato! ¿Tienes la letra de una canción en la cabeza? ¡Escríbela! ¿Tienes una ráfaga de inspiración sobre un invento genial? ¡Investiga y comprueba si se ha hecho!

Una pregunta para reflexionar: *¿Cuál es tu verdad?*

Tarotício

¿Qué crees que significa que salgan todos los ases en una lectura del tarot?

Dos de espadas

Elemento: aire

El dos de espadas indica indecisión. Tómate un tiempo de descanso, lejos de todo. La tranquilidad te vendrá bien. A veces necesitamos aislarnos para tener perspectiva. Esta carta también puede indicar un punto muerto, una situación que no avanza. Una oposición o estancamiento. Nadie se mueve. Dependiendo de las demás cartas, puede significar una tregua... o un momento en el que te niegas a tomar partido.

Otra interpretación es la de emociones bloqueadas. Una barrera. Una indisponibilidad emocional. El chakra del corazón está cerrado y no puede entrar nada.

En algunos casos, esta carta también señala que se están sopesando las opciones. Meditar sobre las posibilidades.

Otras formas de interpretar esta carta: evitar un asunto, negar tus sentimientos, desconectar, incapacidad para ver la verdad, miedo, negación.

El dos de espadas invertido indica que se ha perdido el equilibrio. La realidad se impone. La venda de los ojos se cae. Ahora ves lo que ocurre y lo que hay que hacer. Ya no puedes negar lo que sucede. El problema no puede evitarse. Se toma una decisión. O el tiempo muerto ha terminado y ahora debes retomar la partida.

Cómo encarnar la energía de esta carta: la próxima vez que te enfrentes a una decisión, siéntate en silencio y medita sobre tus opciones. ¿Qué dice tu sabiduría interior?

Una pregunta para reflexionar: *¿De qué manera evitas lo desagradable en tu vida?*

Taroticio

Tanto el dos de espadas como el ocho de copas presentan lunas, símbolos de la reflexión. Ambas figuras también se toman un tiempo de descanso. ¿En qué se parecen? ¿En qué se diferencian las dos cartas? ¿En qué sentido se alejan? Pon por escrito tus ideas.

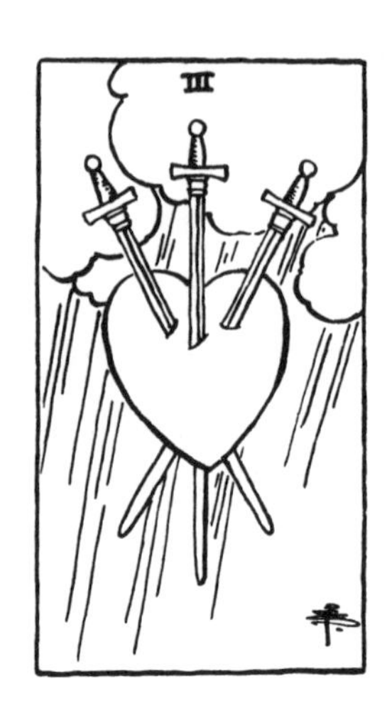

Tres de espadas

Elemento: aire

A nadie le gusta que aparezca el tres de espadas. Simboliza el desamor, el dolor, la pena y la pérdida. Las emociones están en carne viva.

Se necesita un considerable trabajo de sanación. Esta carta simboliza una gran traición, un momento en el que te han herido profundamente.

En las relaciones, puede indicar separación o divorcio. Una relación llega a un amargo final. Tu mundo emocional se ha puesto patas arriba. Algo o alguien en tu vida te está causando un gran sufrimiento.

Esta carta también puede indicar que estás pensando en traicionar a alguien. Antes de que defraudes a esa persona, piensa en cómo pueden afectarle tus acciones.

Otras formas de interpretar esta carta: la soledad, la distancia, el abandono, una época tormentosa, la infidelidad, el rechazo y la guerra.

El tres de espadas invertido indica que las heridas empiezan a cicatrizar. La tormenta ha pasado y el aire está despejado. Puedes comprobar el daño causado y seguir adelante. En algunos casos, esta inversión también indica que estás evitando el dolor. No superas una situación por miedo a que te duela.

Cómo encarnar la energía de esta carta: recuerda un momento en el que se te haya partido el corazón. Podría ser por la pérdida de una relación o porque te despidieron de un trabajo que te gustaba. Acepta ese sentimiento. No lo rechaces. Respira profundamente y envíate a ti mismo todo el amor posible.

Una pregunta para reflexionar: *¿Cuándo te destrozaron el corazón?*

Taroticio

Las telenovelas son una ocasión estupenda para conocer el tarot; ¡están llenas de dramatismo! Sigue una telenovela y cuenta todas las veces que aparecen los temas de la traición y el desamor. Anota tus hallazgos en un diario.

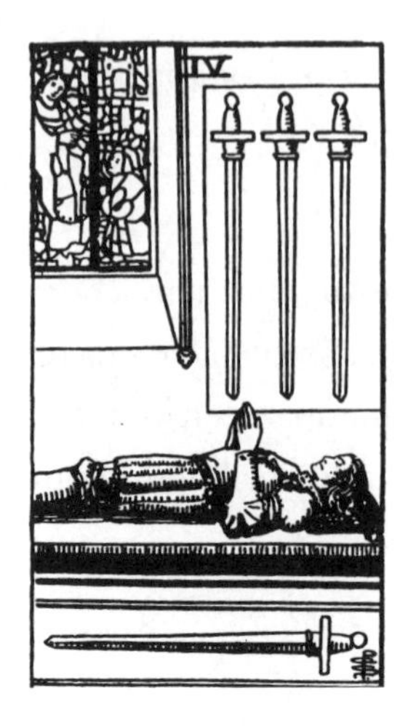

Cuatro de espadas

Elemento: aire

¡Descansa! Eso es lo que parece decir el cuatro de espadas. Esta carta muestra una figura que descansa sobre un ataúd en una iglesia. No, no significa la muerte. Más bien es una señal de que debes restablecerte tras una lucha. Recupérate. Tómate un tiempo lejos de la rutina diaria. Esto te devolverá el equilibrio. Si la vida te ha tratado mal, descansar le hará bien a tu alma.

Otra forma de interpretar esta carta es como la contemplación. Si estás reflexionando sobre una decisión, lo mejor será meditar sobre ella durante más tiempo. No te apresures a juzgar. Al contrario, aquieta la mente y date permiso para examinar a fondo las posibilidades.

¿Te has fijado en las tres espadas de la pared y en la del ataúd? Señalan la curación, el enterramiento del hacha de guerra o el hecho de poner fin a algo de una vez por todas. La vidriera tiene la palabra PAX, que significa 'paz', inscrita en un halo alrededor de la cabeza de la figura de la izquierda. En definitiva, esta carta trata sobre encontrar la paz y la curación.

En algunos casos, puede indicar una hospitalización o un periodo de convalecencia. También he visto esta carta como «la bella durmiente» o estar esperando a que alguien te despierte.

Otras formas de interpretar esta carta: planificación, preparación, retiro, *ashram*, quietud. Invertida, dice ¡vuelves a la acción! El tiempo de descanso terminó. De nuevo estás ocupado y preparado para actuar. Ponte otra vez en marcha. Ya te has recuperado. Sal del aislamiento y vuelve al mundo. En algunos casos, esta inversión puede indicar que te sientes inquieto o incapaz de relajarte.

Cómo encarnar la energía de esta carta: elige un día en el que no hagas nada en absoluto. Siéntate. Lee un libro. Duerme la siesta. Ahhh...

Una pregunta para reflexionar: *¿Descansas lo suficiente?*

Taroticio

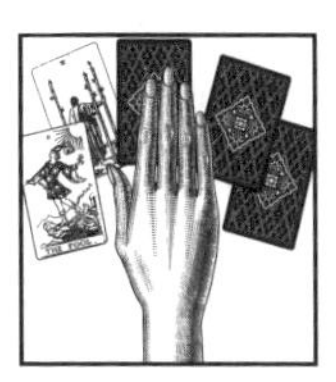

Busca todas las cartas con vidrieras. ¿Qué mensajes ocultos podrías descubrir en ellas, si es que hay alguno? Las vidrieras también pueden indicar percepción. ¿Qué es lo que podrían estar viendo las figuras de estas cartas y hasta qué punto su opinión podría ser clara o no?

Cinco de espadas

Elemento: aire

Tengo que admitir que el cinco de espadas es la carta que menos me gusta de la baraja. El cielo turbulento, la gente llorando y la figura con esa sonrisa burlona no me transmiten la menor sensación de calidez. Es la carta de la crueldad, el engaño y el sometimiento. Todo en el cinco de espadas refleja maldad. Aunque hay un elemento de victoria, es un elemento vacío que solo se consigue por medios deshonestos.

He visto que esta carta aparece en la adquisición hostil de empresas, en el sabotaje político y en las estafas de Internet. Siempre es una señal de problemas. Si aparece en una lectura, debes saber que alguien está tramando algo perverso y que le trae sin cuidado a quién hace daño.

Otras formas de interpretar esta carta: deshonor, hostilidad, actividad delictiva, estafa, abuso y falta de ética.

Cuando el cinco de espadas aparece invertido, todas las mentiras salen a la luz. Un saboteador queda al descubierto. Se acaban los conflictos y vuelve la paz. Alguien es sorprendido en el acto; sus nefastos planes se desmoronan. Una oportunidad para volver a hacer algo bien. Una tregua. O la derrota de un enemigo traicionero y poderoso.

Cómo encarnar la energía de esta carta: piensa en una ocasión en la que alguien te haya engañado o haya utilizado medios injustos para imponerse. ¿Cómo te sentiste cuando eso ocurrió? Ahora, ¿cómo te sentirías si fueras tú el que utilizara esa falta de honradez como medio para conseguir sus objetivos?

Preguntas para reflexionar: *¿Qué significa cuando se dice que en el amor y en la guerra todo vale? ¿Es cierto?*

Tarotício

Saca todos los cincos de tu baraja de tarot. Incluso los de los arcanos mayores, incluidas las cartas que pueden dividirse para formar un cinco (por ejemplo, ¿qué arcano mayor es el 14?). El cinco se considera un número difícil. ¿Cuáles son los retos de cada cinco? ¿Cómo has superado estos retos en tu propia vida?

Seis de espadas

Elemento: aire

En el seis de espadas, las tres personas del barco siguen navegando. Hay una atmósfera de desolación en la escena.

Esta carta simboliza la superación de una pérdida. El apoyo está presente. El seis de espadas indica un momento de transición. Quizá te cueste mucho. Tal vez no quieras salir de la antigua situación o estés dolido y necesites tiempo para hacer el duelo. Tal vez te sientas inseguro sobre lo que te espera. Sea cual sea el caso, has de confiar en la senda que se abre ante ti. Has aprendido mucho de los acontecimientos pasados. Los cambios que se avecinan serán por tu bien.

Ahora no es momento de mirar atrás. Enjuágate las lágrimas, reúne a tus seres queridos y emprende el viaje hacia un nuevo destino. Esta carta también puede indicar desplazamientos físicos, especialmente a través del agua. En ocasiones podría significar el exilio, un momento en el que te ves obligado a abandonar una situación.

Otras formas de interpretar esta carta: refugiados, tristeza, recoger los trozos de tu vida, viajes, una mudanza física, cambio de escenario, una navegación tranquila, todos estamos en el mismo barco.

El seis de espadas invertido te dice que estás estancado. Te sientes incapaz de avanzar, y los ciclos se repiten. Vuelves a lo mismo una y otra vez, por más que sepas que no es sano. No encuentras el apoyo que necesitas o quizás no lo estés pidiendo. Si estás descontento con tu compañía actual, esto puede ser una señal de que necesitas «abandonar el barco». Problemas de viaje. La incapacidad de encontrar una solución pacífica a los problemas actuales.

Cómo encarnar la energía de esta carta: ¿hay algo en tu mundo que necesites dejar atrás? ¿Un viejo pensamiento? ¿Una relación tóxica? Hacerlo puede parecer difícil, pero con un poco de ayuda, lo lograrás. Esta es la energía del seis de espadas: buscar ayuda para poder seguir adelante.

Una pregunta para reflexionar: *¿Cómo sería tu vida si eligieras una nueva dirección?*

Tarotício

Las cartas del viaje en el tarot son el seis de espadas, el ocho de copas y el ocho de bastos. Todas son clásicas. ¿Hay otras cartas que puedas asociar con un viaje? ¿Cuáles? ¿Por qué? Escribe tus respuestas en un diario.

Siete de espadas

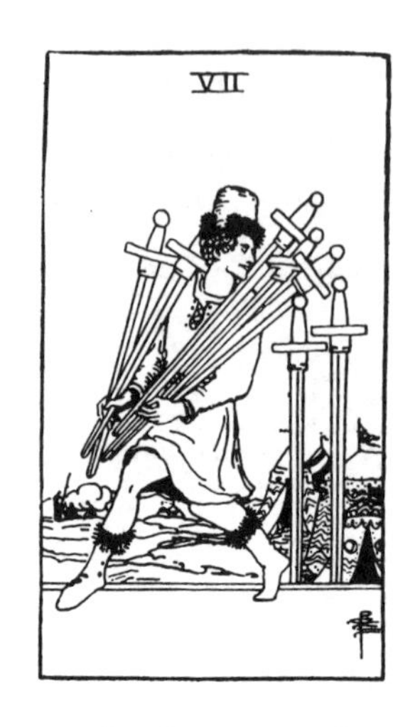

Elemento: aire

Ah, ¡el tramposo siete de espadas! Mira al tipo que se aleja cautelosamente de una tienda, con una mueca de desprecio en su rostro, llevando consigo varias espadas. Por un lado, esta carta indica que es un momento en el que hay que ser astuto. Por otro, puede simbolizar un robo. Lo que signifique vendrá determinado por la pregunta. Esta carta muestra la cautela, un momento en el que logras realizar una gran hazaña delante de las propias narices de alguien. Todo el mundo se asombra de que hayas sido capaz de hacerlo. Sin embargo, también puede indicar sigilo, como en el caso de andar a escondidas con una nueva pareja sin que se sepa. En determinadas ocasiones podría sugerir que estás haciendo algunos progresos, pero que no eres capaz de conseguirlo todo limpiamente.

De nuevo, en esta carta hay otra interpretación que tiene que ver con el robo. Un ladrón se lleva tus bienes. Alguien sin escrúpulos te roba a tu pareja. Un vendedor astuto te estafa. Se salen con la suya y no sienten ningún remordimiento. En ese caso, la carta sirve de advertencia para que andes con cuidado.

Una historia real: una clienta seguía recibiendo esta carta en la posición de «entorno» de su lectura. «Pero yo vivo en un buen barrio», protestó. Le dije que un robo puede ocurrir en cualquier lugar. La siguiente vez que la vi, me contó que, efectivamente, le habían robado, justo delante de su casa. ¡Estas cosas no se pueden inventar!

Otras formas de interpretar esta carta: independencia, evitar conflictos, andar con pies de plomo, pasar inadvertido, traición y huir de tus responsabilidades.

Cuando esta carta aparece invertida los objetos robados se devuelven. Se atrapa a un ladrón. Se ha descubierto la estafa. O bien ves claramente una situación, sabes que tiene trampa y te largas antes de que te hagan daño. En algunos casos, esta inversión indica el regreso a la escena del crimen. Una confesión. Alguien revela la verdad sobre sí mismo. En otras palabras, la inversión indica los hechos, la prevención de un delito o el hecho de ser atrapado.

Cómo encarnar la energía de esta carta: ¿qué es para ti lo más imposible que podrías hacer en este momento? Hazlo.

Una pregunta para reflexionar: *¿Alguna vez está justificado faltar a la verdad?*

Taroticio

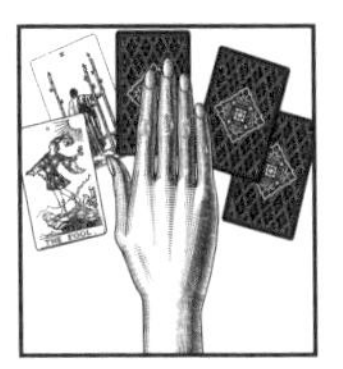

Saca de la baraja el siete de copas, el siete de oros, el siete de bastos y el siete de espadas. Te darás cuenta de que todas las figuras parecen dudar. Es difícil ver lo que está ocurriendo realmente cuando piensas en ello. ¿Por qué está el siete de copas delante de esas copas? ¿Qué está haciendo la figura del siete de oros? ¿Está descansando o admirando su obra? El personaje del siete de bastos ¿se está defendiendo o está iniciando un conflicto? ¿Crees que el personaje del siete de espadas está avanzando o mirando hacia atrás y pensando en detenerse? Reflexiona sobre las posibilidades aquí.

Ocho de espadas

Elemento: aire

En el ocho de espadas, una mujer tiene los ojos vendados y está atada con una cinta poco apretada, completamente sola a excepción de las espadas que la rodean. ¿Cómo ha llegado hasta aquí? Nadie lo sabe. La respuesta está en su interior. Cuando esta carta aparece, puede indicar un momento en el que te sientes atrapado, perdido o aislado. Pero si de verdad te paras a pensarlo, te das cuenta de que tus ataduras están sueltas. Puedes salir de ahí. Tu salida empieza por examinar, para empezar, cómo has llegado a esta posición. En cuanto lo hagas, descubrirás la forma de desatarte.

El ocho de espadas simboliza que te sientes atrapado por tus circunstancias. Esta sensación no va a durar para siempre, pero seguro que te da esa impresión. Una vez que hagas el trabajo, dejarás de sentirte así y seguirás adelante. Sin embargo, hasta que lo hagas, seguirás atrapado. Tú –y solo tú– puedes liberarte.

A veces, dependiendo de la pregunta, esta carta puede indicar un momento en el que alguien te tiene atado. Esa pareja celosa que no te deja salir de casa, ese trabajo que detestas pero que necesitas para comer o ese jefe que te machaca. En esos casos, la carta dice que te están obligando a permanecer en una situación y que tienes que empezar a buscar una salida, aunque salir te dé miedo.

Esta carta también puede representar una iniciación. Muchos ritos de iniciación exigen tener los ojos vendados y estar atado; cortar las ataduras y quitar la venda simboliza un renacimiento. Es como estar en el capullo antes de desplegar las alas.

Otras formas de interpretar esta carta: limitación, apretarse el cinturón, aislamiento, sentirse controlado, la damisela en apuros, víctima, falta de libertad, perder tu poder o estar «atado» con demasiadas responsabilidades.

Si esta carta está invertida, ¡eres libre! Has encontrado la salida. La venda se desprende, las ataduras se aflojan y puedes salir de tu situación. Como Houdini, eres capaz de salir de una situación complicada. Esta inversión también puede indicar un momento en el que ves las cosas con claridad. Sabes qué hacer. Los límites han desaparecido. Puedes trascender tu situación. La salida es directa.

Cómo encarnar la energía de esta carta: no, no te pediré que te ates. Lo que sí tienes que hacer es ponerte en una posición incómoda. Podrías ir a un club de *striptease*. O llevar unos pantalones demasiado ajustados. ¡Diviértete con esto! Mira lo que piensas cuando te pones en una situación que no te hace sentir bien. Ahora sal de ahí.

Una pregunta para reflexionar: *¿De qué manera te limitas a ti mismo(a)?*

Taroticio

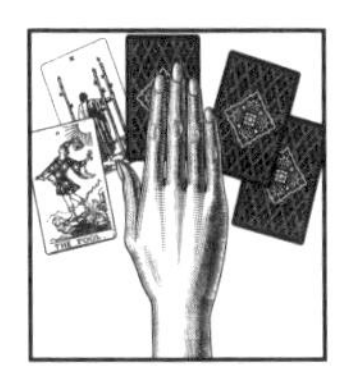

Según Rachel Pollack, el ocho de espadas es una de las cartas «portales», ciertas cartas que «actúan como un portal hacia una conciencia especial». Hazte con un ejemplar de *Los setenta y ocho grados de sabiduría* y busca el pasaje sobre las cartas portales. ¿Cuáles son las otras cartas portales? ¿Cómo funciona cada una de ellas como una especie de puerta? ¿En qué sentido lo hacen de forma diferente? Escribe tus pensamientos en un diario.

Nueve de espadas

Elemento: aire

Preocupación. Ansiedad. Pesadillas. La carta del nueve de espadas conjura estas palabras. La figura sentada en la cama, con la cabeza entre las manos, las espadas que atraviesan el fondo de la imagen..., cada uno de esos símbolos indica que has perdido el sueño por algo. Quizá te hayan traicionado o hayas sufrido una pérdida. O tal vez estés lidiando con una crisis de salud mental. Sea cual sea el caso, el sufrimiento es real. El Universo la está tomando contigo.

El nueve de espadas indica las preocupaciones que te asaltan en la noche. Situaciones que parecen una pesadilla, momentos en los que te sientes muy solo. Cuando llega esta carta, no debes sufrir en silencio: busca ayuda. Busca apoyo para que puedas ver la posible solución. A veces, esta carta indica hospitalización o rehabilitación.

Otras formas de interpretar esta carta: estrés mental, apuñalamiento por la espalda, insomnio, noche oscura del alma u hospitales.

El nueve de espadas invertido sugiere que la pesadilla llega a su fin. La ansiedad cesa. Llega el apoyo. Curación. Recuperación. Ves la luz al final del túnel. Por fin hay esperanza.

Cómo encarnar la energía de esta carta: concéntrate en algo que te haga sentir ansiedad. Para mí, son las noticias del telediario. Pon cualquier programa de noticias y no tardarás en estar inmerso en el nueve de espadas.

Una pregunta para reflexionar: *¿Qué te impide pegar ojo por las noches?*

Taroticio

Tanto el cuatro como el nueve de espadas pueden indicar hospitales. ¿Qué tipo de tratamiento podría estar recibiendo la figura? Si combinas estas cartas con otras de la corte, ¿qué papel podrían desempeñar en la curación? Por ejemplo, ¿es la reina de espadas un cirujano? ¿Podría el caballero de copas ser un consejero sobre adicciones?

Diez de espadas

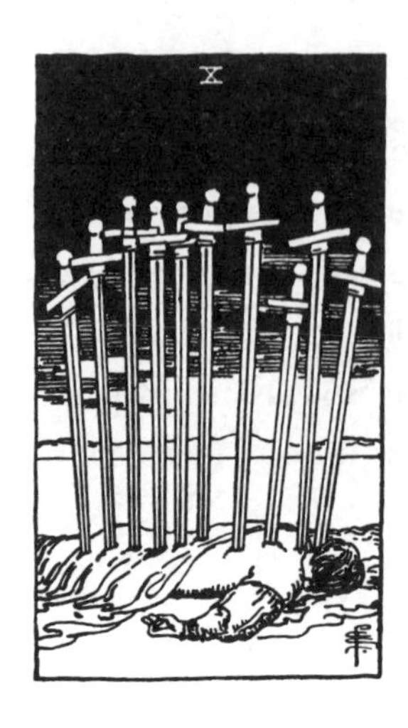

Elemento: aire

El diez de espadas representa el final total. Una situación llega a un final doloroso, pero no temas: se avecina un nuevo comienzo. Hay un brillante amanecer, símbolo de un nuevo inicio. Lo hecho, hecho está. Acepta el final lo mejor que puedas y prepárate para seguir adelante.

Echa un vistazo a la mano de la figura. Soy profesora de yoga, así que esa posición de los dedos me resulta familiar; es un mudra llamado *jnana* mudra. Los mudras son posiciones simbólicas de la mano o gestos rituales. En sánscrito, la palabra *mudra* significa 'sello'. Estas posiciones de las manos tienen por objeto ayudar al fluir de la energía en los cuerpos físico y espiritual. El *jnana* mudra es el mudra de la sabiduría, así que piensa en esto un momento: las puñaladas sin sangre muestran el dolor a través del cuerpo mental y el mudra muestra el flujo de energía a través de los cuerpos físico y espiritual, así como la sabiduría. Esta imagen te señala que la carta no es tan tenebrosa como parece, porque lo que en realidad indica es que un ciclo se ha completado del todo.

A veces esta carta puede señalar una traición. Alguien te apuñala por la espalda. Una gran decepción. Pérdida. En una lectura sobre la salud, puede significar problemas de espalda.

Otras formas de interpretar esta carta: tocar fondo, melodrama, ataque psíquico, agotamiento, martirio, «ay de mí» y la espiral descendente antes del ascenso.

Cuando esta carta está invertida, indica que lo peor ha pasado. ¡Lo has conseguido! Puedes levantarte y seguir adelante con tu vida. Las espadas se caen de tu espalda. Como el ave fénix, puedes *elevarte*.

Curación. El perdón. En algunos casos, esta inversión puede indicar una negativa a aceptar un final. Aunque sea evidente que algo ha terminado, te aferras a ello.

Cómo encarnar la energía de esta carta: la próxima vez que te enfrentes a una pérdida o a algo doloroso, busca el amanecer. Pueden ser las lecciones de la situación o la promesa de un nuevo comienzo. O como decía el Sr. Rogers:* «Busca a los ayudantes».

Una pregunta para reflexionar: *¿Cómo te enfrentas a la pérdida?*

Taroticio

Me encantan las combinaciones del tarot. Juntar dos cartas puede mostrar una pequeña historia. ¿Cuál podría ser la breve historia que podemos extraer del nueve de espadas seguido del diez de espadas? ¿Qué tal si pones el diez de espadas delante del nueve de espadas? ¿O al revés? Juega con esta combinación.

* N. del T.: Ver nota en página 161.

Sota de espadas

Elemento: aire

La sota de espadas puede significar una noticia importante. Un cambio rápido puede estar en camino. Prepárate. Debes estar atento a las señales. Prepárate para defenderte... o para solucionar un problema. Esto también podría significar un momento en el que la verdad aclare las cosas. Por fin puedes corregir un error.

Como personaje, esta sota representa a un luchador. Un contendiente. Alguien joven, brillante y ágil mentalmente. O un mensajero que nos informa de posibles dificultades.

Esta carta también puede significar un nuevo comienzo a nivel mental, el inicio de los estudios, la vuelta al cole, un niño que dice lo que piensa.

Otras formas de interpretar esta carta: un enfoque analítico de los asuntos, el uso de la mente, cortar una cuerda, la vanguardia, la tecnología y las nuevas formas de pensar.

A veces, la sota de espadas invertida representa a una persona joven que trae problemas. Un alborotador. Alguien que agita los ánimos a propósito. Un delincuente juvenil. Pero también puede significar una mentira piadosa o un engaño. Falta de ética. Moral cuestionable. O no aprender la lección. En algunos casos, puede tratarse de un pequeño robo.

Cómo encarnar la energía de esta carta: las espadas son el elemento Aire y rigen los pensamientos. A la sota de espadas le encanta aprender y prefiere los retos. Estudia algo que te suponga un reto. Para algunos, puede ser la física. Para otros, la reparación de ordenadores. Estimula tu mente con algo nuevo.

Una pregunta para reflexionar: *¿Cómo te adaptas a los cambios repentinos?*

Taroticio

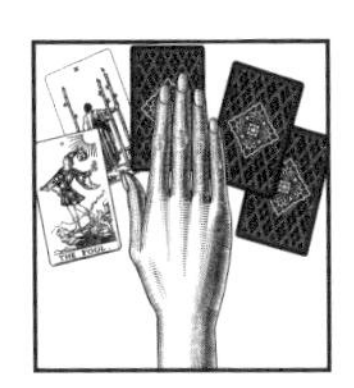

Mira las noticias. ¿Cómo informan los periodistas de las noticias? ¿Son objetivos, especialmente cuando cubren temas difíciles? Encuentra a un periodista en particular que pueda hablar de los temas críticos pero que permanezca neutral. ¿Cómo te hace sentir en comparación a aquellos que parecen transmitir la información de manera sesgada? Esa es la energía de la sota de espadas.

Caballero de espadas

Elemento: aire

El caballero de espadas carga, listo para la batalla. Nada lo detiene. Esta carta puede indicar un periodo en el que debes tomar las riendas y avanzar, aunque las probabilidades parezcan escasas. Este es el guerrero en el tarot. El héroe. El que dispara certeramente. Es contundente, directo e intrépido. La lógica es su arma y utiliza la verdad para acabar con las mentiras. Tanto si esta carta te simboliza a ti como a una persona que está afectando a la situación, una cosa es segura: no tendrá pelos en la lengua.

Dicho esto, esta carta también puede indicar una falta de diplomacia. O un elefante en una tienda de porcelana. Esa persona que se precipita sin conocer la situación y habla sin filtro alguno. También puede significar un momento en el que debes actuar primero y preguntar después.

Otras formas de interpretar esta carta: la brusquedad, la dominación, la rudeza, la crítica brutal, el sarcasmo, un desafío o el intento de demostrar algo.

Si la carta está invertida, el caballero, de repente, se muestra comedido. En lugar de precipitarse, se contiene. Eso podría deberse a que primero evalúa sabiamente la situación... o su cobardía. La lectura depende del contexto de la pregunta y de otras cartas implicadas. A veces esta inversión puede indicar una persona que utiliza la verdad para perjudicar a otros o que miente de forma habitual. También puede ser la carta del malhechor. Alguien que tiene mal genio y carece de sensibilidad y sentido común. Un bufón. Esa persona que pone comentarios desagradables en las redes sociales y luego se arrepiente.

Cómo encarnar la energía de esta carta: participa en un debate animado. Di lo que piensas.

Una pregunta para reflexionar: *¿Cuándo es la verdad un arma que ayuda y cuándo puede causar daño?*

Taroticio

Si la sota y el caballero de espadas estuvieran en una batalla, ¿qué papeles desempeñarían?

Reina de espadas

Elemento: aire

La seria reina de espadas puede hallar claridad en cualquier situación. Es capaz de ver los hechos a través de las nubes que los cubren. Es astuta, inteligente e intelectual. Puedes contar con ella para dar una réplica ingeniosa y oportuna que acabe rápidamente con cualquier tontería. Es difícil engañarla. Si esta carta aparece en tu lectura, podría indicar un momento en el que eres muy listo o necesitas serlo. Debes analizar una situación y estar preparado para adoptar un enfoque lógico.

Hay situaciones en las que es preciso ser franco. No te reprimas. Si esta carta simboliza a una persona, tiene las cualidades mencionadas anteriormente: un individuo sin pelos en la lengua, veraz y que llega al fondo de las cosas rápidamente. Esta carta también puede representar a una viuda o a alguien que ha sufrido una pérdida importante.

Otras formas de interpretar esta carta: alimentar tus ideas, juicio, astucia, vivir de acuerdo con tu ingenio, sagacidad, falta de pretensiones, no hay trampa ni cartón.

Esta puede ser una inversión difícil de interpretar. A menudo, la reina de espadas invertida se identifica con una persona tramposa o mala. Alguien que desoye sus propias emociones. Un individuo que no reconoce el sufrimiento. Una persona fría y sin corazón. La reina de espadas invertida trae drama y dolor. Pueden tener un objetivo oculto. El arquetipo de la enfermera Ratched* o de la película *Queridísima mamá*.

* N. del T.: Desalmado personaje ficticio con tácticas pasivo-agresivas que aparece en la película *Alguien voló sobre el nido del cuco*. Fue nombrado el quinto villano

Cómo encarnar la energía de esta carta: adopta un enfoque directo en cualquier situación que trates hoy. Sé sincero, lógico y lúcido. Deja que tu experiencia te ayude a emitir juicios sólidos.

Una pregunta para reflexionar: *¿Eres sincero(a) cuando se trata de algo importante?*

Tarotício

Practica el papel de cada reina en un día. Por ejemplo, puede que te pongas en modo reina de bastos cuando saques tiempo para trabajar en un proyecto creativo, mientras que más tarde te pongas a tope de reina de copas cuando pases tiempo con la familia. Prueba con la reina de espadas al tratar con ese vendedor telefónico y canaliza la reina de oros mientras haces el balance de tus fondos. ¡Diviértete con esto! Fíjate cuando tengas que jugar con cada reina en diferentes áreas de tu vida. ¿Cómo te sientes al moverte entre las diferentes energías de las reinas?

más grande en la historia del cine (y la segunda villana más grande) por el American Film Institute.

Rey de espadas

Elemento: aire

El rey de espadas es el sabio consejero que ofrece un consejo imparcial ante cualquier situación, el líder del pensamiento. Es lógico, inteligente y ético. Crea las leyes o las mantiene. Es la persona que dirige con la cabeza. A veces, puede desafiar tus creencias. Están aquí para hacerte pensar y ayudarte a comportarte como es debido. Este rey es el que desearías ver en una situación de emergencia, ya que siempre mantiene la calma, independientemente de lo que ocurra a su alrededor. El Sr. Spock* es el arquetipo de este tipo lógico.

El rey de espadas podría ser alguien de tu vida que es un maestro de la razón. O esta carta quizás simbolice un momento en el que debes ser imparcial. Puede que tengas que dejar de lado tus sentimientos y seguir las normas éticas más estrictas. Comunícate bien y asegúrate de ser justo en todas tus negociaciones.

Otras formas de interpretar esta carta: analítica, despejar la niebla mental, dominar tu pensamiento, ideales elevados, un juez o abogado sabio y ética.

Invertido, este rey pierde su integridad y se convierte en un ser frío incapaz de conmoverse, pase lo que pase. Un abusador. Un cerebro criminal, tipo *El padrino*, un manipulador que utilizará cualquier medio para conseguir su objetivo. Frialdad. Una falta de empatía. Un maltratador.

* N. del T.: Mr. Spock es uno de los personajes más populares de la saga de *Star Treck*. Se caracteriza por ser profundamente racional y analítico.

Cómo encarnar la energía de esta carta: cuando tomes una decisión importante, comprueba si puedes eliminar todas tus emociones de la ecuación. Busca el camino más lógico. Si es necesario, investiga bien tus opciones.

Una pregunta para reflexionar: *¿Quién te inspira con su brillante ejemplo de integridad?*

Taroticio

Si los cuatro miembros de la corte de las espadas estuvieran en un caso de *Perry Mason*,* ¿quién sería quién?

* N. del T.: Personaje de novela y serie de televisión que se hizo internacionalmente popular en los pasados años sesenta y setenta. Perry Mason es un abogado criminalista que defiende a acusados injustamente de asesinato con la ayuda de un pequeño grupo de colaboradores.

As de oros

Elemento: tierra

En el as de oros, una mano aparece del cielo, sobre un jardín, sosteniendo una gigantesca moneda de oro. Este as muestra un camino que se abre ante ti y que podría cambiar tu futuro financiero para bien. Por delante, todo está floreciendo. Di sí a la oportunidad y empieza a avanzar hacia una vida más brillante y abundante.

Esta carta significa que vuelves a comenzar en lo referente a las finanzas. Se ofrece un cambio, tal vez un nuevo empleo o un ascenso. Un nuevo comienzo a nivel económico. Puedes ponerte en el camino correcto de una vez por todas. Esta carta marca el potencial de prosperidad. Buenas noticias sobre el dinero. También podría indicar una mejora financiera que proviene de una fuente inesperada.

Otras formas de interpretar esta carta: éxito material, crecimiento, una oportunidad prometedora, una semilla, un regalo y estar en el lugar apropiado en el momento adecuado.

Invertido, el as de oros se convierte en inseguridad financiera. Parece que no puedes ir con buen pie, hagas lo que hagas. Las opciones son escasas. Las decisiones imprudentes crean grietas en los cimientos. Esta inversión también puede significar el despilfarro de tu dinero debido a malas inversiones o juegos de azar. O una oportunidad que no tiene éxito. Una oferta de trabajo o un ascenso con pocas ganancias. En algunos casos, podría indicar que se te rebaja de categoría o se te degrada.

Cómo encarnar la energía de esta carta: cada vez que hagas un cambio en tus finanzas –un nuevo trabajo, un negocio complementario o un presupuesto– estarás en modo as de oros.

Una pregunta para reflexionar: *¿Cómo puedes mejorar tu liquidez financiera?*

Taroticio

Si miras los ases, las ofrendas parecen salir de las nubes. ¿De dónde vienen? ¿Qué espíritus, guías u otras energías pueden estar trayéndolas? Escribe tus respuestas en un diario.

Dos de oros

Elemento: tierra

La figura que aparece en el dos de oros hace malabarismos con dos enormes monedas. Sus pies tambaleantes y su expresión de incertidumbre sugieren inestabilidad. En lugar de sentirse seguro, está haciendo equilibrios para evitar caerse. Las decisiones relacionadas con el dinero deben tomarse con mucho cuidado. El dos de oros significa estirar el sueldo en los momentos difíciles o «pedir prestado a Pedro para pagar a Pablo». Una época en la que hay que hacer lo que sea para llegar a fin de mes.

Los barcos del fondo muestran el potencial de cambio o de viaje. ¿Cómo puedes encontrar la estabilidad cuando las cosas parecen moverse en distintas direcciones? Si tienes que viajar o mudarte, ¿cómo te prepararás?

Esta carta también sirve para indicar valores cambiantes. Lo que era importante para ti en un momento dado ahora ya no lo es. Un dilema ético. Si estás tratando de tomar una decisión, la carta puede aconsejar que sopeses las opciones cuidadosamente. Tal vez estés mezclando churras con merinas.

Otras formas de interpretar esta carta: la multitarea, intentar hacer demasiadas cosas a la vez, la flexibilidad, los altibajos, aprender a fluir, el zahorí o sentirse abrumado.

El dos de copas invertido muestra que se ha perdido el equilibrio. Estás tirando la toalla, te rindes. También podría significar que se ha tomado una decisión por ti. El poder ya no está en tus manos. Te han degradado. Dificultad para adaptarte a las circunstancias cambiantes. Compras de las que te arrepientes. Se te va el presupuesto y, de repente, te quedas sin dinero. Estupidez.

Cómo encarnar la energía de esta carta: tómate un momento para estudiar la carta. ¿Cuándo te has comprometido con demasiadas cosas? El dos de oros aparece cada vez que has asumido más responsabilidades de las que puedes manejar. En ese caso, debes delegar o decidir cuáles son tus prioridades. Céntrate en racionalizar tu trabajo. Di que no a algunas cosas. Luego respira con alivio cuando vuelvas a encontrar el equilibrio.

Una pregunta para reflexionar: *¿Haces malabares para poder cumplir con tus responsabilidades? ¿Realmente es necesario que te encargues de todo?*

Tarotícia

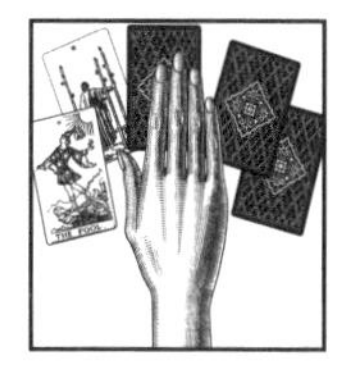

Muchas cartas en la baraja del tarot hablan de opciones, no solo los doses. ¿Qué otras cartas pueden indicar que ha de tomarse una decisión?

Tres de oros

Elemento: tierra

Tres personas se reúnen en un templo para trabajar. Una se detiene con una herramienta mientras las otras dos repasan los planos.

El tres de oros es la carta del talento, el trabajo cualificado y la labor en equipo. La colaboración produce hermosos resultados. Talento oculto o habilidades latentes. Recibir atención por una obra bien hecha. Estás construyendo algo de lo que te sentirás orgulloso. Crear una base sólida para el futuro. Aprendizaje. Aprender en el trabajo. Perfeccionismo. Labor espiritual.

En algunos casos, esta carta puede significar proyectos de mejora del hogar o la construcción de una casa.

Otras formas de interpretar esta carta: bautismo, ritos religiosos, planificación de bodas, necesidad de que te digan lo que tienes que hacer, seguir órdenes y productividad.

¡Démosle la vuelta! El tres de oros invertido puede significar mano de obra de mala calidad. Una incapacidad para trabajar bien con los demás. Un equipo que no consigue organizarse. Sabotaje. Un liderazgo deficiente. Peleas en el trabajo. Nadie se pone de acuerdo en nada. Falta de cooperación. Como puedes imaginar, este es el tipo de enfrentamiento que significa que se hace poco... o se hacen mal las cosas.

Cómo encarnar la energía de esta carta: busca la forma en que el trabajo en equipo se manifiesta en tu vida. En el trabajo, en casa, ¿cómo interactúas con los demás? ¿Cómo se hacen mejor los trabajos con un equipo? Esfuérzate por cooperar con tus compañeros en el entorno laboral y observa cómo eso crea un ambiente productivo. Otra forma estupenda de captar el sentimiento del tres de oros: pasa tiempo en una iglesia o un templo. Observa la belleza que te rodea. Imagina la cantidad de esfuerzo que ha supuesto crear este espacio sagrado.

Una pregunta para reflexionar: *¿Cómo puedes perfeccionar tus habilidades?*

Taroticio

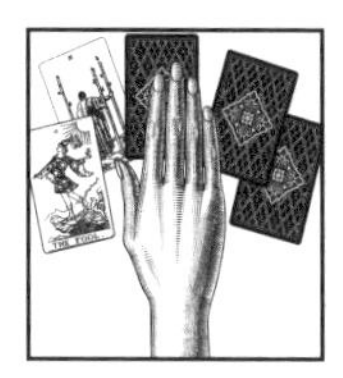

Una vez más, busca las cartas en las que aparece el interior de un templo. Colócalas en diversas posiciones. ¿Qué historias podrían estar contando sobre una iglesia? Por ejemplo, el tres de oros y el Sumo Sacerdote podrían hablar de la construcción de una nueva sala en el Vaticano, mientras que el cuatro de espadas y el Sumo Sacerdote podrían indicar la muerte de un papa.

Cuatro de oros

Elemento: tierra

Tus finanzas son sólidas como una roca. El cuatro de oros representa la estabilidad. Lo tienes todo bajo control.

Podría ser un momento en el que te sientas en la cima a nivel financiero. O tal vez otras cosas en tu vida vayan bien. Sea cual sea el caso, eres oro puro.

En ocasiones, esta carta también puede apuntar a la tacañería o a la avaricia. Si ese es el caso, ¿qué puedes hacer para aflojar la cartera?

Otras formas de ver esta carta: posesividad, avaricia, obsesión por el control, pretensión, codicia, materialismo o vida urbanita.

¿Y si está invertida? En ese caso, el cuatro de oros sugiere soltar el control. Relajarse respecto al apego. Gastar dinero o ser generoso con los demás. En algunos casos, esta inversión puede indicar inseguridad financiera. No planificaste el futuro y ahora te asustas. Mentalidad de escasez. Codiciar el dinero o el éxito de otras personas. Envidia. Utilizar el dinero para controlar a los demás. Malversación.

Cómo encarnar la energía de esta carta: piensa en algo que te gustaría comprar en el futuro. Crea un plan de ahorro y empieza a apartar el dinero. Cíñete al presupuesto, por muy tentado que estés de gastar esa pasta. Cada vez que sientas la tentación de gastar, saca esta carta como recordatorio de que debes olvidarte del dinero.

Una pregunta para reflexionar: *¿Qué te hace sentir seguro?*

Taroticio

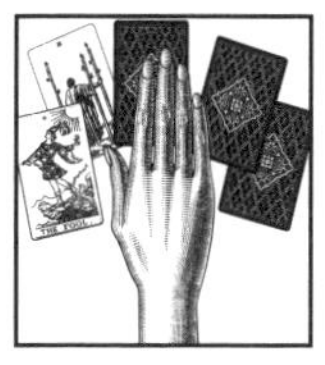

Además del número 4, ¿qué otras cosas comparten el cuatro de oros y el Emperador? Escribe tus conclusiones en un diario.

Cinco de oros

Elemento: tierra

Las dos figuras del cinco de oros tienen un aspecto muy lamentable. Están arruinadas, heridas y en la calle. ¿Se te ocurre una situación más infame? Esta carta simboliza las dificultades. Problemas financieros. Un periodo de pérdidas. Esa mala racha en la que pierdes tu trabajo o tu casa. La inseguridad. La falta de hogar. La mendicidad. Pero mira a tu alrededor. La vidriera muestra que la ayuda está disponible. ¿Puedes verla? ¿O prefieres seguir así, incapaz de ver la ayuda o de pedirla? En determinadas ocasiones, esta podría ser la pareja que permanece unida en las buenas y en las malas.

La campana en el cuello de la segunda figura representa las campanas que se ponían a los leprosos para advertir de su presencia. El cinco de oros puede indicar a los forasteros. Gente marginada. Gente que no encaja. El rechazo. El ostracismo. Enfermedad. Herida.

Otras formas de ver esta carta: invierno, refugiados, adictos, pobreza, exilio, dificultades físicas o codependencia.

El cinco de oros invertido dice que la ayuda se encuentra o se acepta. Ya ha pasado el temporal. Los problemas cesan y hay una luz al final de un camino largo y duro. Recuperación. Ayuda financiera. Encontrar refugio.

Cómo encarnar la energía de esta carta: piensa en un momento en el que hayas experimentado dificultades financieras. ¿Pediste ayuda? ¿O te las arreglaste solo? Si alguna vez has dedicado tiempo a ayudar a los necesitados, puede que también entiendas la vibración del cinco de oros. Escribe en tu diario lo que se siente al necesitar ayuda y darla.

Una pregunta para reflexionar: *¿Cómo puedes pedir ayuda?*

Taroticio

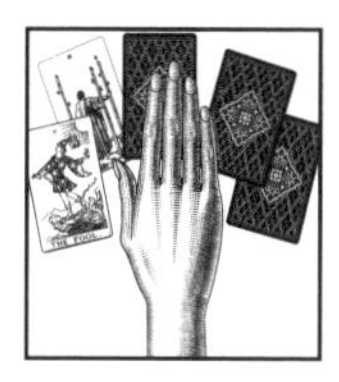

El cinco de oros es una de las cartas que utilizo para medir el tiempo. La nieve señala la época invernal. Esto significa que, en una pregunta sobre el tiempo, nos referiríamos al invierno. Revisa la baraja y busca otras cartas con las cuatro estaciones. ¿Puedes encontrar los símbolos de cada estación?

Seis de oros

Elemento: tierra

En el seis de oros, dos mendigos están sentados a los pies de un rico comerciante que reparte monedas. Esta carta indica generosidad, caridad y equilibrio financiero. También puede significar un momento en el que la balanza del poder está desequilibrada. Una persona tiene más que la otra o está en una posición superior. Dependiendo de la cuestión, puedes ser tú quien tenga todas las monedas o quien pida ayuda.

En el ámbito romántico, el seis de oros parece sugerir que una persona da más a la relación que la otra. En otras situaciones, esta carta puede indicar gratitud. Si estás ofreciendo ayuda o estás en posición de proporcionarla, sé agradecido.

También puede significar que necesitas ayuda. No seas demasiado orgulloso para pedirla.

Otras formas de ver esta carta: humildad, compartir, enseñar, apadrinar, mentor, quiebra, justicia, dominio o sumisión.

El seis de oros invertido señala que se niega la ayuda. Te dan la espalda y te dejan en la intemperie. La codicia se apodera de ti, creando una situación de avaricia. También es posible que te sientas incapaz de pedir ayuda. En algunos casos, este cambio puede significar problemas financieros o legales. Una situación en la que una persona controla el dinero y lo utiliza para dominar a otra.

Cómo encarnar la energía de esta carta: da dinero a una causa benéfica. O haz algo generoso, como ayudar a un amigo a mudarse. Dar es divino... y una forma fácil de sentir la energía del seis de oros.

Una pregunta para reflexionar: *¿Das tanto como recibes?*

Taroticio

Examina el seis de oros. Observa que el mercader da monedas a un mendigo, pero no al otro. ¿A qué se debe esto? ¿Está ignorando a la otra persona? ¿No es su turno? ¿Qué crees que puede indicar esto, si es que hay algo? Escribe tus reflexiones en un diario.

Siete de oros

Elemento: tierra

Las semillas se plantaron hace tiempo. El trabajo duro ya está hecho. El siete de oros dice que la recompensa comienza a vislumbrarse. Este es un momento en el que debes ser paciente. Ten en cuenta que, como dice el dicho, el que espera desespera. Puede que te resulte difícil esperar, pero no olvides que lo mejor está por llegar. Todo lo que has hecho dará fruto a su debido tiempo.

En algunos casos, esta carta significa que deberías dar un paso atrás y examinar tu trabajo. ¿Cómo van las cosas? ¿Necesitas eliminar algo? ¿O estás satisfecho con tu crecimiento? Analiza la situación y revisa tus planes si es necesario.

También podría indicar un descanso antes de regresar al trabajo. Tómate un respiro y luego vuelve a la carga. Hay más cosas que hacer. Progreso lento. El crecimiento que se produce con el esfuerzo continuo.

Otras formas de interpretar esta carta: replanteamiento, investigación, ponderación, contemplación, evaluación de la situación o dificultad.

Una inversión sugiere que nada está creciendo. No vas a ninguna parte. Esfuerzos desperdiciados. Trabajo duro. Poner mucho empeño en conseguir algo y no obtener nada. El siete de oros invertido es el trabajo que no está bien pagado. Los problemas financieros te impiden crecer o salir de tu situación. Una mala inversión. Las cualidades de impaciencia y pereza también son posibles interpretaciones.

Cómo encarnar la energía de esta carta: mira en qué te has esforzado. ¿Qué resultados ves de tu trabajo? Escribe tus pensamientos en un diario. Otra forma de encarnar esta carta es plantar un jardín. El trabajo duro y la paciencia siempre están implicados en la jardinería. Es la forma perfecta de sentir el siete de oros.

Una pregunta para reflexionar: *¿Qué está creciendo ahora mismo?*

Taroticio

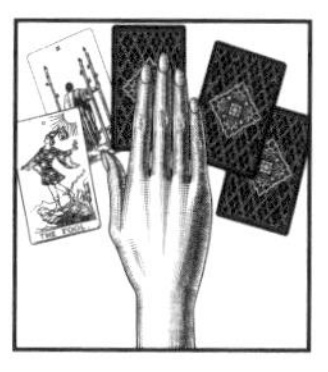

El siete se considera un número complicado. ¿En qué estriba la dificultad de esta carta? ¿Cómo se compara con los problemas a los que pueden enfrentarse otros sietes?

Ocho de oros

Elemento: tierra

La figura del ocho de oros está centrada en su labor y hace grandes progresos. Es la carta de la productividad, el empleo remunerado y el disfrute en el trabajo. También se considera la carta del aprendiz, una persona que adquiere una excelente destreza en su profesión a través de la realización de un trabajo. El deseo de aprender para llegar al siguiente nivel.

Económicamente, esta carta muestra un crecimiento constante y recompensas por un trabajo bien hecho. Orgullo por tu obra. Realización. Todas las negociaciones se están llevando a buen término. Trabajar y resolver los problemas para llegar a soluciones extraordinarias.

Otras formas de ver esta carta: atención a los detalles, escuela, aprendiz, artesano, dedicación, esfuerzo.

Cuando esta carta está invertida, vemos una mano de obra deficiente. Falta de esfuerzo y habilidad. Alguien que no presta atención a los pequeños detalles. Que se desentiende de un trabajo. Desinterés por la tarea actual o distracción. Trabajar prácticamente gratis. Abandono. Insatisfacción con tu puesto o tu formación. Aburrimiento en el trabajo o en los estudios. El estudiante que tiene potencial, pero que lo desperdicia en tonterías.

Cómo encarnar la energía de esta carta: encuentra una tarea que haya que hacer, como lavar los platos. Deja de lado las distracciones. Concéntrate solo en el trabajo que tienes por delante. Fíjate en lo rápido y bien que haces las cosas cuando mantienes las distracciones al mínimo.

Una pregunta para reflexionar: *Si pudieras desarrollar cualquier habilidad en el mundo, ¿cuál sería?*

Tarotício

Coloca en fila el palo de los oros del cinco al diez. Escribe una historia corta con el tema de llegar a la riqueza partiendo de orígenes muy humildes utilizando estas cartas como pistas.

Nueve de oros

Elemento: tierra

El nueve de oros simboliza la riqueza, la prosperidad y la buena vida. Todo el esfuerzo ha dado sus frutos. Ahora puedes recoger los frutos que están floreciendo. Un periodo de crecimiento conduce a la comodidad. La tranquilidad financiera está al alcance de la mano. Eres autosuficiente y no necesitas la ayuda de nadie. Tienes todo lo que podrías desear. ¡Has hecho realidad tu sueño! ¡Sí!

Pero también hay un elemento de aburrimiento. Seguro que lo tienes todo, pero quizá te falte algo. Si es así, ¿qué podría ser? ¿Qué es lo que todavía quieres que crezca en tu vida?

Otras formas de ver esta carta: fiestas en el jardín, aislamiento, límites, control, belleza, tratamiento, disfrute de las cosas buenas que ofrece la vida, una persona rica aislada de los demás, comunidades cerradas.

¿Qué pasa cuando el nueve de oros aparece invertido? Ahora te sientes atrapado. Solo. No puedes ver una salida. Tal vez quieras ser libre, pero algo o alguien te tiene sujeto. Esta inversión también puede significar problemas financieros debidos a los caprichos. ¿Realmente necesitas esa joya? O puede significar una incapacidad para apreciar todo lo que se te ha dado. La pobre niña rica. Todo el dinero del mundo no puede comprar la felicidad.

Cómo encarnar la energía de esta carta: tómate tiempo para apreciar todos los regalos que tienes a tu alrededor en este momento. Da las gracias por los favores que has recibido. Mira hacia atrás y fíjate en lo que ha tenido que pasar para llegar hasta aquí. Has recorrido un largo camino.

Una pregunta para reflexionar: *¿Qué puedes agradecer ahora mismo?*

Taroticio

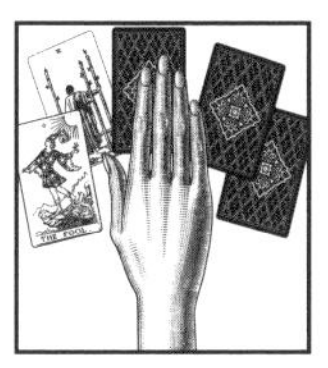

La Emperatriz y la mujer del nueve de oros llevan vestidos similares. ¿Qué otras cosas tienen en común?

Diez de oros

Elemento: tierra

El diez de oros es la carta del legado. Has trabajado duro para que no falte de nada, y ahora todos gozan de estabilidad. Una época de riqueza y prosperidad. De total seguridad. Un hermoso hogar. Herencia. Testamentos. Ganar dinero. Todo lo bueno. Esta carta también puede simbolizar la congregación de la familia para celebrar algún acontecimiento. Puede tratarse de una reunión familiar. En algunos casos, representa el cuidado de los seres queridos. La convivencia de todos bajo el mismo techo. Honrar las tradiciones familiares.

Otras formas de ver esta carta: afluencia, magia, comunidad, patriarca, fiestas, ancianos, estabilidad, ganancias inesperadas, protección y vida familiar.

Cuando inviertes el diez de oros, la armonía desaparece. Ahora tienes un conflicto familiar. Quizá os peleéis por el dinero. No se firmó el testamento y ahora hay un litigio. Alguien que estaba fuera intenta volver. El hijo o padre pródigo. Un vago que abandona a su familia y solo aparece cuando hay algo que ganar. Un problema financiero. Despilfarro de la herencia familiar. Pérdidas importantes. Apostarlo todo. Un divorcio costoso.

Cómo encarnar la energía de esta carta: celebra una reunión familiar. Ponte al día con alguien que hace tiempo que no ves. Pasa tiempo con los ancianos y los niños. Procura que todo el mundo se sienta atendido y bien alimentado. Otra actividad del diez de oros: junta a tu gente y crea un árbol genealógico. ¿Quién está en tus ramas?

Una pregunta para reflexionar: *¿Cómo cuidas a tu familia?*

Taroticio

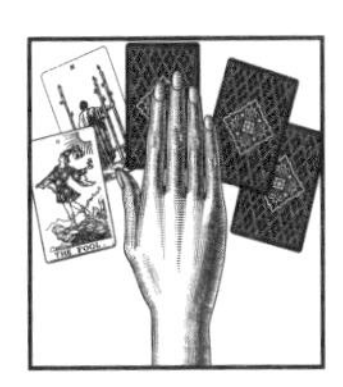

En *Los setenta y ocho grados de sabiduría*, Rachel Pollack señala que los oros de esta carta forman «el árbol de la vida». Sugiere que otras cartas tienen un árbol de la vida oculto. Una de ellas se indica en su libro *The New Tarot Handbook* [El nuevo manual del tarot] (no te digo el secreto; ¡tienes que buscarlo!). Encuentra el árbol de la vida en otras cartas.

Sota de oros

Elemento: tierra

Alumno apto o estudiante perfecto, la sota de oros nunca pierde de vista sus objetivos. Está fascinada con sus estudios y seguro que conseguirá resultados sobresalientes. Podría representar a una persona joven que alcanza el éxito. El prodigio. ¡Este chico llegará lejos!

Esta carta también suele indicar buenas noticias sobre el dinero, que puede ser una inversión que da sus frutos, un aumento de sueldo, un préstamo que llega cuando más lo necesitas o una gran idea para ganar dinero. Consigues un trabajo o un ascenso. O tal vez signifique una nueva oportunidad que tiene el potencial de ser lucrativa. También puede aconsejar el inicio de un nuevo plan financiero o de un negocio paralelo.

Otras formas de ver esta carta: practicidad, concentración, hacer realidad los sueños, ponerte a prueba, plantar semillas para el futuro y reconocer el mérito a quien lo merece.

A veces, la sota de oros invertida advierte que la falta de concentración augura un futuro fracaso. También puede representar al estudiante que se distrae y no se molesta en estudiar para los exámenes. En algunos casos, indica problemas de aprendizaje. También podría anunciar malas noticias financieras. Algo se va a pique. La pérdida de un trabajo o el despido. Pérdidas económicas por no prestar atención. Una persona con pocos valores o avariciosa.

Cómo encarnar la energía de esta carta: ¿qué te fascina? Encuentra una afición o habilidad que te obsesione y comprométete a aprenderla.

Una pregunta para reflexionar: *¿Qué noticias te gustaría recibir en este momento?*

Taroticio

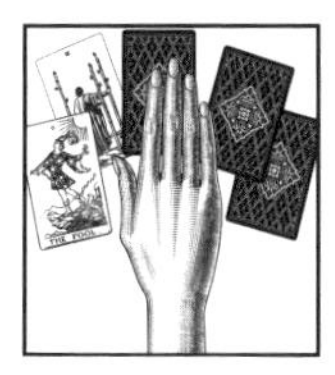

Cuatro sotas pueden indicar los estudios o un grupo de niños. Saca todas las sotas de la baraja. ¿Cuáles serían sus intereses o talentos académicos? Por ejemplo, ¿la sota de oros es un genio de las matemáticas o está afiliada a la 4H?* Escribe tus pensamientos en un diario.

* N. del T.: Organización juvenil de Estados Unidos, administrada por el Departamento Estadounidense de Agricultura. Las cuatro haches se refieren a *Head, Heart, Hands* y *Health* (cabeza, corazón, manos y salud).

Caballero de oros

Elemento: tierra

Para vencer es necesario avanzar sin prisa, pero sin pausa. Ya has sentado las bases. Ahora puedes plantar tus semillas para el futuro. Actúa sobre tus objetivos y, poco a poco, lo conseguirás. El caballero de oros es el único caballero que no se mueve. Está firme y tranquilo. Esa puede ser la energía que necesitas en este momento. Tómate tu tiempo.

Esta carta también puede indicar una persona que está ahí cuando más la necesitas. Puedes contar con ella siempre.

A veces será muy testaruda, pero al menos sabes a qué atenerte con ella. Es fiable y nunca te defraudará.

Otras formas de interpretar esta carta: esfuerzo arduo, cautela, espíritu conservador, dedicación, perseverancia, persecución tenaz de un objetivo e inversión sustancial de tiempo o dinero.

El caballero de oros invertido es la persona que no pasa a la acción en sus sueños. En su lugar, se sienta y espera a que aparezca una oportunidad... o a que otro haga el trabajo. La pereza. Alguien que se niega a hacer su parte. Una persona obstinada y materialista que se empeña en hacer las cosas a su manera, aunque no dé buenos resultados. El controlador obsesivo. Esta carta también puede indicar una situación en la que te esfuerzas al máximo, pero las circunstancias no te llevan a nada, a pesar de todo el esfuerzo.

Cómo encarnar la energía de esta carta: fija un objetivo que lleve tiempo. Luego persiste hasta que lo hayas alcanzado. Así es como actúa el caballero de oros en el mundo.

Una pregunta para reflexionar: *¿Qué te hace sentir seguro(a)?*

Taroticio

Fíjate en que la sota de oros está en un campo verde, un símbolo de posibilidades. Aquí, el caballero está en un campo arado. ¿Qué significa eso? ¿Qué pretende cultivar? ¿Por qué es el único caballero que no está en movimiento? Reflexiona sobre estas preguntas y escribe tus respuestas en un diario.

Reina de oros

Elemento: Tierra

La reina de oros simboliza a la persona comprensiva que siempre tiene un hombro en el que apoyarse y una moneda que prestar, y que cuida de quien lo necesita. Esta reina sabe cómo convertir un centavo en una fortuna. Es ahorrativa, astuta y sabe dirigir un negocio. Es fértil y creativa. Estas son cualidades que tú puedes poseer o necesitar. O esta carta podría representar a alguien que las posee.

La reina de oros también suele indicar un embarazo, un nacimiento o la vida en el hogar. Su estilo realista significa que es ingeniosa y que siempre es capaz de llegar a fin de mes. Puedes contar con ella cuando las cosas se pongan feas.

Otras formas de ver esta carta: servicio, recursos, crecimiento, abundancia, confianza, creación de un nido, mascotas, cuidados, calidez, generosidad o manifestación.

Si inviertes esta reina, pierde su calidez y se convierte en una persona que no puede cuidar de los demás ni de sí misma. Un vago. Un individuo egoísta y envidioso al que solo le preocupa el resultado final: «¿Qué hay para mí?». En algunos casos, puede ser un padre superprotector, del tipo que controla a sus hijos. O bien alguien que nunca está satisfecho y se enfada por tonterías. Nada es lo suficientemente bueno y nadie da la talla. El materialismo elevado a su máxima potencia. Alguien que se casa por dinero. A veces puede representar a una persona atrapada en un matrimonio porque no tiene medios para vivir por su cuenta. Dependencia económica de otra persona. Infertilidad o falta de instinto maternal.

Cómo encarnar la energía de esta carta: dedica tiempo a cuidar de tu casa. Ordena las cosas. Prepara una buena comida. Invita a amigos o familiares a cenar. Cuando todos se sientan satisfechos y empiecen a apartarse de la mesa, entusiasmados con la comida, te habrás convertido en la reina de oros.

Una pregunta para reflexionar: *¿Qué quieres manifestar?*

Taroticio

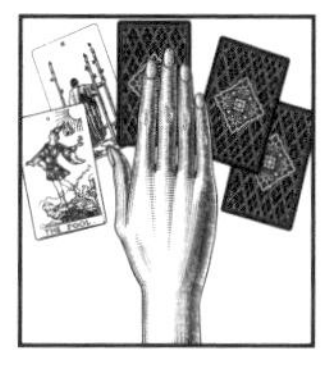

La reina de oros es una buena administradora de la Tierra. ¿De qué manera ves eso encarnado en esta carta? ¿Cómo cuida ella de la Tierra? Si fuera una ecologista, ¿qué estaría haciendo ahora mismo? Escribe lo que piensas.

Rey de oros

Elemento: tierra

Siempre llamo al rey de oros mi «rey Midas». Todas las pruebas de su arduo trabajo están a su alrededor. Ha construido una vida segura, y la prosperidad lo rodea. Lleva una armadura bajo su traje, símbolo de protección. Es productivo, tiene éxito y es un maestro a la hora de manifestar. Aquello en lo que se concentra se convierte en realidad. Defensor del reino, se asegura de que todos los que lo rodean estén seguros y bien alimentados. Es verdad que todo lo que toca se convierte en oro.

Esta carta puede simbolizarte a ti en este momento o a una persona que te proporciona un gran apoyo cuando más lo necesitas. Puede ser el jefe generoso o el mecenas adinerado. El mentor que te da todo lo que precisas para triunfar. Una figura paterna que cuida de su prole.

Otras formas de interpretar esta carta: afluencia, seguridad, director general, líder, generosidad y buena vida.

El rey de oros invertido es el moroso. La persona que vive por encima de sus posibilidades o es incapaz de mantener a su familia. Un fanático del control que utiliza el dinero como arma. Alguien que persigue su riqueza. Un político o director general corrupto que saquea la tierra para obtener beneficios. En algunos casos, puede tratarse de un delincuente de guante blanco, una persona que malversa en su empresa.

Cómo encarnar la energía de esta carta: los reyes son maestros, y el rey de oros es el maestro de la moneda. Si eres responsable con el dinero, estás en su onda. Si no lo eres, pasa tiempo con un asesor financiero. ¿Cómo podría un asesor guiarte para que te parezcas más a este personaje?

Una pregunta para reflexionar: *¿Qué necesitarías para manifestar tus objetivos financieros?*

Taroticio

Fíjate en que el pie del rey está sobre una talla de piedra. ¿Qué significa eso? Al igual que el Emperador, lleva una armadura bajo su túnica. ¿Qué relación existe entre ambos?

Felicitaciones, ya hemos llegado al final de la parte de los significados del tarot. Respira hondo. Hay mucho que digerir.

Puede que te preguntes: «¿Cómo diablos voy a recordar todo esto?». Buenas noticias: no tienes que hacerlo. Menos mal.

Normalmente, cuando empiezas a leer el tarot, crees que tienes que memorizar todas esas interpretaciones. No. A medida que sigas practicando, comenzarás a tener algunos de esos significados grabados en tu cabeza, pero quiero recordarte que no es necesario. De hecho, solo son unas directrices o sugerencias a las que recurrir cuando tu intuición se bloquee.

Así que aprende los significados convencionales, pero no te obsesiones con ellos. Además, a medida que crezcas y desarrolles tu práctica del tarot, encontrarás nuevas formas de interpretar las cartas, que son únicas para ti. Tal vez encuentres interpretaciones que nadie más ha descubierto todavía. Al fin y al cabo, las cartas llevan mucho tiempo existiendo, pero tu visión del tarot ofrece una perspectiva nueva.

SEGUNDA PARTE

Las bases de la intuición

¿Eh?

Cuando era niña, recuerdo ese momento en que mi madre se dirigió a la puerta, la abrió de par en par y la cerró de golpe. No había nadie. Ninguno de nosotros oyó el timbre, solo ella. Mientras se giraba, con los ojos desorbitados y la boca apretada en una fina línea, declaró: «Alguien va a morir».

Efectivamente, unos días después, asistimos a un funeral.

Esta historia puede sonar extraña para quienes no creen en lo sobrenatural. Pero mi madre fue criada por una madre irlandesa que creía en almas en pena, fantasmas y sueños. Además, venía de una familia de campesinos pobres, así que seguir sus instintos significaba sobrevivir.

La madre de mi padre también era supersticiosa, pero de otra manera. Como devota católica, siempre estaba encendiendo velas a este o aquel santo. Cuando caía una tormenta, nos hacía bajar al pequeño sótano, con velas en la mano, a rezar por que sucediera un milagro. Cuando pasaba el temporal, atribuía a sus oraciones la razón por la que nos habíamos salvado.

Este ambiente me impactó hasta la médula. Las velas y los rituales formaban parte de mi vida cotidiana. Y, del mismo modo, los presagios.

Sin embargo, las visiones de mi madre no siempre eran dramáticas. Por ejemplo, un día tuvo un «raro presentimiento» sobre canguros. Esa misma noche, en las noticias, un reportero habló de un canguro que se había escapado. ¿Cómo pudo captar mi madre algo tan aleatorio? Es la intuición.

¿Qué es exactamente la intuición?

El *Diccionario Merriam-Webster online* define la intuición como «una capacidad o poder natural que permite saber algo sin ninguna prueba o evidencia; un sentimiento que guía a una persona a actuar de una determinada manera sin entender la razón».

En otras palabras, se trata de esa extraña sensación de entender algo inmediatamente, sin ningún fundamento, lógica o razonamiento. No sabes por qué tienes esa sensación, pero no puedes ignorarla. Es el instinto animal, la sensación visceral, el momento «ajá» o esa capacidad de evaluar una situación a partir del sentimiento y no del pensamiento consciente.

Te daré varios ejemplos:

Ejemplo n.° 1: la bruja que avisa

Empiezas a salir con un chico y tienes la sensación visceral de que hay algo «raro» en él. No puedes explicar qué, exactamente, pero decides mantenerte alejada. Más tarde, descubres que –tragas saliva– es un jugador compulsivo que robó una fortuna considerable a su anciana madre. (Tu intuición te advirtió sobre este tipo, ¡y dio en el clavo!).

Ejemplo n.° 2: un suave empujón

Conoces a alguien en una fiesta y no puedes evitar la sensación de que ya lo «conoces». Te sientes inmediatamente atraído. Solo habláis durante unos minutos, pero tu instinto te dice: «No dejes que se te escape. Envíale un correo electrónico. Mantén el contacto». Entonces os convertís en amigos para toda la vida o incluso en pareja sentimental. (Tu intuición te estaba empujando suavemente para que siguieras e iniciaras una relación).

Ejemplo n.° 3: impulso repentino

Estás paseando al perro y ves el envoltorio de una chocolatina en el suelo. Es una chocolatina Twix. De repente piensas: «¡Es la chocolatina favorita de mi amiga Sally!». No sabes por qué, pero sientes un fuerte impulso de llamar a Sally en ese mismo instante, solo para decirle «hola». Ella te contesta diciendo: «¡No te lo vas a creer, yo también estaba pensando en ti! Tengo tantas noticias que contarte...». (¡Tu intuición te impulsó a ponerte en contacto con ella!).

Ejemplo n.º 4: instinto visceral

Tienes un negocio y necesitas contratar a un nuevo empleado. Entrevistas a dos aspirantes. El primero tiene todas las credenciales adecuadas y, sobre el papel, parece que encaja a la perfección. El segundo, en cambio, no tiene la formación exacta que buscabas, pero, por alguna razón, tienes el presentimiento de que es la persona adecuada. Confías en tu instinto y le das el trabajo. Resulta que no solamente aprende rápido y es muy trabajador, sino que su personalidad es tan alegre y contagiosa que todos los empleados de tu empresa se sienten más contentos de venir a trabajar. La productividad aumenta, lo mismo que las ventas, y la moral sube. (Todo porque confiaste en tu instinto y lo elegiste a él en lugar de a la opción más lógica).

Ejemplo n.º 5: sabiduría más profunda

Vas al médico porque tienes un extraño bulto en el cuello. Te examina y te dice que no es más que un ganglio linfático ligeramente inflamado: muy común, ocurre a veces, no es nada preocupante. Vas a otro especialista y pides una segunda opinión. Te dice lo mismo. Sin embargo, no puedes evitar la sensación de que algo no va bien. Acudes a un tercer especialista y ¡vaya si resulta que tenías razón! Hay que extirpar ese bulto de inmediato. (Tu intuición te estaba guiando en la dirección correcta, aunque varios expertos no captaron las señales que tú percibías).

Probablemente hayas tenido muchas experiencias similares a las que acabo de mencionar. O tal vez hayas oído a otros hablar de situaciones como esas. Quizá tengas experiencias intuitivas a diario o puede que para ti no sean tan frecuentes.

Lamentablemente, en las culturas occidentales contemporáneas, a menudo se nos enseña a ignorar nuestra intuición porque no es «lógica» o «racional» y «no tiene sentido». Pero, en mi opinión, eso es un error, porque tu intuición puede ser muy sabia y, a menudo, muy, muy precisa. A veces, irritantemente precisa. (Si alguna vez has tenido una experiencia en la que tu intuición te ha dicho algo, pero has ignorado el mensaje y te has arrepentido después..., ¡ya sabes de lo que hablo!).

Entonces, ¿cómo influye el tarot en todo esto?

Muy sencillo: ¡leer las cartas estimula increíblemente la intuición!

Puedes utilizar la baraja de tarot como herramienta para despertar tu intuición, desempolvar sus telarañas y fortalecer tus músculos intuitivos. Hacer una lectura de tarot es como levantar pesas para tu intuición. ¡Cuanto más la ejercitas, más fuerte se vuelve!

¿Qué ocurre cuando tu intuición se fortalece? Respuesta: cosas francamente positivas.

Muchas personas me han dicho: «Una vez que comencé a hacer lecturas de tarot con regularidad, es como si mi intuición pasara de estar en "modo de reposo" a estar "totalmente activada". Empecé a tener poderosos instintos viscerales a lo largo de todo el día –en casa, en el trabajo, con mis hijos– ¡y por lo general esos impulsos eran acertados!».

Lo llames «intuición», «corazonadas», «instintos viscerales» o «señales del Universo», no hay duda: el tarot puede ayudarte a sintonizar con información que no es del todo lógica y, sin embargo, es muy útil.

En el momento de escribir este libro, llevo cerca de cuarenta años haciendo lecturas de tarot. Cuando empecé, aunque confiaba en mi intuición, todavía tenía momentos en los que no estaba tan segura. Sentía mi sexto sentido como un pequeño susurro. A veces podía oírlo claramente y otras veces la voz era muy débil y difícil de descifrar. Pero a medida que pasaban los años –gracias a la práctica del tarot– empecé a notar que mi intuición se hacía más fuerte, profunda e intensa. En lugar de ser un pequeño susurro, se convirtió en una voz firme y llena de confianza. Esta ha sido una tremenda suerte para mí ¡y me ha salvado el pellejo en más de una ocasión! Como aquella vez que un tipo atractivo estaba coqueteando mucho conmigo, pero mi intuición no hacía más que decirme: «¡Aléjate!». Más tarde me enteré de que lo condenaron por un horrible asesinato (¡fue un caso famoso que salió en primera plana!). ¡Maldita sea! Gracias, intuición. Realmente esquivé una bala. Literalmente. (Te contaré más sobre él en un segundo...).

La intuición no siempre es tan profunda ni te pone los vellos de punta. A veces es caprichosa y francamente tonta, como la vez que estaba sentada en mi despacho cuando de repente tuve una visión de unos calcetines bordados con figuras de monos. Mientras me servía una taza de té, le dije a mi marido: «Alguien me va a regalar un par de calcetines con monos». Se rio.

Unos meses más tarde, mucho después de haber olvidado esta conversación, una clienta se sentó en la mesa del tarot y dijo: «Oh, tengo un regalo para ti». Sacó un par de calcetines con unos monitos bordados. Me quedé atónita. Era imposible que se hubiera enterado de mi tonta predicción, porque la única persona a la que se lo dije fue a mi marido. Por supuesto, subí corriendo a enseñarle el regalo. No hace falta decir que estaba impresionado. (¡Aun así, creo que se habría quedado más deslumbrado si hubiese sido capaz de predecir el número de la lotería!).

Las «claridades»

Sería negligente hablar de la intuición sin mencionar los distintos tipos de capacidades intuitivas, también llamadas «claridades». Estas son las tres principales:

- Clarividencia.
- Clariaudiencia.
- Clarisentencia.

La *clarividencia* es la capacidad de «ver» cosas que no son perceptibles a simple vista. Una persona puede ver auras o tener una visión o imagen en su mente, que puede ser profética.

La *clariaudiencia* es la capacidad de oír que va más allá del alcance de la audición natural, a menudo un sonido, una canción, una palabra, una frase o la voz de los difuntos. No, ¡no es como oír voces en tu cabeza! Sin embargo, es posible que oigas algo que nadie más oye, y que se trate de un mensaje importante.

La *clarisentencia* significa «sentir» algo, como una punzada en las tripas o que se te erice el vello de la nuca. Aunque uso las otras dos facultades, soy increíblemente clarisintiente. Este es un ejemplo de cómo funciona en mi caso: hace años, mi madre estuvo mucho tiempo ingresada en el hospital. Siempre había sido una mujer enfermiza, así que no era nada raro. Pero esta vez, su estancia fue más larga de lo habitual. Los médicos no nos dieron muchas respuestas sobre lo que le ocurría, pero sin duda algo pasaba. Finalmente, me llamó uno que me informó amablemente de que mi madre estaba gravemente enferma y le quedaba un año de vida.

Aliviada por tener una respuesta, pensé que podía al menos ponerme a trabajar para organizar las cosas y asegurarme de que mi padre, de noventa años, tuviera apoyo. Más tarde, aquella noche, estaba dando uno de mis paseos nocturnos con mi marido. Era una noche preciosa, con un cielo azul de medianoche salpicado de estrellas plateadas. Mientras caminábamos, percibí una extraña sensación. Sentía como si alguien estuviera serrando el lugar donde estaría mi cordón umbilical. «No le queda un año de vida. Se está muriendo», le dije a mi marido.

Mi madre tuvo un ataque en mitad de la noche y falleció unos días después. Como soy tan sensible físicamente, sentí aquella energía. La mayoría de la gente podría ignorar algo así o descartarlo como un cosquilleo en la barriga. No obstante, yo sabía que se trataba de una señal.

Otro ejemplo dramático es mi encuentro con el asesino. Hace años, cuando era una joven brillante que disfrutaba de una temporada en Nueva York, un *hippie* me persiguió por el parque, intentando conseguir mi número. Era totalmente mi tipo: tenía un pelo largo y precioso, una gran sonrisa y un ingenio muy agudo. Esto siempre me ha enamorado. Estábamos coqueteando cuando, de repente, sentí un escalofrío en la columna vertebral. Había algo que no encajaba. No era capaz de precisar el motivo, pero tenía la certeza de que no debía salir con él. Así que decliné amablemente su invitación a salir juntos y quedamos como simples amigos. Un año después, fue noticia de primera plana, acusado del horrible asesinato de su novia bailarina.

Mi sexto sentido me mantuvo a salvo.

Piensa en alguna de las veces que has tenido una sensación extraña o de repente has oído una palabra al azar. ¿Lo ignoraste? Si es así, ¿pensaste más tarde en esa situación y deseaste haber prestado atención? ¿O confiaste en aquella sensación? Si lo hiciste, probablemente te alegrarías. Y si te encontraste en una situación similar a la mía con el *hippie* asesino, puede que sientas alivio de seguir aquí hoy.

También me gustaría mencionar que, para muchos, donde la intuición llega a funcionar de verdad es en el mundo de los sueños. ¿Por qué? Porque nuestra mente racional está en reposo, ¡dando rienda suelta a nuestro subconsciente para que trabaje! Los sueños suelen ser ricos en símbolos y, al igual que el tarot, esos símbolos encierran significados. Pueden darte una pista sobre una situación que requiere tu atención... o sobre un profundo trabajo interior que está llevándose a cabo en tu subconsciente. En algunos casos, estos sueños son proféticos.

Por ejemplo, un sueño sobre un ser querido fallecido puede ayudarte en el proceso de duelo, o podría ser un mensaje para los vivos. Hace unos años, falleció el abuelo paterno de mis hijos. No tenía relación con él porque llevaba muchos años divorciada de su hijo. En el sueño, estaba sentado en una silla de jardín, con una camisa de franela roja y fumando un cigarrillo con un cóctel en la mano (¡eso era típico de él!). Al verlo de cerca, me di cuenta del buen aspecto que tenía. Le pregunté cómo estaba, y me dijo: «Genial. ¡Me encanta mi nueva vivienda! Diles a los chicos que vendan la casa». Me desperté y anoté el sueño. En ese momento, la venta de la casa de la familia llevaba unos cuantos años parada. El hijo no tenía prisa por venderla y se había demorado en el proceso. Le di a mi hija el mensaje y la insté a que le contara a su tío lo que había dicho su padre. Ella sacudió la cabeza y dijo: «Él no cree en nada de eso». Dos semanas después, su tío la llamó para comunicarle que había vendido la casa. El sueño era una señal de que el abuelo se estaba desprendiendo, y pronto lo haría también la familia.

Por supuesto, te vendrá bien utilizar tu diario para registrar no solo las lecturas del tarot, sino también los sueños como este u otras intuiciones acertadas que puedas recibir.

Al llevar un diario, es crucial prestar mucha atención a cuál de estas capacidades está operando para ti. Tal vez descubras que las tres parecen estar funcionando a pleno rendimiento. O quizá una parezca ser la dominante. Es posible que se trate de un sueño que se ha hecho realidad. Anota todas esas sensaciones, mensajes y percepciones aleatorias, aunque te parezcan una tontería. Llevar la cuenta te ayudará a comprender cuál de tus facultades intuitivas es tu punto fuerte y cuál no.

Entonces, ¿qué es la «lectura intuitiva del tarot» y cómo funciona?

Cuando haces una «lectura intuitiva del tarot», significa que te basas en tu intuición –no en la guía o el manual que acompaña a tu baraja de tarot– para interpretar las cartas que tienes delante.

Por ejemplo, digamos que barajas tus cartas y sacas el nueve de oros.

Al mirarlo, ¿qué te dice tu instinto sobre lo que significa? (No te apresures a buscar en Google ni en la sección de interpretación de este libro. Deja que, en lugar de eso, te hable tu intuición).

¿Qué crees que intenta decirte esta carta?

Cuando observas las distintas imágenes –las uvas, el pájaro, la mujer, las monedas–, ¿qué emociones te surgen?

De inmediato, puede que tu mirada se dirija a la mujer que lleva la lujosa túnica, rodeada de monedas de oro, y pienses: «Se me permite disfrutar de la riqueza que he creado con tanto esfuerzo. Eso es lo que intenta decirme esta carta».

O puede que tu mirada se dirija al pequeño caracol que hay en el suelo y pienses: «Es hora de ir más despacio. Debería seguir adelante y reservar esas vacaciones en las que he estado pensando. Me las he ganado».

O tal vez te fijes en la casita que hay en el fondo de la carta y pienses: «*Hmm*. Quizá me he obsesionado tanto con ganar dinero últimamente que me he alejado de mi "casa". Tal vez sea hora de dedicar un poco más de tiempo a la familia».

Podrías sacar exactamente esta misma carta –el nueve de oros– y mirarla fijamente todos los días durante una semana. Y cada día podrías tener una respuesta sutil o radicalmente diferente a las imágenes que te muestra, dependiendo de tu estado de ánimo y de lo que esté ocurriendo en tu vida ese día.

La razón es que cada día tu mente subconsciente (o intuitiva) está procesando nueva información y planteándose nuevas preguntas, por lo que tu interpretación de la carta va a ser ligeramente diferente cada vez. Por supuesto, el contexto de tu pregunta también puede darte un significado completamente distinto. Cuando tienes una pregunta concreta, tu instinto se pone en marcha para buscar lo que esa carta puede decir.

¿Por qué es tan fascinante practicar la «lectura intuitiva del tarot»?

Cuando practicas esta clase de lectura, estás ejercitando tus músculos intuitivos y ayudándolos a fortalecerse. Una intuición más fuerte significa que tendrás sensaciones viscerales más claras a lo largo de tu vida diaria, y es más probable que confíes en esas sensaciones en vez de ignorarlas.

En lugar de sacar una carta y luego ir corriendo a buscarla en un manual de tarot para averiguar qué se supone que significa, te preguntarás: «¿Qué creo que significa esto? ¿Cuál es el mensaje específico para mí?».

Cuando miras dentro de ti –y permites que tu intuición responda a la carta– refuerzas esa parte de tu cerebro.

En cambio, cuando te vuelves hacia fuera –y confías en la definición que te da un manual– no mejoras tu intuición.

Pero, en serio, ¿es malo confiar en un manual o guía de tarot?

Como he dicho antes, no es malo; sin embargo, no recomendaría hacerlo a largo plazo. La sección de interpretación de este manual no es más que una orientación para que te familiarices con los significados. Solo debes apoyarte en ella al principio.

Plantéatelo así: cuando eres un niño pequeño y estás aprendiendo a nadar, puede que tu madre te ponga uno de esos chalecos hinchables o unos flotadores en los brazos. ¡Eso no tiene nada de malo!

No obstante, con el tiempo, a medida que crece tu habilidad y tu confianza, ya no necesitas esos flotadores. Son voluminosos y te estorban. Quítatelos. Ahora puedes nadar más rápido, bucear bajo el agua, expresarte con total libertad. Te sientes más capacitado y confías en tus propios músculos para impulsarte por la piscina en lugar de en un artilugio hinchable. ¡Qué maravilla!

Lo mismo ocurre con el tarot.

Cuando compras una baraja de tarot nueva, quizá sea buena idea leer el manual que la acompaña para familiarizarte con las cartas: sus nombres, el orden en que aparecen, los pensamientos del artista que hay detrás de cada imagen y, quizás, algunas de las ideas generales que suele representar cada carta. O puede que quieras hojear un libro como este. Eso está bien.

Te recomiendo encarecidamente que al final dejes de lado ese librito blanco (y también este manual) y utilices tu intuición –y no un libro– para interpretar las cartas. Cuanto antes lo hagas, mejor. De lo contrario, si sigues consultando tu manual cada vez, simplemente estarás regurgitando los mensajes impresos en él en lugar de permitir que tu intuición te hable.

Y ese es un poco el objetivo de practicar con el tarot, ¿verdad? Despertar tu intuición.

Por eso, te aconsejo que prescindas del manual tan pronto como puedas. Déjalo a un lado. En realidad, no lo necesitas. Después de un tiempo, verás que tenía razón. (¡Sí, estoy haciendo una predicción aquí y ahora!).

Esto es esencial

Los seres humanos tienen la mente llena de mil cosas. La mayoría admitirá que sus cerebros están a toda máquina, analizando constantemente información, emociones, ideas y preocupaciones. Rara vez se desconectan.

Este circo mental se interpone en el camino para escuchar a esa pequeña y tranquila voz interior. Es difícil hacer caso a tus instintos cuando estás pensando en la cita de anoche, en el examen de mañana o en el último episodio del *reality* con la pelea a gritos en la mesa. De hecho, es muy fácil distraerse con todas estas tonterías.

A los que llevan mucho tiempo trabajando con su intuición, este tipo de cosas no parecen estorbarles. Pero para quienes acaban de empezar a trabajar con su sexto sentido, todo ese ruido mental podría ser un problema. Es esencial acallarlo.

Una mente tranquila escucha mejor. Y punto.

Cuando tu mente no se ve abrumada por interferencias externas, es más fácil acceder a tu esencia sabia. Tus sentidos son más agudos cuando no hay nada más que reclame tu atención. Te preguntarás cómo conseguir esa calma mental. Por suerte, no es difícil. Comienza con la meditación.

Hay muchos conceptos erróneos en torno a la meditación. «Es demasiado complicada». «No puedo quedarme quieto». «Es aburrida». «No sé por dónde empezar». «Lo he intentado, pero no consigo dejar la mente en blanco». «¿Lo estoy haciendo mal?».

Relájate, pequeño saltamontes. Ya te digo que no es difícil.

Vamos a rebatir primero algunas de esas creencias erróneas:

1. La meditación es sencilla. Cualquiera puede hacerla. No requiere ninguna herramienta o entrenamiento especial. Basta con sentarse y aquietar la mente.
2. Si no puedes quedarte quieto, procura sentarte durante un breve periodo de tiempo. O prueba la meditación caminando. Es una alternativa estupenda para los inquietos.
3. ¡No es aburrida! El parloteo mental constante es bastante molesto. En cambio, una mente clara es expansiva y emocionante. ¡Por fin ves las posibilidades y las señales en lugar de estar inundado con toda la cháchara de la mente de mono!
4. Empezar es muy fácil. Solo tienes que sentarte donde estás. ¡Bum!
5. El objetivo no es dejar tu mente en blanco, sino sentarte y darte cuenta de cómo funciona tu cerebro. Por ejemplo, yo soy una planificadora. Cuando me siento, a menudo mi mente deriva hacia lo que voy a hacer durante el día, la semana o el año. En cuanto me sorprendo haciendo planes, etiqueto mis pensamientos como «planificación» y los dejo ir. Hacer esto me ayuda a entender mi manera de pensar y, lo que es más importante, a hacer las paces conmigo misma. A menudo digo que la meditación es una forma de ser más compasivo contigo mismo. Con la práctica regular de la meditación, puedes hacerte amigo de tu mente, y eso te permite sacar la mejor versión de ti.
6. No hay una forma correcta o incorrecta de meditar. Yo suelo utilizar algunas meditaciones: el trabajo simple de

la respiración, la meditación del amor benevolente (también llamada meditación *metta*) y la apertura/cierre de los chakras.

Antes de repasar cada modalidad, aquí tienes unos cuantos consejos para aprovechar al máximo tu práctica de meditación:

1. Busca un asiento cómodo. Como les digo a mis alumnos de yoga: si no estás cómodo, no meditarás. Solo pensarás en lo incómodo que estás. Si te gusta sentarte con las piernas cruzadas en el suelo, hazlo. Tal vez descubras que prefieres un cojín bajo las caderas o que te gusta sentarte en una silla o en un sofá. Si utilizas una silla de ruedas, puedes permanecer sentado tal como estás. A las personas con problemas de espalda, les recomiendo que se sienten con la espalda apoyada en la pared o en una silla con un respaldo robusto. En algunos casos, lo mejor es estar tumbado en el suelo.
2. Asegúrate de que estás abrigado si hace frío. Ponte varias capas de ropa o tápate con una manta. Tener demasiado calor o frío perturbará tu práctica.
3. Una almohadilla para los ojos es un gran apoyo si estás tumbado. Impide el paso de la luz y su suave peso relaja los globos oculares.
4. Empieza por periodos cortos. Cinco minutos son suficientes. Aunque hagas solamente cinco minutos al día durante el resto de tu vida, la meditación te ayudará mucho.
5. Puedes utilizar un temporizador. Existen temporizadores con sonido de campanillas, así como aplicaciones que puedes descargar en tu teléfono móvil.
6. Si tienes una mente inquieta, plantéate descargar una meditación guiada. Hay algunas buenísimas. Investiga hasta que encuentres una que te guste. Me encanta la hipnosis y tengo una aplicación en mi teléfono que me permite elegir varias

sesiones de hipnosis en función de cómo quiera sentirme. (¡Suelo escoger la paz!).

Las meditaciones

Trabajo de respiración simple: esta es la meditación más sencilla y la que utilizo para la práctica diaria. Siéntate cómodamente, cierra los ojos y elige un lugar para anclar tu atención. Puede ser la punta de las fosas nasales o el ascenso y descenso de tu abdomen.

Empieza a observar tu respiración mientras va y viene. No intentes cambiarla o controlarla de ninguna manera. Simplemente observa cada inspiración y espiración tal y como son. Observa la calidad de cada respiración. Toma conciencia de las pequeñas pausas que se producen al principio de la inhalación y al final de la exhalación. Presta atención a lo diferente que es cada respiración.

En algún momento, tu mente puede divagar. Cuando eso ocurra, date cuenta. Etiqueta esos pensamientos: «Planificar». «Preocuparse». «Reflexionar». «Soñar despierto», etc. Luego vuelve a dirigir tu atención a la respiración. Tras unos minutos, empieza a mover los dedos de las manos y de los pies. Estira una o dos extremidades si sientes la necesidad de hacerlo. Abre los ojos y vuelve a la habitación.

Meditación del amor benevolente (meditación *metta*): hago esta meditación cuando me siento triste por el mundo o cuando trato con gente especialmente desagradable. Las personas empáticas podemos agotarnos rápidamente por un mundo caótico o por un comentario mezquino. Esta meditación me devuelve al estado de compasión inmediatamente. Quizá te preguntes por qué la incluyo. Es muy simple: cuando estamos anclados en el momento presente y en la bondad, nuestro tarot y nuestro trabajo intuitivo son mejores. Es difícil escuchar cuando estás atrapado en la cámara de resonancia del miedo.

Siéntate cómodamente y cierra los ojos. Empieza a seguir tu respiración. Mientras inhalas en silencio, dite a ti mismo: «Que me libere del sufrimiento». Al exhalar: «Que me sienta en paz». Repite este mantra con cada respiración. Practica durante unos minutos.

Puedes dirigir el mantra hacia una persona que te odia si ves que te descentra. En este caso, utilizarías el nombre de la persona problemática. Por ejemplo: «Que Essie se libere del sufrimiento. Que Essie se sienta en paz». Al enviarle esta buena energía, estás rompiendo la conexión negativa entre vosotros. Y lo que es más importante, estás enviando a esa persona la compasión que tanto necesita. Porque incluso la gente negativa la necesita, probablemente más que la mayoría.

A menudo utilizo esta meditación también con clientes que sufren. Después de una sesión de tarot, me siento en silencio durante unos minutos y envío estas afirmaciones positivas mientras visualizo al cliente. En mi opinión, esta es otra forma de servir a quienes acuden a mí para que les lea las cartas.

Abrir los chakras: esta es la meditación que empleo antes de comenzar mi trabajo con el tarot. Es perfecta para abrir los canales psíquicos. Si no sabes lo que son los chakras, son centros de energía en el cuerpo. Hay muchos, pero los siete principales son con los que trabajo: raíz, sacro, plexo solar, corazón, garganta, tercer ojo y coronilla. Cada chakra tiene un color asociado: rojo, naranja, amarillo, verde, azul, índigo y violeta. Para esta meditación, utilizo la imagen de una flor que se abre.

Siéntate en una posición cómoda y cierra los ojos. Comienza a realizar una respiración abdominal. Deja que tu respiración vaya y venga con facilidad. Cuando te sientas tranquilo(a), dirige tu atención al coxis. Aquí es donde reside tu chakra raíz. Visualiza una flor roja brillante en la base de tu columna vertebral. Al inspirar, ve como la flor abre sus pétalos. Respira unas cuantas veces más y sube hasta el chakra del sacro, que está uno o dos centímetros por debajo del ombligo. En el ojo de tu mente, ve una flor naranja brillante y luego respira en esa flor, abriendo los pétalos por completo. Cuando te sientas preparado(a) para seguir adelante, dirige tu atención a la zona del plexo solar, que está justo encima del ombligo. Aquí busca una flor amarilla iluminada por la luz del sol y respira en ella. Una vez más, observa cómo se abren los pétalos, revelando los diferentes tonos de amarillo en el centro de la flor.

Lleva tu atención al chakra del corazón, que se encuentra justo debajo del esternón. Visualiza una flor verde esmeralda e inspira profundamente. Al espirar, observa cómo los pétalos de la flor verde se abren y se extienden por tu esternón. Descansa aquí durante unas cuantas respiraciones y luego sigue adelante. En el chakra de la garganta, imagina una flor azul vivo. Respira en ella y observa cómo se despliegan los pétalos. Tómate un momento y luego sube hasta el tercer ojo, que está justo entre las cejas. Respira un poco aquí y luego visualiza una flor índigo, brillante y luminosa, y respira en ella. Los pétalos se abren, revelando un centro que parece un zafiro. Descansa aquí durante unas cuantas respiraciones y a continuación pasa al chakra de la coronilla, que se encuentra en la parte superior de la cabeza. Inspira y espira unos instantes y luego imagina una flor de loto violeta en ese punto de tu cabeza. Al respirar en ella, se abren mil pétalos. Permanece aquí unos instantes. Cuando sientas que es el momento, abre los ojos.

Estás lista(o) para conectar con tu guía interior... y con tu tarot.

Cerrar los chakras: al final del día, me aseguro de cerrar los chakras. Esta meditación me ayuda a proteger mi energía y evita que absorba todas las vibraciones del Universo. Sí, eso puede ocurrir y ocurre. Esto se debe a que las personas intuitivas tienden a captar la energía con demasiada facilidad. Esto lleva a que los límites sean débiles. Como suelo decir, esos límites débiles son lo que nos hace buenos en este trabajo, pero también es lo que nos mete en problemas. Proteger tu campo energético es una habilidad vital que todo tarotista intuitivo debería desarrollar. Esta meditación es rápida y funciona muy bien.

Una vez más, siéntate en silencio con los ojos cerrados. Respira lenta y profundamente unas cuantas veces. A continuación, lleva tu conciencia al chakra de la coronilla. Inhala y exhala durante un momento y luego visualiza la flor de loto violeta cerrando sus pétalos con fuerza. Cuando sientas que es el momento, pasa al tercer ojo. Imagina la flor índigo en tu mente y cierra lentamente los pétalos. Lleva tu atención al chakra de la garganta. De nuevo, visualiza la flor azul en la garganta. Inspira y cierra la flor con fuerza. A continuación, desciende hasta el chakra del corazón. Inspira en la flor verde y luego cierra los pétalos. Permanece aquí durante unas cuantas respiraciones más y después sigue adelante. Descansa tu atención en el chakra del plexo solar durante un momento. Visualiza la flor amarilla y cierra suavemente los pétalos. Desplaza tu conciencia hacia el chakra del sacro, donde descansa la flor naranja. Respira profundamente y cierra bien la flor. Por último, pasa al chakra raíz. Inspira y espira durante unos instantes. Luego asegúrate de cerrar perfectamente la flor roja. Una vez más, permanece aquí durante unos instantes. Cuando te sientas centrado(a) y protegido(a), abre los ojos.

Estas son las meditaciones que más utilizo. Hay otras que me gustan, pero para el trabajo intuitivo, estas cuatro son útiles... y no necesitas más.

¡El trabajo con el om!

Empieza a trabajar con estas meditaciones inmediatamente. Pruébalas. Comprueba cómo te hacen sentir. Practica unos minutos cada día. Para obtener un mayor impacto, ten tu diario a mano y anota cualquier idea que pueda surgir durante tu meditación.

Uno de los efectos más bonitos de meditar es que la creatividad se pone en marcha. Algunas de mis mejores y más significativas ideas surgen durante mis sesiones de meditación. También es un momento en el que los aciertos intuitivos vitales parecen producirse sin esfuerzo. ¿Que si consigo poner la mente en blanco? Para nada. La cuestión es que a mi cerebro le encanta la meditación, y el tuyo también terminará adorándola.

Los obstáculos de la intuición

Aunque creo que todos poseemos facultades intuitivas, algunas situaciones y actitudes pueden entorpecer y enturbiar las aguas de la intuición.

A continuación, veremos unos cuantos factores que pueden dificultar tu capacidad de aprovechar tu sexto sentido y confiar en él:

Escepticismo. ¿Te has encontrado alguna vez con un escéptico? Ya sabes cómo son: no creen en cosas de «magia» y las descartan por completo o intentan encontrar alguna razón científica para desacreditarlas. Aunque no hay nada malo en tener una dosis saludable de escepticismo, si es excesiva, terminas convirtiéndote en un cínico. Cuando eso ocurre, serás como el apóstol Tomás que duda incluso cuando las cosas están claras... y las cartas te las muestran. Por eso es tan importante llevar un diario. Si tiendes a inclinarte hacia la mentalidad escéptica, llevar un registro de tus lecturas y aciertos intuitivos te ayudará a ver que está funcionando bien.

Si eres escéptico, te recomiendo leer *El valor del miedo*, de Gavin de Becker, que cuenta cómo muchas víctimas de la violencia tienen la sensación de que algo va mal, pero no hacen caso... y terminan lamentándolo. A menudo pienso en cuando evité a ese *hippie* asesino. Si hubiera dejado que mi escepticismo se interpusiera, quizá hoy no estaría aquí, escribiendo este libro.

Miedo a equivocarse. Junto al escepticismo, el miedo a cometer un error es el bozal psíquico más fuerte. Mira, no siempre vas a acertar. Nadie es infalible. Las cosas pueden ser (y serán) malinterpretadas, le pasa a todo el mundo. Recuerda que eres humano, sé más flexible y, en las situaciones en las que tomes una decisión equivocada, aprende de ese error. Yo suelo descubrir que mis instintos o las cartas eran correctos, pero mi cerebro no captaba lo que significaba.

Emociones. Estar emocionalmente atado a un determinado resultado o en un estado de agotamiento condicionará siempre tu sexto sentido. Para obtener un mensaje claro, tienes que dejar tus emociones en paz para que la información pueda llegar sin un «filtro de sentimientos». Hablo más de esto en el capítulo «Cómo afinar tus lecturas intuitivas».

Demasiado análisis. Si tienes una corazonada, pero luego pasas mucho tiempo analizándola, tu mente racional encontrará la forma de interferir. ¿Te suena? El mejor plan de acción es anotar tus impresiones y dejarlas estar. No te preocupes por lo que puedan significar o no. En lugar de eso, vuelve a ellas más tarde y comprueba cómo han funcionado.

Sustancias. Aunque el alcohol o las drogas pueden relajar los nervios y abrir el tercer ojo, consumirlos es un camino peligroso porque suelen provocar impresiones turbias y defectuosas. Si quieres ser un canal claro, tal vez tengas que renunciar a las sustancias. (Yo jamás mezclo el tarot con la bebida. Personalmente, creo que es una irresponsabilidad). En su lugar, prueba la meditación. Te proporcionará la conexión más fiable con tu intuición. Sin embargo, si estás tomando medicación para una enfermedad física o mental, puede que te ayude. La razón: si no te sientes bien, eso puede afectar a tu capacidad de sintonizar. Mi madre sufría una enfermedad mental y estuvo medicada durante la mayor parte de su vida adulta. Si no hubiera contado con ese apoyo, la ansiedad tal vez habría afectado a sus facultades intuitivas. En algunos casos, la medicación es realmente un aliado para calmar los nervios, y eso puede ser esencial para mantener tu mente lo suficientemente calmada como para captar las vibraciones.

La intuición es un instrumento delicado y sensible. Una mente abierta con un poco de curiosidad y confianza la mantendrá despierta y fiable.

¿Qué tiene que ver todo esto con el tarot?

Cualquiera puede aprender a leer el tarot. En serio. Hay interpretaciones establecidas y muchos métodos que puedes utilizar. Pero los grandes lectores no se limitan a seguir esos sistemas y significados de memoria, sino que dejan que su intuición los guíe.

Me gusta comparar la lectura del tarot con ser músico. Si lo deseas, puedes aprender a tocar un instrumento. Con la práctica, incluso podrás llegar a dominarlo. Pero si no tienes ritmo ni alma, nunca sonarás tan bien como alguien que sí los tiene.

Eso no significa que tengas que ser un prodigio. Recuerda que hay gente que no posee ni una pizca de habilidad natural, pero su ambición les motiva a practicar sin descanso. Esa dedicación puede llevar a cualquiera de la media a la maestría.

Lo mismo ocurre con el tarot y la intuición. Cuando practiques el trabajo con ambos, descubrirás enseguida que la energía empieza a fluir. Tendrás la impresión de que la información sale a borbotones de tu mente y de tu boca. Lo mismo que sucede con la escritura automática, ni siquiera tendrás que pararte a pensar. Simplemente, el mensaje llegará.

Afina tu intuición

Ya hemos visto lo que es y no es la intuición y hemos cubierto los aspectos básicos de llevar un diario y de la meditación. Ahora vamos a trabajar en el desarrollo de esos músculos psíquicos.

Empecemos por el calentamiento. Primero, unos sencillos estiramientos de intuición y, a continuación, unos ejercicios de tarot que combinan las cartas y el sexto sentido. ¡A jugar!

Jugar a las cartas. Para este ejercicio, necesitarás una baraja normal. Mezcla bien las cartas. A continuación, colócalas bocabajo sobre la mesa, delante de ti. Toma la primera que tengas en la mano y, sin darle la vuelta, concéntrate en lo que sientes. ¿Puedes adivinar de qué carta se trata? ¿Es el as de corazones? ¿O el siete de tréboles? ¿Tal vez un rey? Dale la vuelta. ¿Acertaste o no? Recorre toda la baraja, llevando la cuenta de los aciertos y fallos. (Este es un gran juego para hacer con los niños o cuando te aburres en el avión. Es mucho mejor que el solitario).

Llamada a casa. Cada vez que suene el teléfono, tómate un momento para tratar de adivinar quién llama. No mires el identificador de llamadas. Agarra el teléfono y mira quién está en la línea. ¿Acertaste? Más diversión con el teléfono: por la mañana, anota los nombres de quienes crees que podrían llamarte. Es curioso, pero cuando hago esto, casi el noventa por ciento de las veces recibo una llamada de esa persona. Vamos a darle un poco más de misterio a esto: escribo los nombres de clientes de los que hace tiempo que no tengo noticias.

¡Seguro que a los pocos días recibo una llamada! ¡Telepatía telefónica! ¡Ja!

Usando la imaginación. Este ejercicio se realiza mejor con un grupo. Todos traen fotos de personas que conocen bien, pero que los demás no conocen. Cada miembro del grupo se tomará un minuto para estudiar la imagen y luego escribirá las impresiones que le producen. Pueden escribir todo lo que se les ocurra, desde notas sobre la personalidad de cada individuo hasta algo que pueda estar sucediendo en su vida. Explica a los participantes que no hay reglas: solo tienen que escribir sus primeras impresiones sin detenerse a «corregirlas». Una vez que todos hayan tenido la oportunidad de escribir sus ideas, compartidlas por turnos con el grupo. La persona que ha traído la foto puede confirmar qué conjeturas son correctas y cuáles no.

Puedes hacer este ejercicio por tu cuenta estudiando a la gente que sale en las noticias. Fíjate en qué impresión te producen. ¿Te parecen felices? ¿Fríos? ¿Detectas algún acontecimiento que pueda estar ocurriendo en su vida? Toma nota. Unos días o semanas más tarde, haz una búsqueda en Internet para tratar de encontrar alguna información que lo confirme.

Regalos. Cuando alguien te haga un regalo, intenta adivinar de qué se trata. No lo hagas delante de quien te lo regala. Esto se me da tan bien que a veces mi marido recurre a darme pistas falsas y a otras maniobras de despiste (cosa que me fastidia bastante) para que no lo acierte.

Buenos días. Al principio del día, escribe algo al azar, como «caballo blanco», y observa si de algún modo eso aparece en tu vida a lo largo del día.

Adivino capuchino. Si estás en la cola de la cafetería, trata de adivinar lo que pedirá la persona que está detrás o delante de ti. ¡Es como ser un barista vidente!

Billets. ¿Recuerdas el número de Carnac el Magnífico en *The Tonight Show Starring Johnny Carson*? Carson interpretaba a un místico con un enorme turbante que adivinaba la respuesta a una pregunta en un sobre. Aunque era un espectáculo humorístico, los *billets* son mi ejercicio de intuición favorito.

Un *billet** es una tira de papel en la que se ha escrito una pregunta. Esta tira se deposita en un cuenco o sombrero y luego se extrae al azar. La persona que la saque se tomará un momento para sostenerla en la mano sin mirar la pregunta. Lo que hace es tratar de conectarse con el tema y compartir las impresiones que recibe. A continuación, se abre la tira y se lee la pregunta. Este ejercicio hace que la gente se relaje y a menudo se asuste cuando responde correctamente a una pregunta, lo que ocurre con mayor frecuencia de lo que cabría esperar.

Los *billets* también pueden ser graciosos. Un día, mientras daba una clase en Detroit, estábamos practicando el ejercicio de los *billets* y una voluntaria sacó uno, se sentó en silencio un momento y dijo: «Me siento mal del estómago. Algo va mal. Estoy mareada». Abrió el papelito y la pregunta era: «¿En qué pensaba el rapero Kanye West cuando se reunió con Donald Trump en el Despacho Oval?». Al leerla una risotada estalló por toda la sala.

Otra versión de este ejercicio es escribir un nombre en lugar de una pregunta. El nombre debe ser de alguien conocido por la persona que lo escribe. O, en algunos casos, puedes utilizar nombres de famosos o de figuras conocidas de los medios de comunicación. Una vez más, el papelito se extrae al azar y el participante se toma un momento para sostenerlo y compartir impresiones. Una vez hecho esto, se extrae la nota y se lee el nombre.

Los *billets* son eficaces en grupos de todos los tamaños. Es especialmente interesante cuando alguien elige su propia pregunta y la responde. A menudo esto hace que el participante se quede con la

* N. del T.: Se trata de un galicismo. *Billet* es término el término para nota o publicación muy breve.

boca abierta cuando se da cuenta de que acaba de responder a lo que ha preguntado. ¡Y a veces esto le da justo la visión que necesitaba!

Estaba haciendo este ejercicio con un grupo grande cuando un hombre sacó su pregunta. Mientras tenía el papel en la mano, surgieron los mensajes «trabajo duro» y «largo camino por recorrer». Parecía nervioso por si se equivocaba y quizás ofendía a alguien de la sala. Cuando abrió la carta, su pregunta se refería a un nuevo negocio que estaba empezando a montar. Se rio a carcajadas y dijo que era cierto, ya que apenas había comenzado con las fases de planificación.

Si no tienes un grupo con el que trabajar, también puedes hacerlo en solitario. He aquí cómo: escribe muchas preguntas. Por ejemplo, veinte. Dóblalas y ponlas en un recipiente. Elige una al azar y, como en el caso anterior, tantea la respuesta. A continuación, abre el *billet* y comprueba cómo han funcionado tus intuiciones. También te recomiendo hacer esto cuando tengas un montón de preguntas a las que te cueste encontrar respuesta. Tu intuición sabe lo que pasa. Puede que descubras que los *billets* son una forma fabulosa de que tu sexto sentido te dé las respuestas cuando tu sentido común no quiere cooperar.

Estos pequeños ejercicios son sencillos pero eficaces. Si los haces con bastante frecuencia, descubrirás que te sentirás más seguro de tus capacidades psíquicas.

Tarotício

Ahora que hemos calentado motores, ¡pasemos al trabajo pesado con mis diez taroticios favoritos para despertar tu intuición y convertirte en un *crack* de las lecturas!

Para estos ejercicios, necesitarás:

- Una baraja de tarot (¡la que más te guste!).
- Una superficie plana, como un escritorio o una mesa.
- Un papel o un cuaderno.

- Utensilios para escribir.
- Algo de tiempo libre (ninguno de estos ejercicios lleva más de unos minutos).
- Una mente abierta.

Taroticio n.º 1: meditación sencilla

Siéntate cómodamente. Respira hondo. Baraja tu mazo de tarot.

Hazte una pregunta abierta. Algo así como:

- ¿Qué necesito saber hoy?
- ¿En qué debo centrarme hoy en el trabajo?
- ¿Cuál es la mejor manera de proceder con [situación]?
- ¿Cómo puedo avanzar hacia un resultado satisfactorio con [proyecto]?
- ¿Por qué está ocurriendo repetidamente [situación] en mi vida? ¿Qué necesito aprender?

Elige una carta y colócala delante de ti. Relaja tu mirada. Siéntate en silencio durante unos minutos, dejando que tus ojos se muevan alrededor de la imagen. ¿Qué pensamientos surgen? ¿Qué símbolos te llaman la atención? ¿Qué crees que intenta decirte la carta?

Tómate tu tiempo con esta meditación.

Al cabo de unos minutos, escribe las ideas que se te hayan ocurrido.

Taroticio n.º 2: narración de historias

Siéntate cómodamente. Respira hondo. Baraja tus cartas de tarot.

Hazte una pregunta abierta (consulta el taroticio n.º 1 para ver algunos ejemplos).

Selecciona una carta. Colócala delante de ti. Mirando la imagen, empieza a contar una historia. (Puedes hacerlo en voz alta o escribiéndola en tu cuaderno).

A mí me gusta empezar con: «Érase una vez...».

Mientras sigues desarrollando tu narración, fíjate en cómo podría estar relacionada con tu pregunta o situación. ¿Qué te dice esta historia sobre la carta? ¿Qué te dice sobre ti?

Este taroticio es excelente si te sientes bloqueado y no consigues sacar nada de las cartas. La narración de historias estimula tu intuición. Cuando empieces a relatar un cuento inspirado en las imágenes, quizá recibas información sobre lo que significa la carta en el contexto de tu pregunta.

Taroticio n.º 3: escritura automática

La misma preparación que antes. Siéntate. Respira. Baraja. Haz una pregunta. Saca una carta.

Esta vez, en lugar de reflexionar sobre el significado de la carta o en vez de escribir una historia, empieza a escribir... lo primero que se te ocurra. Empieza a mover el bolígrafo y ¡adelante! Escribe de forma automática, sin corregirte ni censurarte. Puedes empezar con una frase como: «Lo primero que noté fue...» o «Creo que esta carta significa...» o cualquier otra que te surja.

Escribe durante unos minutos. Déjate llevar por las palabras que vayan saliendo de tu pluma. No te preocupes si lo que escribes no parece tener sentido. ¡Deja que fluya!

Cuando hayas terminado, revisa lo escrito. ¿Hay alguna idea? Si no es así, plantéate la posibilidad de revisar ese texto al día siguiente, después de consultarlo con la almohada. ¿Qué tal ahora?

Taroticio n.º 4: lo que me llama la atención

Baraja tu mazo. Esta vez, despliega toda la baraja sobre el escritorio o la mesa, bocarriba, para que puedas ver todas las imágenes.

Deja que tu mirada vague. ¿Ves alguna carta que parezca sobresalir o que te llame la atención?

Selecciónala.

Colócala delante de ti. Aparta las demás.

Ahora, mira la carta aún más de cerca. Más cerca. Un poco más... Fíjate en algún pequeño detalle de ella que te intrigue. Quizá un caracol diminuto. Una flor solitaria. Un pájaro lejano en el fondo. Una arruga en la capa de alguna figura. Tal vez el remo de una embarcación.

Concéntrate intensamente en esa parte concreta de la imagen.

¿Qué pensamientos surgen? ¿Qué crees que te está diciendo ese minúsculo detalle? Anota las ideas que se te ocurran.

Taroticio n.º 5: memento

¿Has visto la película *Memento*? En ella se cuenta la historia de un hombre que intenta resolver el asesinato de su mujer, pero tiene un extraño trastorno que le provoca una pérdida de memoria a corto plazo, por lo que tiene que revivir la situación hacia atrás para reconstruir toda la historia.

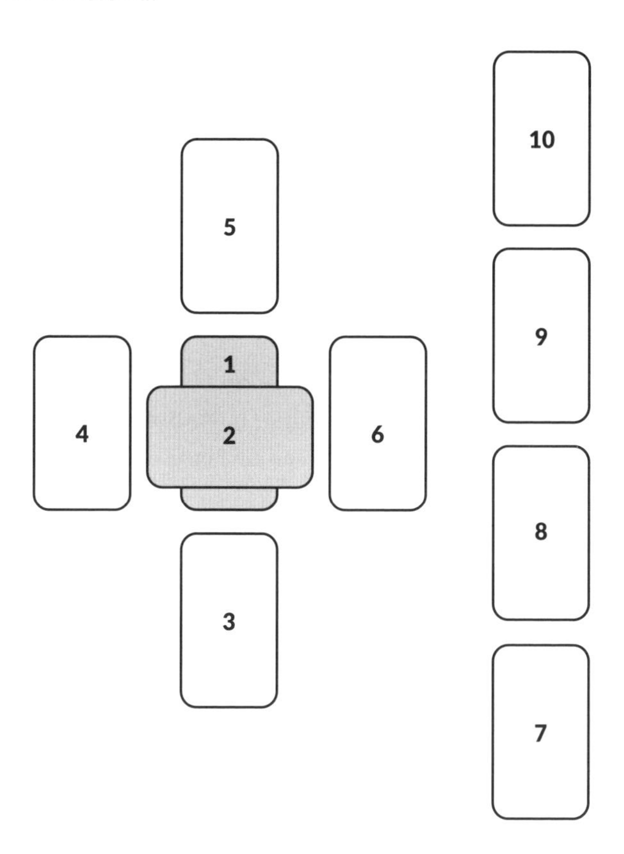

En tu próxima lectura de tarot puedes utilizar lo que yo llamo la «técnica del memento». Para este taroticio, tendrás que hacer una tirada de varias cartas, como la cruz celta.

(¿No tienes ni idea de lo que estoy hablando? Omite este taroticio por ahora. Volveremos a ver los taroticios de la cruz celta y del memento en «Ejemplos de lectura», en la página 295).

Empezando por la carta en posición de «resultado final», interpreta hacia atrás, carta por carta, hasta llegar a la primera carta de la tirada. Básicamente, estás invirtiendo el orden en el que normalmente interpretarías tus cartas. Se trata de una técnica muy interesante que puede proporcionar una visión inusual e inesperada.

Taroticio n.º 6: una palabra

¡Superfácil, pero muy eficaz! Para este taroticio, se trata de moverse rápidamente y pensar lo menos posible.

Baraja tu mazo. No te preocupes por hacer una pregunta. Simplemente saca una carta. Mírala. Di la primera palabra que se te ocurra.

Saca otra carta. Mírala. De nuevo, di la primera palabra que te venga a la mente. Pasa a la siguiente carta. Repite. (¡Continúa todo el tiempo que quieras!).

Si lo deseas, no dudes en anotar cada palabra o las que te parezcan especialmente importantes. Más tarde, puedes buscar en un diccionario, en un glosario, en un diccionario etimológico –para encontrar su raíz latina, su raíz castellana (o de otra lengua) antigua o el significado original de la palabra– o en una guía de modismos (dichos y frases comunes).

Haciendo esto, ¿se te ocurre alguna otra idea?

Quizá una palabra que te vino a la mente durante tu taroticio fue *celos*, pero después de buscarla en un diccionario etimológico, descubres que este término significaba originalmente 'entusiasmo, amor, anhelo, apasionamiento'. ¡Ajá! Tal vez, con esta nueva información, tengas una perspectiva totalmente nueva sobre una carta concreta y cómo se relaciona con tu vida en este momento.

Taroticio n.º 7: dos cartas-una palabra

Este taroticio es mi método favorito para ganar velocidad. Da la vuelta a dos cartas y luego elige una palabra que describa el escenario. He aquí algunos ejemplos:

- Cuatro de bastos-La Torre = incendio.
- Tres de copas-Dos de copas = boda.
- Diablo-Nueve de espadas = rehabilitación.
- El Sol-As de bastos = nacimiento.

Prueba este taroticio solo o con un amigo. Es muy divertido y seguro que hará que tu cerebro tarotista trabaje más rápido.

Aquí tienes algunas combinaciones que puedes explorar:

1. Reina de bastos-Reina de copas = ____________________.
2. Rueda de la Fortuna-Diez de oros = ______________.
3. Fuerza invertida-Siete de bastos invertido = ____________.
4. Dos de copas-Tres de copas = ______________________.
5. Tres de oros-Tres de bastos = __________________.
6. Sota de espadas-Seis de bastos = ____________________.
7. Seis de copas invertido-Cinco de copas = _____________.
8. Rey de espadas-As de espadas = ____________________.
9. Justicia-Ocho de espadas invertido = _________________.
10. Caballero de bastos-Ocho de bastos = ________________.

Posibles respuestas:

1. *Novias.*
2. *Juegos.*
3. *Rendición.*
4. *Poliamor.*
5. *Promoción.*

6. *Jugador más valioso.*
7. *Funeral.*
8. *Cirujano.*
9. *Absolución.*
10. *Aventura.*

¿Ves cómo las he conseguido? ¿Y tú? ¿Qué palabras podrías elegir en su lugar? Escribe tus respuestas en un diario.

Taroticio n.º 8: adivina la carta del tarot

Este taroticio puede hacerse solo o con uno o varios amigos. El procedimiento es el siguiente: una persona describirá una situación (o el argumento de una película, un programa de televisión, la letra de una canción, etc.). La otra persona o personas adivinarán las cartas del tarot que más se ajusten a la situación. Veamos algunos ejemplos:

- En una escena de *Juego de tronos*, Sansa llega al Muro y ve a Jon Snow después de haber estado separados durante mucho tiempo. Las cartas: cuatro de bastos, diez de copas o seis de copas.
- Me apunto a una nueva clase *online*. Las cartas: sota de espadas, as de espadas.

¿Ves cómo funciona?

¿No tienes un compañero para practicar con las cartas? Prueba los siguientes ejemplos:

1. Tu pareja te propone matrimonio.
2. Alguien empieza una guerra digital.
3. Una mujer se gradúa en la facultad de Derecho.
4. Te estás recuperando de la gripe.
5. Un hombre está en coma.
6. Hay un allanamiento de morada.

7. Das a luz a gemelos.
8. Asistes a un concierto de Jay-Z.
9. Te divorcias y empiezas a tener citas.
10. Te vas de viaje a un lugar en el que nunca has estado.

Aquí tienes algunas respuestas posibles:

1. *As de copas, dos de copas o sota de copas. Los tres tienen energía en torno a una ofrenda de amor.*
2. *Cinco de espadas, cinco de bastos, as de espadas. Cada una de estas cartas conlleva un elemento de conflicto.*
3. *El Mundo, cuatro de bastos, seis de bastos. Estas cartas muestran la graduación o la celebración.*
4. *Cuatro de espadas, nueve de espadas invertido. Ambas cartas indican descanso y curación.*
5. *Una vez más: cuatro de espadas.*
6. *Siete de espadas, cinco de espadas, el Diablo, la Torre. Este combo muestra robo, peligro y agitación.*
7. *La Emperatriz, as de bastos, dos sotas. ¡Las dos sotas son la clave!*
8. *Cuatro de bastos, tres de copas. ¡Nos lo estamos pasando muy bien!*
9. *Tres de espadas invertido, cinco de copas invertido, seis de espadas, as de copas. Sanar un corazón roto y abrirse a algo nuevo.*
10. *Ocho de bastos, ocho de copas, la Luna. Los ochos muestran viajes; la Luna es un cambio.*

Estos son algunos ejemplos. ¿Qué cartas podrías elegir para esos escenarios? ¿Por qué? Tómate un minuto para anotar tus respuestas.

Taroticio n.º 9: no mires

Baraja las cartas y piensa en una pregunta. O tal vez quieras centrarte en una orientación general. Ahora, saca una carta, pero sin darle la vuelta. Sostenla unos minutos en silencio y luego escribe en tu diario lo que se te ocurra, es decir, lo que sientas de esa carta sin darle la vuelta. No hagas trampa.

A continuación, olvídate de ella durante todo el día. Por mucha curiosidad que tengas, resiste el impulso de darle la vuelta.

Al final del día, siéntate con tu diario del tarot y dale la vuelta a la carta. ¿Qué carta has sacado? ¿Coincide con lo que has escrito? ¿Cómo se manifestó la energía en tu día? Tómate el tiempo necesario para escribir tus notas, incluida cualquier percepción que te llegue.

Este es uno de mis taroticios favoritos y una forma estupenda de empezar a «sentir» la carta en lugar de confiar en la imagen. Juega con ella a ver lo que descubres. ¡Es muy divertido!

Taroticio n.° 10: *Billets* de tarot

Como he mencionado antes, los *billets* de tarot consisten en tiras de papel dobladas para ocultar las preguntas escritas en ellas. Estos *billets* se eligen al azar y –sin abrirlos para ver lo que preguntan– «sientes» la respuesta. Es una forma estupenda de trabajar con tu intuición.

Aquí tienes una forma de utilizarlos con el tarot: escribe varias preguntas en trozos de papel. Dóblalos y mételos en un sombrero o en un tarro. Mézclalos y luego saca uno al azar. Sostenlo sin abrirlo. Recuerda que no está permitido mirar. Insisto: no leas la pregunta que hay dentro, solo siente la energía.

Toma tus cartas y barájalas. Corta y saca tres cartas de la parte superior de la baraja. Obsérvalas y escribe tu interpretación.

Abre tu *billet* y, ahora sí, lee la pregunta. Luego vuelve a mirar las tres cartas que sacaste y la interpretación que escribiste. ¿Parece que tu interpretación coincide con la pregunta?

Con la práctica, ¡puede que obtengas resultados sorprendentes!

Recomiendo hacer este taroticio con un pequeño grupo de amigos, por ejemplo, alrededor de la mesa en una cena. Podéis turnaros para sostener el *billet*, sacar las cartas del tarot e interpretarlas. Abre el *billet* una vez que todos hayan hablado. Esto suele dar lugar a increíbles momentos «ajá». (¡O al menos a una cena muy entretenida y memorable!).

Repasa a menudo estos ejercicios de calentamiento y taroticios. Te ayudarán a convertirte en un tarotista mejor y más intuitivo. Así que, ahora que estás bien preparado y has hecho el calentamiento, vamos a ponerlo en práctica.

TERCERA PARTE

Pon a prueba tus habilidades

Lo primero es lo primero

Hemos repasado los significados de las cartas del tarot. Hemos visto infinidad de taroticios e indicaciones para llevar un diario que te ayudará a reflexionar, y has tenido la ocasión de conocer una serie de consejos bien fundamentados para desarrollar tus músculos intuitivos. Ahora estás preparado de sobra para adentrarte en todo este tinglado del tarot. ¡Por fin!

Pero (ya sabías que habría un «pero», ¿verdad?), antes de que puedas empezar a realizar con éxito una lectura intuitiva del tarot hemos de abordar algunos aspectos fundamentales.

El entorno adecuado

Hace años, fui a hacer una lectura grupal de tarot, una especie de fiesta, en la parte menos recomendable de la ciudad. Al llegar al edificio, me fijé en un grupo de traficantes de drogas en la esquina. Las zonas malas no me asustan mucho, pero era tarde, apenas había luz y el ambiente estaba bastante enrarecido.

Llamé al timbre y, al cabo de un rato, una mujer bajó a recibirme. Lo primero que noté fue que tenía un moratón en el ojo. Me condujo por una escalera oscura hasta un apartamento pequeño, con el suelo repleto de juguetes y envases de comida para llevar, hasta la cocina en penumbras donde se habían reunido unos cuantos amigos para celebrar una fiesta. No veo bien de noche, así que me costó que mis ojos se adaptaran a la habitación.

Empecé a leer para un hombre que me preguntó por armas de fuego y que además quería saber si su novia le era fiel o no. Miró a la mujer con el ojo morado. Evidentemente, preguntaba por ella. Muy tensa, hice todo lo posible por ofrecer lecturas útiles y sanadoras a los participantes, incluso a él.

De repente, vi, por el rabillo del ojo, algo que se movía. Cuando mis ojos empezaron a ajustarse, pude ver que las paredes estaban plagadas de cucarachas y que había ratones que se arrastraban por la habitación. Recogí con disimulo mi bolso y lo mantuve en mi regazo durante todo el tiempo que duró aquello. Me moría de ganas de salir de allí.

Al salir, sacudí el bolso para asegurarme de que no me llevaba a casa ningún nuevo «amigo». Los traficantes me observaron con una mirada entre extrañada y divertida. Este, queridos, no es el tipo de ambiente que se presta a una buena lectura.

Mira, se puede leer en cualquier sitio (yo he echado las cartas en trenes, aviones, automóviles y mil lugares más), pero si estás incómodo, tus lecturas no serán tan acertadas. Debes crear un entorno que sea tranquilo y te reconforte.

El entorno adecuado será diferente para cada uno. A algunos les gusta estar en su casa mientras que otros prefieren el bullicio de una cafetería. Para determinadas personas, el silencio es fundamental, mientras que a otras les encanta tener una suave música espiritual de fondo. ¿Qué te hace sentir seguridad? ¿Qué calma tu espíritu y tu mente? Piensa en ello.

En mi caso, dispongo de un espacio tranquilo para leer las cartas en el que suena siempre música relajante de fondo. Una taza grande de té verde caliente me mantiene hidratada. Mi silla es un trono púrpura de felpa que a mis gatos les encanta usar como cama y poste para arañar. A mi alrededor hay libros, obras de arte espirituales, fotos de mis hijos y mis gatos. Aquí me siento segura. He dejado de leer en fiestas o bares, y tampoco ofrezco sesiones en persona, porque nada de esto concuerda con mi carácter introvertido. Además, trato de reducir al mínimo las distracciones para mi mente, siempre ocupada, de Géminis.

Tu entorno podría ser el mismo. O diferente. Algunas personas pueden leer en diversas condiciones. Te sugiero que pruebes a leer en diferentes espacios y circunstancias. Comprueba qué te funciona y qué no. Una vez que hayas establecido el lugar en el que te sientes a gusto, ubícate ahí y ¡ponte a hacer lecturas como si no hubiera un mañana!

Mantener la limpieza

Si lees con regularidad, es conveniente que limpies bien tu espacio, sobre todo si trabajas con mucha gente. La energía se pega. Mucho después de que la lectura haya terminado, la huella energética de alguien puede permanecer en tu entorno. Hay que limpiarla para mantener las vibraciones claras.

Yo limpio mi despacho a diario. De este modo, tengo un fondo energéticamente puro para hacer mi trabajo de tarot.

Esto es lo que hago.

Necesitarás:

- Un incienso que te agrade.
- Una campanilla.
- Una varita de selenita.

Abre una ventana. Enciende el incienso y camina por la habitación, dejando que el humo llegue a cada rincón. Ora en silencio para que las vibraciones se despejen. Pide a tus guías que liberen los cordones energéticos de las personas con las que has trabajado recientemente.

A continuación, recorre el perímetro de tu sala de lectura con la campanilla, haciéndola sonar en cada esquina. Esto disuelve la energía.

Por último, toma la varita de selenita y pásala por tu cuerpo. La selenita es fantástica para limpiar tu aura. A veces muevo el cristal de cuarzo a mi alrededor en el sentido de las agujas del reloj, formando un gran círculo, y digo: «Me rodeo de luz radiante. Solo la energía positiva puede penetrar en mi aura». Esta afirmación añade una capa extra de protección que te permite trabajar con la gente sin absorber sus energías.

Cómo limpiar tu baraja de tarot

¿Es necesario limpiar la baraja? Yo creo que sí. Todo está hecho de energía. Incluso las setenta y ocho cartas de papel. Una limpieza de tu baraja elimina los residuos psíquicos y mantiene tus cartas limpias. Es como un motor.

Hay varias formas de hacerlo:

- Prende un incienso y deja que el humo impregne tu baraja. Esta es una forma fácil de despejar las vibraciones.
- Crea un «sándwich de cristal». Esto es lo que hago al final de la jornada laboral. Necesitarás un cristal grande y una varita de selenita. Pon la baraja sobre el cristal. Coloca la varita de selenita encima. Deja que repose toda la noche.
- Coloca la baraja en la ventana bajo la luna nueva o llena. Esto funciona de maravilla.
- Un método que me encanta es poner la baraja en orden como si fuera nueva, empezando por el Loco. Luego, vuelvo a barajarla. Este método es como reiniciar un teléfono móvil; tienes que hacerlo de vez en cuando para que funcione bien, ¿verdad? ¿Por qué no hacer esto con tu baraja de tarot?

En caso de que te lo preguntes, sí, purifico mi baraja de tarot diariamente.

Ya estás listo para lanzarte, ¿verdad? Espera un poco, pequeño saltamontes. Hay otra cuestión vital a la hora de leer las cartas del tarot: la mentalidad adecuada. Quiero hablar de esto brevemente porque si hay un punto que me gustaría recalcar, es el siguiente: necesitas tener el nivel adecuado de apertura para que la información intuitiva sea correcta. Lo ideal es que tu consultante también se presente con esa misma mentalidad. (Pronto hablaré de las lecturas problemáticas). Al fin y al cabo, los dos participáis en la lectura. Si ambos vais en la misma dirección, podréis llegar más rápido a donde queréis ir. ¿Lo has entendido? Genial.

Ahora bien, ¿recuerdas que en la segunda parte, «Las bases de la intuición», hablé de los obstáculos a la intuición? Mencioné cómo el escepticismo, las sustancias, el dejarte llevar por las emociones y el exceso de análisis pueden aplastar tu sexto sentido. En pocas palabras: evita todo eso.

Quiero añadir que las expectativas y el exceso de apego también pueden obstaculizar tu capacidad para hacer una lectura del tarot buena y fiable. Deberás prestar atención a ambas cosas. Deja que te explique a qué me refiero.

Grandes expectativas

Cuando acudes a una lectura de tarot como lector o consultante, ¿supones que las cartas «lo verán todo»? ¿Piensas que se van a desvelar todos los detalles, hasta el color de la ropa interior que llevas ese día? No funciona así. El futuro no es un programa que «se establece y se olvida» en el que la vida «simplemente te sucede». Es más complejo. Por eso es necesaria una mente neutra y curiosa por parte del tarotista y del cliente.

Si vienes con una de estas actitudes sobre el tarot, tu experiencia no será tan buena:

1. «Esperaré a ver si ocurre». Esta mentalidad pasiva lo que en realidad está diciendo es: «No tengo ninguna responsabilidad sobre cómo se desarrollará mi vida. Me relajaré y esperaré a que las cosas sucedan». Si afrontas el tarot (o la vida) con esa actitud, no participarás activamente en tu vida. Es como una mujer que me preguntó en una lectura si iba a conocer a un hombre. Las cartas mostraron un resultado favorable. Al año volvió y me dijo que no había conocido a nadie. Cuando le pregunté qué había hecho

para establecer una conexión, contestó: «Nada». Supuso que la lectura significaba que aquello pasaría sin que tuviera que mover un dedo. Se equivocó. Si buscas una pareja, por lo general no llamará a tu puerta como uno de esos fontaneros musculosos de las películas porno. Todo en la vida requiere un esfuerzo. Una lectura muestra el potencial; sin embargo, eso no significa que puedas quedarte a esperar en el sofá en pijama comiendo bombones.

2. «Espero que ocurra...», normalmente acompañado de un largo suspiro. Este estado mental de desaliento significa que, de hecho, solo esperas que suceda lo negativo. Si eres así, encontrarás la manera de sabotear tu vida, por muy buenas que sean las cartas.
3. «Eso no puede ocurrir». Los que tienen esta mentalidad se cierran a cualquier información que les llegue. No importa lo precisa que esta sea, porque ya están convencidos, y aunque algo les parezca cierto, supondrán que hay engaños por medio.

Es fundamental que las dos personas que se sientan en la mesa del tarot permanezcan abiertas y curiosas. Cuando la lectura se aborda así, aumentan las posibilidades de que sea útil.

Desapego

La otra cara de la moneda de la mentalidad del tarot es el desapego, es decir, la capacidad de ser objetivo. En otras palabras, has de ser capaz de dejar a un lado tus sentimientos y experiencias, para que no influyan en la información.

Por ejemplo, si una pregunta o situación tiene una fuerte carga emocional para ti, eso puede crear un sesgo. Lo mismo ocurre con el deseo de un resultado concreto. Pese a que no hay nada malo en querer ver un futuro positivo, si estás demasiado pendiente de ello, es posible que únicamente veas lo que quieres ver en lugar de lo que de verdad se está produciendo.

Sin embargo, el desapego no significa ser frío como un pez o actuar como el Sr. Spock. Puedes sentir todas las emociones, pero asegúrate de que no impregnen la lectura; de lo contrario, correrás el riesgo de proyectarte, es decir, tus experiencias y opiniones alterarán el resultado.

¿Cómo se hace esto?

En primer lugar, sé consciente de los factores que te inducen a actuar de una manera determinada. Si sientes que te alteras ante una pregunta o una situación, es una señal de que seguramente eres parcial. Yo, por ejemplo, desprecio el juego. Creo que es un despilfarro de dinero, y me produce agitación cualquier pregunta sobre ganar dinero en juegos de azar. La única vez que he estado en un casino fue para ver una exposición de arte. Me sentía tan mal al ver a la gente jugando con las máquinas tragaperras que tuve que largarme de allí.

Como sé esto sobre mí, también soy consciente de que no me gusta echar las cartas para asuntos relacionados con juegos de azar. No voy a tratar de adivinar los números de la lotería ni nada parecido. Hace años, un hombre me preguntó sobre su hábito de jugador. Las cartas eran negativas. La siguiente vez que lo vi, se quejó de que yo le había «arruinado la suerte» y de que el tarot «lo había llevado a una racha en la que no hacía más que perder». No estoy segura de si la causa de aquello fue que las cartas acertaran o se trató de mi actitud negativa, lo que sí me quedó claro era que aquello no era para mí. Cuando te des cuenta de que algo te saca de quicio, avisa inmediatamente al consultante de que te está haciendo una pregunta que no te gusta. Así actuarás con honestidad y no tendrás que dar una lectura forzada.

Otra cosa que recomiendo es avisar al cliente cuando vayas a exponer tu propia opinión o tu experiencia, en lugar de lo que aparece en las cartas. Por ejemplo, si me preguntan sobre una situación y tengo una determinada idea sobre ella, pondré las cartas a un lado y diré: «Antes de ver las cartas acerca de esto, quiero darte mi opinión, para que no mezclemos las dos cosas». Esta claridad de enfoque mantiene la lectura limpia, porque de entrada estás diciendo lo que sientes.

Lo mismo ocurre con la experiencia vital. Cuéntale al otro de antemano si has tenido una situación similar... y luego sigue adelante con las cartas. Por ejemplo, digamos que alguien pregunta por un divorcio desagradable. Si has tenido esa experiencia, podrías decirle: «Yo también he pasado por eso; veamos lo que las cartas tienen que decir sobre tu situación». Eso le permite ser consciente de que entiendes bien lo que está pasando, pero acudes a las cartas en busca de sabiduría.

Cuando compartas tus experiencias u opiniones, sé sincero, pero no te extiendas mucho. Me parece que expresarlas en voz alta sirve para mantener el ambiente despejado y conseguir que el lector se centre en el momento y en el cliente, en lugar de estar absorto en sus propios asuntos.

Ahora que ya nos hemos quitado esto de encima, ¡vamos a leer el tarot!

Cómo barajar

La forma de barajar depende de lo que te resulte natural. Me gusta decir: baraja como si fueras a jugar una partida de póquer. No lo pienses demasiado, simplemente ponte a barajar.

Algunas personas son delicadas y tímidas, y otras prefieren barajar de forma elegante. También hay quien disfruta extendiendo las cartas bocabajo sobre la mesa y haciéndolas girar como un enorme mandala. Tú decides.

Si permites que otros barajen tu mazo, ten en cuenta que quizá tengas que comprar más barajas. Hace años, una mujer barajó una baraja nueva con tanta agresividad que la destruyó en una sola sesión. (Interesante: ella también era una persona bastante agresiva y enfadada). Asegúrate de comprar barajas impresas en cartulina resistente y ten a mano unas cuantas más por si decides dejar que otras personas las manejen.

¿Cómo sabrás durante cuánto tiempo debes barajar? Pues mientras te sientas cómodo haciéndolo... o hasta que te aburras. Así de sencillo.

A continuación, coloca la baraja bocabajo sobre la mesa. Con la mano izquierda, córtala en tres montones. Luego vuelve a juntarlos como quieras.

¿Por qué la mano izquierda? La izquierda está más cerca de tu corazón, lo que significa que la lectura proviene de ahí. Para ser sinceros, esto es una superstición, y yo soy zurda, así que me gusta, pero no es necesario que utilices este método de corte si no te atrae... o si no eres zurda.

Taroticio

Antes de leer las cartas, echa un vistazo a la que está en la parte inferior de la baraja. ¡Esa carta te dará una pista! Por ejemplo, supongamos que estás sacando una perspectiva general para una mujer. Le das la vuelta al seis de copas; eso significa que lo más probable es que esté pensando en la familia o en un amor pasado. Ahora, dispón las cartas y empieza a leer. ¿De qué manera podría influir esa carta inferior en la lectura?

Cómo hacer buenas preguntas

Una buena lectura del tarot comienza con una buena pregunta. Dicho esto, las perspectivas generales, de las que hablaremos en breve, pueden ser útiles. Aun así, prefiero tener un área en la que centrarme; de este modo, no pierdo mi tiempo ni el del cliente.

Por ejemplo, cuando voy a que me lean el tarot, siempre soy muy clara. Quiero saber acerca de negocios y dinero. No me interesa el amor (mi vida amorosa está consolidada) y soy supersticiosa con respecto a la salud, así que no quiero oír hablar de ese tema. Eso es bastante tajante, ¿verdad? Tal vez. Pero me parece que ser franco te lleva a una lectura que resulta útil, en lugar de dejar que el lector adivine lo que necesito saber. Una lectura «en frío», sin ninguna información de fondo, puede ser impresionante, especialmente cuando el lector me cuenta cosas que puedo confirmar. Pero, por alguna razón, cuando recibo ese tipo de lecturas, acabo obteniendo información inútil sobre mi vida amorosa en lugar de sobre lo que me interesa. (No sé por qué tantos lectores dan por hecho que ando metida en romances escandalosos; para nada).

Te recomiendo que antes de acercarte a la mesa del tarot tengas las preguntas claras.

También es recomendable que animes a tus clientes a venir preparados.

Estructura las preguntas para que sean útiles. «¿Sucederá o conseguiré tal o cual cosa?» es una de las preguntas que menos ayuda proporcionan. Indica un enfoque pasivo de la vida. Como he dicho antes, la vida no te sucede, así como así. Las cartas pueden mostrar las posibilidades, pero tú tienes que poner de tu parte.

Otra pregunta que no es constructiva es «¿debería?», ya que pone tus decisiones en manos del tarotista. Eso significa que no asumes la responsabilidad de tu vida, que te quitas de en medio y haces a otro responsable de los resultados. Debes evitar esto y animar a tu interlocutor a replantear esas preguntas.

Es complicado pronunciarse sobre las preguntas cerradas, tipo «sí/no». En ocasiones pueden ser útiles, pero eso supone que no hay elección en el asunto. Si bien algunas situaciones son claras, muchas no lo son.

Me gusta replantear esas preguntas de esta manera:

¿Qué necesito saber? ____________________________.
¿Qué puedo esperar si lo hago? ____________________.
¿Cuáles podrían ser los resultados si tomo esta decisión?
____.
¿Cómo puedo? ________________________________.

Cuando reformulas tus preguntas así, puedes ver los posibles resultados y, al mismo tiempo, obtener consejos, lo que hace que el futuro sea mucho más interesante.

Veamos algunas preguntas replanteadas:

¿Me casaré con Sebastian?
¿Qué necesito saber sobre mi relación con Sebastian?
¿Debo dejar mi trabajo?
¿Qué puedo esperar si dejo mi trabajo?
¿Volveré a la universidad?
¿Qué pasaría si volviera a estudiar?
¿Conoceré a alguien?
¿Cómo puedo conocer a una nueva pareja?

También aquí puedes ver la gran diferencia que supone reformular las preguntas.

Algunos lectores no creen que sea correcto reformular las preguntas para el consultante. En algunas ocasiones no lo hago, aunque crea que reestructurarlas podría llevarme a una información útil. Lo que sí hago es pedir a mis guías que me iluminen, de modo que, aunque estén mal formuladas, pueda encontrar las pepitas de sabiduría útiles que ayuden a mi cliente.

Otras cosas que hay que tener en cuenta al hacer preguntas

Algunas preguntas cruzan las líneas éticas. Por ejemplo, algunas cosas no son de tu incumbencia. ¿Preguntar sobre la nueva relación de tu ex? No es asunto tuyo. ¿Quieres saber si a tu jefe le gustan las perversiones sexuales? No. ¿Interesarte por la orientación sexual de alguien? Esto no te concierne.

Entrometerse en los asuntos de personas que no están presentes en el momento de la lectura es inaceptable. Por supuesto, hay excepciones. ¿Una madre que quiere saber cómo ayudar a su hijo que tiene problemas de adicción? Sí. Es aceptable si vienes desde el punto de vista de querer saber si alguien está bien o cómo podrías ayudarlo. Solo debes tener cuidado de que lo que preguntes no se entrometa en situaciones que no son de tu incumbencia.

Además, deberás evitar las preguntas sobre asuntos de salud y legales. A menos que seas un terapeuta, un médico o un abogado autorizado, no debes dar consejos en estos ámbitos. Si alguien te pregunta, puedes ver la energía que rodea la situación, pero debes remitirles a los profesionales adecuados. Si te haces cargo de las preguntas médicas de un cliente e intentas diagnosticar o prescribir, te arriesgas a que te demanden. Así que no es solo una cuestión ética; también es una responsabilidad.

Dicho esto, la gente suele preguntar sobre estas situaciones. Siempre les digo que no soy médica, abogada ni terapeuta, por lo que no puedo diagnosticar, recetar, aconsejar legalmente ni ofrecer terapia. Lo único que puedo hacer es observar la energía que rodea la situación. Tendrás que hablar de tu situación con la persona adecuada, así que te recomiendo que busques consejo con un médico, terapeuta o abogado en el que confíes.

Otra situación que atraviesa una fina línea ética es hablar de la muerte. He tenido innumerables clientes que me han preguntado: «¿Cuándo voy a morir?». Por lo general, se trata de alguien que está de broma, pero en ocasiones hay quien va en serio. No recomiendo hacer esta pregunta. En primer lugar, no quieres asustar a nadie. En segundo lugar, este tipo de información podría ser peligrosa en las manos equivocadas.

Sin embargo, hay excepciones a toda regla. Por ejemplo, una clienta con una enfermedad terminal vino a mi despacho con su nieta. A esta clienta le quedaban unas pocas semanas de vida y quería saber cómo le iría a todo el mundo cuando ella se fuera. Mi trabajo consistía en asegurarme de que se sentía preparada para lo que le esperaba y reconfortada al saber que sus seres queridos seguirían adelante. En este caso, preguntaba por el impacto que tendría su muerte inminente en su familia. Rompí las reglas porque era apropiado para la situación, y resultó ser una de las lecturas más satisfactorias que he hecho nunca.

A veces la gente es intencionadamente imprecisa cuando hace preguntas porque tiene una intención que puede ser «ponerte a prueba», o porque quizá haya algo más y no quiera que lo sepas. En esas situaciones, te viene bien investigar un poco, por si acaso. Te pongo otro ejemplo. Un cliente vino a verme y quería saber si su «plan funcionaría». Las cartas mostraban que, efectivamente, el plan funcionaría perfectamente. Por alguna razón, esta respuesta me pareció «rara», así que le pregunté cuál era ese plan. Entonces me contó que iba a suicidarse. Dejé las cartas a un lado y tuvimos una larga charla sobre cómo buscar ayuda. Cuando salió de la consulta, volví a romper otra regla: llamé a sus seres queridos y les expresé mi preocupación. La confidencialidad del cliente es una obligación para un tarotista, pero en este caso, no iba a quedarme sin hacer nada y tener eso en mi conciencia.

Ni que decir tiene que la familia le consiguió ayuda, y hoy está recuperándose.

Tarotício

Practica la reformulación de preguntas utilizando el formato que se muestra aquí. Escribe una serie de preguntas al azar, como: «¿Me llamará John esta noche?» y «¿Debo dejar mi trabajo?», y léelas desde esa perspectiva. Luego replantéalas utilizando los formatos que sugiero y comprueba cómo funciona ese enfoque.

Empieza a leer

Cuando haces una lectura de tarot, las imágenes hablan por sí solas. Al colocar las cartas, empiezas a ver cómo surge una historia. En cierto modo, la tirada es como un pequeño guion gráfico que muestra lo que está ocurriendo.

Mira cómo van las cartas juntas. ¿Las imágenes están enfrentadas? ¿Cómo interactúan entre sí o se abstienen de hacerlo? ¿Hay muchas invertidas? ¿Principalmente arcanos mayores? ¿Arcanos menores? ¿Qué falta?

Examina toda la tirada. Fíjate en lo que te llama la atención. Analiza cada carta. Fíjate bien. ¿Qué colores o figuras parecen destacar? ¿Hay alguna carta que te atraiga? ¿Otra que no tenga sentido?

En cierto modo, eres como un auténtico detective, buscando pistas y tratando de determinar lo que está ocurriendo y cómo puede desarrollarse en el futuro.

Haz preguntas. ¿Qué tiene que decir el consultante sobre una carta concreta? ¿Reacciona ante alguna carta o no? ¿Cómo le hace sentir eso? Observa detenidamente cada carta y cómo se relacionan entre sí, lo más cerca posible. Después, comienza la interpretación.

Interpretación

La interpretación no consiste simplemente en leer las cartas basándose en el significado establecido de las cartas del tarot. Esos significados cumplen una función, pero no debes obsesionarte con ellos. Son simplemente una piedra de toque. Tu intuición se encarga de unir todo en una historia coherente.

He aquí un ejemplo. Digamos que preguntas por tu trabajo. La situación va mal últimamente, y no estás seguro de si quieres quedarte o irte. Las cartas que sacas:

- La Muerte, cinco de espadas y cuatro de oros invertido.

Ahora bien, si te fijas en los significados tradicionales, verás el cambio (la Muerte), la mentira (el cinco de espadas) y el dejar ir (el cuatro de oros invertido). Eso está clarísimo, ¿verdad? Pero ¿y si tu intuición ve aquí algo diferente? Quizá la interpretación se incline en otra dirección. Podría decir: «Se ha producido un cambio importante entre bastidores. Es casi como si alguien estuviera entrando y agitando el ambiente. La sensación es la de una adquisición hostil de la empresa. La persona que está al mando está a punto de perder su corona. Alguien le está quitando el poder».

Esta fue una lectura real que hice para un cliente. En lugar de decirle que dejara el trabajo y buscara otra cosa, vi que tenía que prepararse. A esta persona le encantaba su trabajo, y permaneció en él mientras se producía una adquisición hostil que duró unos meses. El director fue despedido, y el nuevo personal limpió un ambiente tóxico, lo que debería haber ocurrido hacía tiempo. A mi cliente no le pasó nada y sigue trabajando allí hasta el día de hoy.

Otro ejemplo: uno de mis amigos estaba leyendo para alguien, y no recuerdo mucho de ello, excepto el ocho de copas del final. Dijo: «Te vas a ir». La otra persona le preguntó si era para un viaje. Él dijo: «No. Parece más bien la cárcel». El consultante se quedó perplejo y se marchó. Efectivamente, años más tarde, esa persona fue detenida y desapareció durante unos años. Cuando lo leí en las noticias, solo pude pensar en ese ocho de copas.

Así funciona la lectura intuitiva. El ocho de copas se ve tradicionalmente como «seguir adelante, viajar o buscar». Pero el lector vio algo diferente y se dejó llevar por su instinto. ¿Cómo sabes cuándo seguir el significado tradicional y cuándo usar tu instinto? Siempre obedezco primero al instinto. Aunque la interpretación parezca descabellada, no la ignoro. Puede resultar importante más adelante.

Al principio, puede que te apegues mucho a las interpretaciones establecidas. No pasa nada. Ve despacio. Utiliza los significados de este libro o el pequeño libro blanco que venía con tu baraja. Cuando empieces a descubrir tus músculos intuitivos, confiarás cada vez menos en esas interpretaciones. Pronto te desprenderás de ellas, como un niño que sale a toda velocidad en una bicicleta nueva, tras dejar las ruedas de entrenamiento tiradas a un lado de la carretera.

¿Cómo sabes cuándo llegará ese día? Lo sabrás porque, para entonces, apenas echarás un vistazo al libro, si no que te dejarás llevar por tu instinto y permitirás que las imágenes cuenten la historia. Supe que estaba preparada cuando la información empezó a brotar de mí como un teletipo. De repente, mis palabras llegaban tan rápido que no había tiempo para comprobar lo que las cartas «querían decir». Mi sexto sentido tomó el control, y nunca he mirado atrás.

Hoy en día, mis lecturas siguen siendo más o menos así. Expongo las cartas, y la información llega automáticamente, como si fuera un rapero en una competición de rap. De hecho, ¡detesto que un cliente me interrumpa porque corta la fluencia! Con el tiempo, puede que te ocurra lo mismo. Eso llega con la práctica.

El dilema de la predicción

¿Qué pasa con el futuro? ¿Podemos ver de forma fiable lo que va a ocurrir? Bueno, sí y no. Podemos ver a dónde nos llevan las acciones; sin embargo, siempre existe la posibilidad de que interpretes mal la información o de que el consultante decida hacer un cambio.

También hay ocasiones en las que estamos tan centrados en un aspecto de nuestra vida que pueden pasarse por alto otras cuestiones importantes. Cuando eso ocurre, nos preguntamos: «¿Cómo es que no vi eso en las cartas?».

Uno de mis clientes tenía un hermano que era miembro de una banda. A lo largo de los años, consiguió mantenerse alejado de los problemas, pero nunca abandonó del todo esas raíces. No es fácil alejarse de esa vida. Mi cliente vino para una lectura, y hablamos de lo habitual: romance, hijos, dinero... Unos meses después, me llamó para decirme que su hermano había sido asesinado. Le enfurecía que las cartas «no lo hubieran visto». ¿Cómo podían pasar por alto algo tan importante? «Nunca preguntaste por él», le contesté.

Ten en cuenta que nuestros guías (u otras personas) pueden echar un cable a una lectura. Tal vez, en algún nivel, no te convenga saber la respuesta. O tal vez tu guía superior no desee que interfieras. Puede que el karma tenga algo que decir sobre el desarrollo de los acontecimientos. Además, aunque creo que podemos ver los «resultados probables», lo cierto es que nuestras elecciones, así como las decisiones tomadas por otros, pueden cambiarlo todo. El karma, el libre albedrío y otras personas desempeñan un papel en lo que puede deparar el futuro. Como lectores, hacemos lo que podemos, pero debemos comprender que nadie puede «verlo todo».

Como dice la banda Run-DMC: «Es complicado».

Quizá por eso muchos lectores rehúyen la adivinación. No es fácil y requiere mucha práctica. Incluso así, la vida puede arrojarnos unas cuantas sorpresas desagradables.

Hace poco, una clienta de muchos años tenía programada una sesión conmigo. La esperé y no llamó a tiempo, lo cual era bastante raro. Le envié un correo electrónico e intenté llamarla. Nada. Esto me preocupó un poco, porque en los treinta años que llevábamos trabajando juntas, nunca había ocurrido algo así. Una hora más tarde, llamó y se disculpó. Resulta que estaba de viaje y se confundió con los husos horarios. Volvió a programar la cita para un par de semanas más tarde.

Cuando volví a conectar con ella, me contó sobre los enormes cambios que se habían producido en su vida, como el repentino fallecimiento de su padre. Este había ido recientemente a pasar la semana con la familia de mi clienta. Salieron a cenar y, al volver a casa, se cayó. Lo llevaron al hospital y el médico le sugirió que se operara.

Sin embargo, él se negó y dijo que estaba feliz con su cena y contento porque se encontraba con su hija favorita.

Falleció tranquilamente en su casa unas horas más tarde. Mientras hablábamos de ello, nos preguntamos si, de alguna manera, hubo una intervención divina en su favor. ¿Estaban sus guías al tanto de que estaba «listo para irse» y se aseguraron de que ella no hablara conmigo para no enterarse y recibir una posible advertencia? Quizá sabían que lo vería en las cartas. O no. Pero una cosa en la que ambas estábamos de acuerdo es que hubo algún tipo de intervención, porque en todo el tiempo que habíamos trabajado juntas, nunca ocurrió ninguna complicación de este tipo en nuestras citas.

Algunos tarotistas son contrarios a la predicción. Se oponen a ella e intentan hacer sentir mal a quienes disfrutan de la adivinación. Si por ellos fuera, ya no habría lectores de tarot adivinatorio.

Me parece que esa forma de pensar es extraña, porque cuando alguien acude a una lectura de tarot, aunque adviertas claramente que no sueles hacer predicciones, en realidad eso es lo que la mayoría de la gente quiere. Acuden para saber lo que les espera, cómo pueden resultar sus decisiones y qué deben evitar. Desean saber qué hay en las cartas. Incluso los lectores que dicen que no hacen adivinación acaban haciéndola de alguna manera.

Si no quieres intentar la predicción, eso depende enteramente de ti. Porque no es fácil, puedes equivocarte. Y se pasa mal cuando esto ocurre. De manera que no dudes en dejar las predicciones para los que disfrutan asumiendo riesgos.

Por la misma razón, no faltes al respeto a quien se divierte con ello. Cada uno puede usar el tarot como le parezca. No hay una «única manera». Los lectores modernos utilizan el tarot para el *coaching* de vida, la terapia, la inspiración creativa, la introspección y mucho más. Y todo está bien. Encuentra lo que te resulte útil y dedícate a ello. Y deja que los demás hagan lo mismo.

En cuanto a las lecturas dirigidas a ver el futuro, no hay nada que no sea ético en ellas. A veces es bueno tener una idea de lo que está por venir. Eso te permite tomar decisiones valientes.

Como he dicho antes, el tarot predictivo es como conducir un automóvil. Vas a toda velocidad por la carretera y, de repente, viene otro auto en tu dirección con las luces parpadeando. Si has conducido, sabes lo que significa: hay un control de velocidad delante. Ahora tienes que elegir. Puedes seguir conduciendo por encima del límite, y el resultado más probable será una multa por exceso de velocidad. O puedes reducir la velocidad... y cambiar tu futuro.

Así es como enfoco el proceso de predicción.

Tarotício

A primera hora de la mañana, saca una carta del tarot. Sin tomarte tiempo para analizarla, escribe tu predicción para el día. Utiliza este formato: «Hoy pasará lo siguiente...». Al final del día, comprueba: ¿se ha cumplido tu predicción? Si, por ejemplo, sacas la sota de oros invertida, podrías decir: «Hoy recibiré malas noticias sobre el dinero». Digamos que te llega una factura de la tarjeta de crédito mayor de lo esperado. ¡Sí! En cierto modo ya lo habías visto en la carta. Pero ¿y si no es así y el día transcurre sin noticias sobre lo que sucede con tu dinero? Mira hacia atrás y comprueba si hay alguna otra forma de interpretar la carta. Si sigues sin saber de qué se trata, apártala y vuelve a consultarla dentro de unos días.

Pregunta para el diario: ¿qué piensas de la adivinación? ¿Crees que el futuro está grabado en piedra?

La forma más rápida de perfeccionar tus habilidades

Practicar a diario mejorará tus habilidades, pero si quieres alcanzar una gran destreza, la mejor manera es leer para todas las personas que puedas. Lee para todos los grupos demográficos y situaciones. Saca las cartas en lugares públicos. Lee de uno en uno o haz lecturas para grupos. Apúntate a una fiesta de tarot gratuita y lee la noche entera. Considéralo tu campo de entrenamiento o iniciación.

Cuantas más veces leas y a más gente le eches las cartas, más aprenderás.

Al principio, quizá te cueste un poco, por la timidez, pero respira hondo y lee de todos modos. A veces te equivocarás. No pasa nada. Sigue adelante.

Las tiradas

En este libro, solo nos ocupamos de tres tiradas:

- Las tiradas de una carta.
- Pasado/presente/futuro.
- La cruz celta.

¿Por qué?

En mi opinión, estas tres son las mejores para las lecturas intuitivas y las perspectivas generales. Una perspectiva general es una lectura que se hace con poca o ninguna historia de fondo del cliente. El consultante puede querer saber sobre el futuro o simplemente obtener una orientación general. Este tipo de lectura requiere mucha habilidad, práctica y confianza en tu intuición. Pero no te preocupes. Te guiaré a través de cada tirada con lecturas de ejemplo.

Para cada lectura, haremos dos muestras diferentes. La primera será una pregunta específica y la segunda, una perspectiva general.

Tiradas de una carta

Alguien (no recuerdo quién) me dijo una vez que una carta contiene toda la información que necesitas. Esta persona también dijo que deberías ser capaz de ofrecer una tonelada de orientación con una sola carta. Aunque parezca mucho pedir (o suponga un reto), hay algo de verdad en este consejo. Todas las cartas son ricas en simbolismo, y puedes encontrar mucho con lo que trabajar para interpretar.

Empecemos por utilizar la tirada de una carta para una pregunta. La hija de Sabine acaba de casarse. Ya está hablando de formar una familia. Naturalmente, Sabine está emocionada ante la perspectiva de ser abuela por primera vez. Su pregunta: «¿Qué puedo esperar en cuanto a la previsión de futuros nietos?» (Me hace gracia su ingeniosa forma de evitar una pregunta directa sobre «lo que pasará»).

La carta que saca: el ocho de espadas. La mujer de la carta no se mueve. Lleva una venda en los ojos y está atada. Sabine dice: «Supongo que esto significa que el asunto está fuera de mi control». Estoy de acuerdo. También le señalo que la respuesta no está aquí en este momento y que la pregunta sobre los niños podría ser más eficaz si la preguntara su hija en vez de ella. Además, quizá sea demasiado pronto para formular esta pregunta, ya que su hija acaba de casarse. Sabine deberá esperar y no presionarla. Aunque esta carta no parezca positiva, es la forma que tiene el tarot de recordarle a Sabine que se centre en su propio mundo en lugar de entrometerse demasiado en el de su hija.

Ahora, hagamos una visión general, sin ninguna pregunta. Sabine elige el tres de bastos. Esta carta muestra un futuro brillante y muchas posibilidades en el horizonte. Mi interpretación: «En este momento estás en la cima de tu carrera. Has trabajado mucho para llegar ahí. Si observas el momento presente, verás que estás sobre una montaña de logros. También verás que los barcos están navegando a la vista, una señal de que hay nuevas oportunidades en camino. Pronto dispondrás de unas cuantas buenas opciones que tener en cuenta. ¿Qué quieres hacer a partir de ahora? ¿Qué quieres conseguir a continuación? Pon la vista en tu gran y audaz futuro, y recuerda que todo es posible. Si estás pensando en viajar, esta carta promete que te espera más de un viaje».

Sabine se encuentra actualmente en el punto álgido de su carrera. Está en la mitad de la cincuentena y ocupa un alto cargo en un trabajo corporativo. Viajar es algo que está en su agenda para el próximo año, y gran parte de ello gira en torno a grandes acuerdos profesionales.

¿Cómo llegué a este resultado? Simplemente confié en mi instinto y dejé que la carta hablara. Ten en cuenta que esta es mi interpretación. Puede que tú veas otras cosas para Sabine.

Tarotício

Saca las cartas mencionadas en este ejemplo. ¿Qué información podrías dar a Sabine en cada caso? ¿Qué ves tú que yo no veo? Escribe tus pensamientos en un diario.

Caramelos de menta de tarot para después de la cena

Una noche, tras una deliciosa cena en un restaurante marroquí del East Village, mi amiga Paige Zaferiou sacó la baraja de tarot más pequeña que he visto en mi vida para hacer unas lecturas improvisadas. Fue muy divertido, y dije que era como un «caramelo de menta de tarot para después de la cena».

Desde entonces, siempre he llevado conmigo una baraja para cenas y lecturas de tarot sobre la marcha. He sacado la baraja al azar mientras hacía cola en la cafetería o me encontraba con desconocidos en un bar. Hacer lecturas de forma espontánea es una manera fantástica de desarrollar tus habilidades y establecer contactos. Al fin y al cabo, ¡a todo el mundo le gusta que le lean las cartas!

En una de esas cenas, empecé a experimentar con una técnica que es muy divertida... y reveladora. Es un modo de añadir un elemento adicional a una tirada de cartas; además, hace que la gente se reúna alrededor de ti. Yo lo llamo mi lectura *round robin** del tarot.

Así es como se hace:

Necesitas cuatro personas. Si son más, la lectura se vuelve difícil de manejar. Con tres puede funcionar, pero dos personas no son suficientes. Después de probar diversas combinaciones, he descubierto que cuatro es el número ideal.

Alguien baraja las cartas y las despliega bocabajo. Luego, cada persona de la mesa saca una y puede elegir una pregunta concreta o un consejo general. Una vez que todo el mundo ha sacado una carta, cada uno va interpretando, por turnos, lo que cree que significa la suya. Los demás miembros de la mesa también pueden ofrecer su interpretación.

A continuación, de uno en uno, todos los participantes utilizan las cuatro cartas para hacer una lectura para sí mismos, empezando por su carta y recorriendo la mesa hacia la izquierda en el orden en que están sentados. Por ejemplo, digamos que estoy sentada en la mesa con Paige a mi izquierda, seguida de Briana y Hilary. Empezaré con mi carta, luego leeré la de Paige, a continuación la de Briana y finalmente la de Hilary. Esta será mi lectura con la carta de Hilary como resultado.

A continuación, Paige hará su lectura empezando por su carta, seguida por la de Briana, la de Hilary y la mía, será la última. Y así sucesivamente. Lo interesante de la lectura *round robin* del tarot es que todos tenemos interpretaciones únicas, pero una vez que añadimos las cartas de los otros participantes a las nuestras, las lecturas son sorprendentes.

Una vez que todos han terminado, extiendo las cartas y hacemos una lectura para el mundo con las cuatro cartas elegidas.

---

* N. del T.: La expresión *round robin* se utilizó originalmente para describir un documento firmado por varias partes en un círculo para dificultar la determinación del orden en que se firmó, evitando así que se identifique a un cabecilla. El término ha evolucionado para dar cuenta de cualquier actividad en la que un grupo de personas se interactúa individualmente y en un orden circular.

Esta técnica es una variante lúdica de la tirada de una carta y una forma perfecta de terminar una noche con tus amigos.

Pasado/Presente/Futuro

La tirada pasado/presente/futuro es bastante antigua, pero muy buena. Todos los libros de tarot del mercado tienen esta tirada o alguna versión de ella. Es excelente para propósitos de adivinación y preguntas específicas.

La forma de hacer la tirada: baraja las cartas, concentrándote en la pregunta o simplemente manteniendo la mente abierta. Corta las cartas en tres montones y vuelve a juntarlos. Toma tres cartas de la parte superior de la baraja y dales la vuelta. Las posiciones son pasado, presente y futuro. Puedes mirarlas en su conjunto e interpretarlas así o utilizar las posiciones.

Veamos algunos ejemplos. Xavier quiere ver hacia dónde se dirige su nueva relación con Paul. Saca las cartas nueve de bastos, cinco de espadas invertido y reina de copas.

Pasado: nueve de bastos. A Xavier ya le han hecho daño antes. Llega a esta relación con una pesada carga. Las viejas heridas nunca acabaron de cicatrizar del todo. Puede que incluso tenga asuntos pendientes con un antiguo ex. Sus problemas de confianza son enormes, así que su nueva relación va a tener un comienzo difícil.

Presente: cinco de espadas invertido. Siempre he interpretado el cinco de espadas como una carta de dolor y engaño. Invertida, parece decir que la nueva pareja está demostrando que se puede confiar en ella. Paul está siendo honesto y quiere mantener la atmósfera lo más transparente posible. Quizá sea consciente de que Xavier tiene problemas de confianza y actúe con delicadeza. O tal vez esté buscando avanzar y no quiere que el pasado de Xavier se interponga en el camino de un futuro prometedor.

Futuro: reina de copas. Al hablar del futuro, esta carta resulta muy atractiva en una lectura de amor. Existe la posibilidad de una conexión real y genuina con el corazón. Aunque Xavier tenga reservas, Paul es capaz de superar esas viejas heridas y ayudarlo a aprender a confiar de nuevo en el amor. Mi sensación es que esta relación puede tener algunos retos, pero si siguen trabajando para desarrollar la confianza, podrían llegar a crear una unión profunda y amorosa.

Ahora, tracemos una perspectiva general para Xavier.
Saca las cartas de la Fuerza, el ocho de copas y el as de copas.

Pasado: la Fuerza. Xavier ha superado un reto importante. Algo en su vida le resultó muy difícil. Le exigió confiar en su fuerza interior más que nunca. En cierto modo, esta situación lo ha obligado a enfrentarse a lo desagradable, pero quizás lo ha hecho más fuerte. El reto ha quedado atrás y ha salido airoso.

Presente: ocho de copas. Ha seguido adelante. El pasado ya es historia. Todavía hay algunas emociones no resueltas, pero ha abandonado el reto para buscar algo nuevo. Cuando miro estas dos cartas, veo a una persona que se cansó de luchar y decidió alejarse.

Futuro: as de copas. Un nuevo principio, un nuevo amor y un comienzo emocional están en camino. Xavier dejó una situación que no tenía arreglo y ahora está a punto de embarcarse en un nuevo viaje emocional, que será sanador. Se le ofrece un nuevo amor. Aunque pensó que estaría solo, esta combinación me dice que no lo estará. Tiene mucho que esperar.

Si observáramos estas cartas sin basarnos en las posiciones, podríamos fijarnos en las dos del palo de copas y determinar que están ocurriendo muchas cosas en la vida sentimental del cliente. La energía entre estas tres cartas muestra a una persona en un viaje hacia el amor o en medio de un renacimiento emocional.

¡Te toca!

Taroticio

Saca las cartas que Xavier eligió para cada tirada y contempla tus interpretaciones. ¿Cómo encajan entre sí? ¿Cuáles son los temas generales? Si tuvieras que contar una historia para cada tirada, ¿cuál sería su argumento? Escribe tus pensamientos y cualquier consejo que le darías a Xavier.

Taroticio extra

Ahora, empleando las mismas cartas, deja que la primera tirada sea una perspectiva general y utiliza las de la segunda tirada para la pregunta. ¿Qué interpretaciones puedes encontrar al cambiar las cosas? ¿Cambian? ¿Qué temas están presentes en ambas lecturas? ¿El futuro parece diferente si cambias las cartas de sitio?

En la segunda lectura, lee las cartas de derecha a izquierda, como si estuvieras contando la historia al revés. ¿Qué te dice esto? ¿Cómo se ve la historia cuando vuelves atrás?

La cruz celta

La cruz celta es una de las tiradas de tarot más populares. Esta tirada de diez cartas tiene mucha fuerza y permite una lectura rica y detallada. Puede utilizarse para obtener respuestas en profundidad a una pregunta. También es útil para las perspectivas generales, porque las posiciones crean un rastro de pistas que pueden mostrar dónde ha estado el consultante y hacia dónde puede dirigirse.

La disposición de la cruz celta incluye seis cartas en formación de cruz y una fila vertical de cuatro en el lado derecho (ver la imagen de la página siguiente).

Hay variantes sobre cómo deben colocarse las cartas, a menudo con las posiciones 3 y 5 invertidas. En mi opinión, la forma que tiene más sentido es colocar la posición 3 en la parte inferior y disponer la 4, 5 y 6 en el sentido de las agujas del reloj alrededor de la minicruz del centro.

A continuación, te explico cómo colocar la cruz celta y te describo brevemente lo que significa cada posición:

- 1-El momento presente, dónde estás ahora mismo, el meollo del asunto, en qué punto se encuentra la situación.
- 2-Lo que te desafía, para bien o para mal. La posición 2 muestra los posibles obstáculos o apoyos. Pon esta carta sobre la posición 1 para formar una pequeña cruz.

- 3-La base de la situación o de las circunstancias pasadas que han conducido al presente. Es el lugar del que procedes. El origen. Esta carta se coloca debajo de la minicruz.

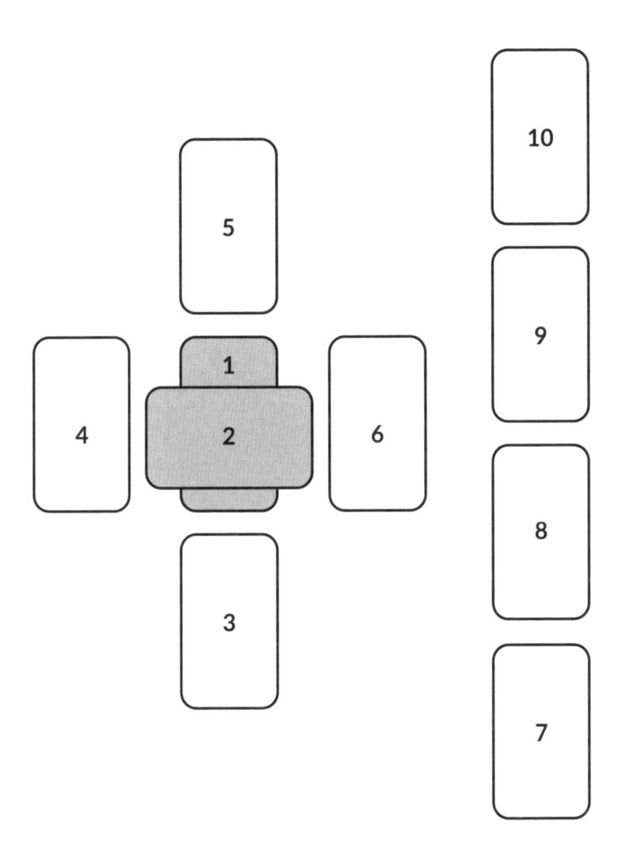

- 4-El pasado reciente o las cosas que están empezando a pasar a un segundo plano. Puede que la energía de esta carta aún persista, pero está en vías de desaparecer. Esta carta se sitúa a la izquierda de la minicruz.
- 5-Situaciones a la vuelta de la esquina o lo que puede llegar a ser, las posibilidades. Puede reflejar hacia dónde quieres ir. Esta carta va por encima de la minicruz.
- 6-El futuro próximo o lo que se avecina o se desarrolla de la situación. Coloca esta carta a la derecha de la minicruz.

- 7-El consultante en este momento. Puede reflejar su posición actual... o su actitud predominante ante la situación. Esta carta es la inferior de la columna vertical a la derecha de la cruz.
- 8-El entorno, el ambiente o las influencias. Esta posición puede ser el entorno del hogar o del trabajo, así como otras personas que podrían estar influyendo en la situación. Coloca esta carta encima de la posición 7.
- 9-Las esperanzas y los miedos del consultante. También puede simbolizar el trabajo en la sombra que hay que hacer. La posición 9 está por encima de la 8.
- 10-El resultado o hacia dónde te diriges. Una vez que hayas interpretado esta carta, podrías elegir tiradas adicionales para decidir la forma de actuar, especialmente si el panorama parece desfavorable. La última carta se colocará encima del 9.

Cuando dispongas las cartas en esta formación, verás que la posición 3 como base tiene sentido. A medida que te desplazas en el sentido de las agujas del reloj alrededor de la minicruz, se desarrolla una historia que va de las influencias del pasado hasta el resultado probable. Es fluida y se lee bien.

Algunos lectores eligen un significador* para representar al consultante antes de barajar las cartas. Es una cuestión de preferencia personal. Yo no lo hago porque creo que la energía que la persona manifiesta en el momento de la lectura aparecerá en ella. (Más información sobre los significadores en el capítulo «Cómo afinar tus lecturas intuitivas», en la página 305).

* N. del T.: También conocido como *carta significante.*

Metodología

Ya has dispuesto la cruz celta. ¿Y ahora qué?

El barrido inicial

Empieza por ojear las cartas. Sin examinarlas en profundidad, ¿cuál es tu impresión inicial? ¿Qué cartas te llaman la atención? ¿Hay alguna que no parece «hablarte»?

A continuación, busca el tema general. ¿Qué tipo de carta aparece en mayor número? ¿Qué palos faltan? Por ejemplo, digamos que las cartas son principalmente arcanos mayores. Esto te indica, de entrada, que en este momento están dándose grandes lecciones y que el destino puede estar implicado en cierta medida.

¿Mayoritariamente arcanos menores? Es la rutina diaria y un indicador de que las cosas están bajo nuestro control. El destino tiene poco que decir o que ver con la situación, y las acciones o su ausencia están creando las condiciones.

¿Un conjunto completo de cartas de la corte? Muchas personas implicadas. ¿Ves cómo funciona?

Haz un balance de lo que destaca y tendrás una base para empezar tu lectura. Aquí tienes algunos ejemplos más de múltiplos y lo que podrían estar diciéndote:

- Todos arcanos menores: muestra un enfoque en los asuntos normales de la vida diaria.

- Todos arcanos mayores (esto es *raro*): periodo kármico intenso.
- Principalmente espadas: conflictos significativos.
- Principalmente oros: se centra en el dinero y en el aspecto material de la vida.
- Principalmente copas: mucha emoción; atención a las relaciones.
- Principalmente bastos: tirada centrada en la profesión o la carrera.
- Principalmente números elevados: estás cerca de la finalización de una situación.
- Principalmente números bajos: estás al principio de una situación.
- Muchos ases: siempre veo esto como algo bueno: ¡nuevos comienzos y oportunidades!
- Muchos doses: es el momento de tomar decisiones importantes.
- Muchos treses: nacimiento, creatividad, cambio positivo.
- Muchos cuatros: excelente estabilidad.
- Muchos cincos: cambios significativos, dificultades.
- Muchos seises: armonía general.
- Muchos sietes: muchos retos que superar.
- Muchos ochos: éxito.
- Muchos nueves: los finales son inevitables.
- Muchos dieces: cierre y nuevos capítulos.
- Principalmente invertidas: la mayoría de las inversiones simbolizan un proceso interno o muchos retrasos y bloqueos.

Ten en cuenta también si hay varios miembros de la corte:

- Tres o más sotas: cuidado diario, estudios, muchos nuevos comienzos.
- Tres o más caballeros: la universidad, una época de gran acción.

- Tres o más reinas: liderazgo femenino, cotilleos.
- Tres o más reyes: reuniones importantes, gobierno.

Pasa la vista por encima de las cartas; fíjate en cuáles constituyen la mayor parte de la lectura y empieza a dividir la tirada en secciones manejables.

La primera sección que debes tener en cuenta es la minicruz del centro. Esto te dará una idea de cómo están las cosas en este momento. ¿Están las cartas en armonía? ¿Se apoyan mutuamente o hay alguna contradicción? Por ejemplo, ¿son ambas de naturaleza positiva o una es negativa? ¿Qué podrían decirte dos cartas de aspecto sombrío sobre la situación? ¿Y dos alegres? ¿Y si la primera es negativa y la que se cruza es positiva? ¿O viceversa?

A continuación, examina las demás parejas de cartas

Las posiciones 3 y 4 te dan una idea de lo que ha creado este momento concreto. ¿Qué puedes deducir del pasado de esas dos cartas?

Si comparas las posiciones 4 y 6, verás lo que acaba de irse y lo que está en camino. Por ejemplo, si sacaras el seis de oros para la posición 4 y el cinco de oros para la 6, verías un revés financiero, como la pérdida de tu fuente de sustento.

Si juntas las posiciones 7 y 9, tendrás una idea de cómo piensa el consultante sobre su situación. Pero si tomas la 7 y la 8, ves cómo el entorno podría estar apoyándolo... o no. Esta pareja podría ser importante porque el entorno, incluidos los individuos que lo componen, puede influir en el desarrollo de las cosas.

Mira las posiciones 5 y 10 para hacerte una idea de hacia dónde se dirige todo. Por ejemplo, digamos que tienes al caballero de copas en la posición 5 y al Emperador en la 10. Esto podría indicar que hay una propuesta de matrimonio en camino.

Cuando hayas pasado por esos emparejamientos, empieza a dividir la tirada en grupos. Esto ayuda a construir la historia cohesionada que las cartas intentan contar. Yo me fijo en los grupos de tres y cuatro.

Aquí están los tres

Pasado (3), pasado reciente (4), presente (1): una vez más, podemos ver cómo se desarrolla la historia.

Presente (1), obstáculo (2), consultante (7): esta combinación es el momento presente y la situación del consultante.

Consultante (7), entorno (8), esperanzas y temores (9): estas tres cartas dan una idea clara no solo de la mentalidad, sino también de las cosas que pueden influir en los pensamientos o las acciones.

Futuro posible (5), futuro próximo (6), resultado probable (10): estas tres cartas resumen claramente el futuro probable.

Pasado (3), futuro próximo (6), resultado probable (10): esta minitirada diagonal muestra la raíz, lo que está por venir y el potencial. Es como un pasado/presente/futuro contenido en la tirada. Si estás en un apuro, estas son las tres cartas a las que puedes recurrir para una interpretación más rápida y enérgica.

Aquí están los cuatro

Pasado (3), presente (1), obstáculo (2), futuro posible (6): aquí vemos el potencial basado en el pasado.

Pasado reciente (4), presente (1), obstáculo (2), futuro próximo (6): estos cuatro dan una visión de los acontecimientos más recientes y próximos.

Consultante (7), entorno (8), esperanzas y temores (9), resultado probable (10): esta columna te da una idea de todo lo que puede influir en el futuro. ¿Hay algo que haya que cambiar?

Puedo calibrar una lectura rápidamente si me tomo un minuto para hojear las imágenes y ver lo que destaca. Al principio te parecerá que es mucho para asimilar. Sin embargo, con el tiempo y la práctica, este examen se convierte en algo natural.

Taroticio

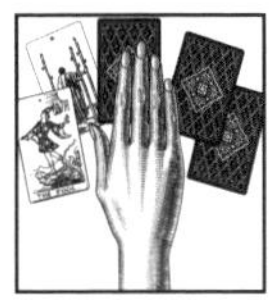

Haz una cruz celta. Saca tu diario. Empieza a contar las mayorías. ¿Qué destaca? Ahora, empareja las cartas. ¿Cómo funcionan los emparejamientos? ¿Hay algún conflicto? Anota tus respuestas en tu diario. Ahora haz unas cuantas cruces celtas más e intenta aumentar la velocidad.

Taroticio

Utiliza la Cruz Celta para una pregunta concreta. Haz una serie de minilecturas utilizando únicamente los treses. Anota tus respuestas a cada una de estas pequeñas lecturas en tu diario.

Taroticio

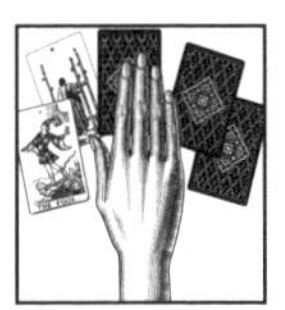

¡Venga, una vez más, con brío! Estoy de broma. Quiero que repitas el taroticio anterior, pero esta vez céntrate solo en los cuatros. Una vez más, escribe en tu diario tus pensamientos. ¿Cómo te ayudan a ver el panorama general estas pequeñas lecturas?

Karma mayor

Si tu cruz celta tiene cuatro o más arcanos mayores, es una señal de que puedes estar trabajando en una lección kármica fundamental. En otras palabras: se está produciendo una transformación en algún nivel.

He creado una pequeña fórmula basada en uno de los libros de Eileen Connolly, titulado *Tarot: The First Handbook for the Master* [Tarot: el primer manual para el maestro]. Su enfoque es diferente al mío e implica barajar mucho más. Yo prefiero una forma más rápida, así que me limito a las cartas que ya están presentes en la lectura.

Esto es lo que hay que hacer:

Una vez completada la lectura inicial, saca los cuatro (o más) arcanos mayores de la tirada y alinéalos en orden desde el primer arcano mayor sacado hasta el último.

Esto forma una tirada adicional. Las posiciones son las siguientes:

- Carta 1: la lección.
- Carta 2: la posición actual en el camino kármico.
- Carta 3: la dirección hacia delante en el camino kármico.
- Carta 4 (y cualquier otra carta extra): reflexión.

Utilicemos un ejemplo. Piper preguntó por su relación con Robert. Después de muchos años juntos, la chispa había desaparecido. Sin embargo, parecía que no podían «dejarse», dijo ella. El elevado número de arcanos mayores en su lectura mostraba que podía haber una lección espiritual en la situación.

Las cartas eran el Juicio, la Muerte invertida, la Fuerza, la Torre invertida y la Emperatriz. Estas son las interpretaciones:

- Carta 1. La lección: el Juicio. El Juicio señala una llamada de atención, un renacimiento o un despertar. Piper parece recibir un mensaje del Universo de que algo está llegando a su fin. Una situación requiere un cierre. ¿Se trata de la relación? ¿O es necesario perdonar una transgresión? Sea cual sea el caso, el Juicio dice: déjalo pasar, empieza de nuevo y busca lo más elevado.
- Carta 2. La posición actual en el camino kármico: la Muerte invertida. El limbo. No hay ningún movimiento. Mientras que la carta del Juicio pide a gritos una transformación, esta inversión dice: algo tiene que ceder. Alguien se resiste al cambio. ¿Podría ser que tanto Piper como Robert se negaran a aceptar la dolorosa verdad de que la relación está con respiración asistida, sobreviviendo a duras penas?

- Carta 3. La dirección hacia delante en el camino kármico: la Fuerza. Se necesitará valor para superar la situación. Esta carta muestra un desafío que se maneja mediante la fuerza de voluntad. Puede que se despierten lentamente de su sueño y se den cuenta de lo que tienen. Este momento les dará la voluntad de enfrentarse a los problemas, y con el amor, pueden ser capaces de resolver las dificultades que les han llevado a esta situación.
- Carta 4 (y cualquier otra carta adicional). Reflexión: la Torre invertida, la Emperatriz. La Torre invertida indica que quizá quieran reflexionar sobre lo que podrían perder si no reparan los cimientos de su relación. También es una señal de que tal vez se aferren porque, en algún nivel, saben que merece la pena arreglarlo y que los problemas no son tan importantes como para no poder resolverlos. La Emperatriz es un recordatorio de que hay amor y compromiso. Si se centran en la reconstrucción, la relación puede florecer.

En resumen: la resistencia es de naturaleza kármica, porque en un nivel más profundo, ambos saben que esta relación no está acabada. Con trabajo y amor, pueden resurgir como una pareja más fuerte y amorosa.

Taroticio

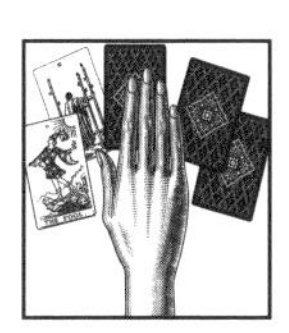

Piensa en el argumento de una película. Saca cuatro arcanos mayores de tu baraja. Utilizando las posiciones anteriores, determina cuál podría ser la lección kármica para los personajes de la película.

¿Por dónde empezar?

Después de examinar las cartas y los patrones, ¡es hora de empezar a hacer tu interpretación! Deja que esas palabras fluyan como en una canción de rap. No te detengas a pensar sobre lo que estás diciendo. Permite que las imágenes te hablen y fluyan a través de ti. Relata la historia que está desarrollándose sin filtrar tus respuestas. Deja que la información salga de tu boca como un teletipo. Así es como yo leo, y como he dicho antes, por eso me pongo furiosa cuando la gente me interrumpe. Trastornan mi ritmo.

Podrías decir: «Bueno, eso está muy bien, Theresa. Pero ya llevas un tiempo en esto. ¿Por dónde empiezo yo?». Puedes empezar por donde te sientas inclinado a hacerlo. ¿Qué carta te llama la atención? Comienza por ese punto y, a partir de ahí, déjate guiar por tu intuición.

Pero si te sientes bloqueado y no estás seguro de qué hacer primero, empieza siempre por la carta que está en la parte inferior de la tirada (la 3). Al fin y al cabo, es la raíz y el punto de partida perfecto para seguir la historia que la lectura intenta contar. A partir de ahí, pasa a la posición 4, el pasado reciente seguido de la minicruz. Esta es la ruta inicial que suelo seguir.

Luego, recorre la tirada desde la 5 hasta la 10. Una vez que hayas pasado por todas las cartas, tómate un momento para ver si surge alguna idea más. Puede que notes que la mayoría de las cartas tienen un fondo amarillo. ¿Qué aporta eso a la lectura? O tal vez tengas ganas de volver a la minicruz por alguna razón. Si es así, ¿por qué? Mantén la curiosidad y la apertura. Si estás leyendo para otro, pregúntale al consultante si le llama la atención alguna carta. Estudia su respuesta. Permítele que añada sus ideas sobre lo que puede significar cada carta. Conversa con el consultante y puede que descubras información nueva y útil.

Las cartas del tarot te ayudarán a ver la historia. Solo tienes que confiar en que tu intuición guíe la narración.

Ejemplos de lecturas

Vamos a utilizar la cruz celta de dos maneras. Primero, haremos una lectura basada en una pregunta concreta. Luego, veremos una perspectiva general.

Primera lectura: pregunta específica

La primera lectura es para mi clienta Moriah, que dirige su propia empresa en el ámbito creativo. En los últimos meses todo va mucho más despacio, y está preocupada por sus finanzas y el estado de su negocio. Estas son las cartas que ha sacado:

- 1-Siete de oros.
- 2-Caballero de bastos.
- 3-Ocho de copas.
- 4-El Sumo Sacerdote.
- 5-Ocho de bastos.
- 6-Seis de oros.
- 7-Diez de oros.
- 8-La Fuerza.
- 9-Tres de copas.
- 10-Rey de espadas.

Al indagar en la lectura, me fijo en las tres cartas del palo de oros: siete, seis y diez de oros. Como se trata de una pregunta sobre dinero y negocios, es lo primero que busco.

Primera lectura

A continuación, compruebo si hay algo especialmente perjudicial. No. Veo algunas dificultades con la carta de la Fuerza y el siete de oros, pero en general, las cartas son neutras o positivas.

Lo que veo ahora son sobre todo números altos. Dos ochos, un seis, un siete y un diez. Eso me dice que ha llegado al final de una situación. Aunque en este momento esté experimentando una mala racha, hay un desenlace a la vista.

Lo siguiente que me llama la atención son las cartas que simbolizan el futuro: ocho de bastos, seis de oros y rey de espadas. Esta combinación parece indicar una mejora en el futuro. No nos dirigimos a aguas turbulentas. Por el contrario, hay una luz al final del túnel.

Ahora, vamos a leer.

Me gusta empezar observando lo que hay detrás del cliente. En este caso, tenemos el ocho de copas y el Sumo Sacerdote. El ocho de copas muestra una figura que se aleja de algo. Esta figura está abandonando la zona de confort y se dirige a un destino desconocido. Moriah ha realizado algunos cambios empresariales en el último año. Se está tomando más tiempo libre para trabajar en proyectos creativos. También dejó de lado algunos trabajos que, según ella, le «absorbían la vida». Esto significó rechazar a ciertos clientes. Aunque ganaba mucho, el estrés que le provocaban estas personas no merecía la pena.

El Sumo Sacerdote es la carta de la estructura, el maestro y el mentor. Le pregunto a Moriah si ha estado estudiando algo nuevo o creando nuevas políticas. Me contesta que está aprendiendo una nueva técnica, y que parte de los cambios en su negocio consisten en aumentar sus tarifas y establecer un proceso de solicitud para los nuevos clientes, de modo que pueda decidir si son adecuados. Algunos se han mostrado reacios a este procedimiento.

La minicruz presenta el siete de oros cruzado por el caballero de bastos. Es interesante, porque el siete de oros significa crecimiento lento y reflexión, mientras que el caballero está en marcha. Esta combinación me dice que la falta de ingresos económicos quizás haya dificultado que Moriah siga adelante con nuevos proyectos. También la ha obligado a asumir riesgos. Moriah dice que ha tenido que utilizar su tarjeta de crédito para cubrir algunas facturas, y que esto la estresa.

Las buenas noticias: el diez de oros en la posición que la simboliza. Eso me dice que Moriah tiene consciencia de abundancia. Aunque sus finanzas sean escasas en este momento, sabe que siempre podrá ganar dinero. Moriah tiene una comunidad fuerte y una familia cariñosa en la que apoyarse. Esto también me dice que su deseo de ganar dinero no es algo puramente materialista, sino que además quiere cuidar bien de quienes tiene a su cargo.

Salto a la posición de esperanzas y miedos para ver si hay una contradicción entre estas dos cartas. El tres de copas y el diez de oros son cartas de abundancia. Esta lectura refuerza su deseo de seguridad y abundancia. Aquí no hay señales contradictorias en absoluto.

Su entorno tiene la carta de la Fuerza, una carta que suele indicar que se está luchando por controlar una situación. Moriah vuelve a reiterar que utilizar las tarjetas de crédito era algo que le desagrada, pero que tiene que hacerlo para poder mantener el negocio a flote.

Las cartas que simbolizan el futuro son el ocho de bastos, el seis de oros y el rey de espadas. Me gusta leerlas como un trío. Se avecinan movimientos y noticias. Algo está a punto de cambiar (ocho de bastos). Llegan acuerdos financieros. Las personas que necesitan su trabajo se acercarán (seis de oros). Pronto tendrá el control (rey de espadas). La otra forma de ver estas cartas es la posible ayuda que se le presenta a través de un cliente. Es probable que pronto consiga un contrato rentable.

En cualquier caso, en las semanas siguientes debería volver a ponerse en marcha. (¡Y lo hizo!).

Te toca a ti: ¿cómo interpretarías estas cartas? ¿Qué consejo le darías a Moriah? ¿Cómo interpretarías el rey de espadas? ¿Es ella o alguien que podría estar influyendo en su situación? Escribe tus pensamientos en un diario.

Segunda lectura: perspectiva general

Esta segunda lectura es para Ronald, un hombre de mediana edad que se encuentra en pleno proceso de divorcio. Estas son las cartas:

- 1-Dos de copas.
- 2-El Colgado.
- 3-Cinco de espadas.
- 4-El Ermitaño.
- 5-Reina de bastos.
- 6-Rey de oros invertido.
- 7-La Templanza invertida.
- 8-Reina de copas.
- 9-El Loco.
- 10-Nueve de bastos.

La presencia de dos invertidas muestra que hay que hacer un trabajo interior. Pero también me llaman la atención las dos reinas y el cinco de espadas. Inmediatamente, me pregunto si ha habido infidelidad. Me confirma que sí, que la ha habido.

Ahora, hagamos la lectura.

El cinco de espadas es la carta del engaño. Es una señal de que algo ha ido drásticamente mal en la vida de Ronald en el último año. La situación ha estallado, se ha desatado una tormenta y se han herido los sentimientos. Como el cinco de espadas tiene tres personas, eso también refuerza la interpretación de la infidelidad.

El Ermitaño muestra que se ha alejado de la situación para intentar comprender su papel o averiguar lo que está haciendo; ese tiempo le ha dado la oportunidad de reflexionar sobre lo ocurrido. Necesitaba retirarse de la representación teatral en que se había convertido su vida para tener claro lo que quiere.

Segunda lectura

La minicruz contiene el dos de copas con el Colgado. Eso podría decir que se está haciendo un sacrificio por amor. ¿Qué podría ser ese sacrificio? Miro al rey de oros invertido y digo que habrá que hacer un sacrificio económico. Su situación podría resultar costosa.

La Templanza invertida muestra que va de un lado a otro, incapaz de tomar una decisión. Como hay dos reinas, esto me lleva a creer que Ronald no se ha decidido entre las dos mujeres de su vida. La reina de copas en su entorno es la pareja en casa. Evidentemente, todavía hay amor. Comparten unos hijos, así que sin duda hay un vínculo emocional. La reina de bastos muestra el elemento fuego; siente pasión por esta persona. Le pregunto si el sexo es mejor con ella. Dice que sí.

En la posición de esperanzas y miedos, tiene el Loco. El deseo de empezar una nueva vida. El deseo de dejar atrás las viejas cargas. Cuando miro esa carta y la Templanza invertida, me llaman la atención los dos arcanos mayores. Eso me dice que se trata de una encrucijada en su vida.

Quiere ser libre, pero la Templanza invertida muestra que está dudando. De nuevo, el rey de oros invertido señala que la posible pérdida de dinero está influyendo en su indecisión. Puede que vaya de un lado a otro entre las dos mujeres durante algún tiempo.

El nueve de bastos rige el futuro. Miedo a hacer un cambio. Contratiempos. También podría haber otras ansiedades que lo retengan. La energía aquí es cobarde y furtiva. Puede que incluso haga maniobras financieras turbias para proteger su dinero.

Por supuesto, esta lectura me despierta la curiosidad. ¿Está jugando? ¿Qué está ocurriendo aquí? Ronald admite que se ha desviado de sus obligaciones conyugales en otras ocasiones, pero que siempre ha vuelto con su mujer. La nueva amante es excitante, y siente una conexión más profunda con ella, sobre todo a nivel físico. Ella también comparte su amor por la vida al aire libre, cosa que su esposa no hace. Siente que tiene más en común con su amante. Sin embargo, Ronald tiene mucho dinero que perder porque no tiene un acuerdo prenupcial con su esposa, así que intenta retrasar el asunto hasta que encuentre una forma de desviar el dinero. (Por cierto, mi trabajo no consiste en juzgar eso, sino simplemente en leer). Las cartas muestran que esta situación puede prolongarse durante algún tiempo. El Colgado y la Templanza invertidos sugieren que todo está en suspenso mientras resuelve los asuntos.

Ahora bien, la presencia de cuatro arcanos mayores muestra un patrón kármico aquí. Saco las cartas y las examinamos:

- Carta 1. La lección: el Colgado.
- Carta 2. La posición actual en el camino kármico: el Ermitaño.
- Carta 3. La dirección hacia delante en el camino kármico: la Templanza invertida.
- Carta 4 (y cualquier otra carta extra). Reflexión: el Loco.

La lección trata sobre dejar ir. Aquí hay algo que parece estar enterrado. Una parte de la vida de Ronald está suspendida, bloqueada sin posibilidad de avance.

La posición actual en el camino kármico es la del Ermitaño. Está aprendiendo una valiosa lección. Tal vez esté lidiando con algo interno, algo que necesita una gran cantidad de trabajo interior para salir.

La dirección actual en el camino kármico es la Templanza invertida: el estancamiento. Ordenar los asuntos. Hay un camino detrás de él con una corona que cae, que dice que tiene que hacer las paces con el pasado. Quizás una situación kármica pasada.

La reflexión es el Loco: un nuevo comienzo. El deseo de hacer un cambio. El deseo de seguir adelante, dejando atrás el equipaje. No solo el suyo propio, sino tal vez algo más.

Ronald revela que, cuando era niño, su padre también engañó a su madre. Sus padres se divorciaron de una manera traumática, y su padre jugó sucio y le negó a su madre el dinero que necesitaba y merecía. Aunque los niños no se quedaron sin nada, hubo constantes discusiones en torno al dinero. Sus padres entraron y salieron de los tribunales durante años. Ronald estaba furioso con su padre por haber hecho daño a su madre, a la que quería enormemente (falleció hace poco). También sentía que nunca podría complacer a su padre, que era una figura poderosa e intimidante en su vida.

Ahora se encuentra en una situación similar a la de su padre. Esto hace que surjan muchos viejos problemas. No quiere ser como su progenitor, pero tampoco quiere quedarse atrapado en un matrimonio que ya no le ilusiona.

Mi recomendación es que se someta a una buena terapia a largo plazo para resolver los problemas con su padre. Un consejero también podría ayudarlo a tomar una decisión por integridad, una que fuese justa para él y su mujer si decidiesen separarse. Esto desharía el daño potencial que causaría el hecho de ocultar su dinero. En vez de repetir los pecados de su padre, Ronald se mantiene a la expectativa porque, en lo más hondo, recuerda lo mucho que su padre hirió a su madre, tanto emocional como económicamente, y no quiere hacerle eso a su mujer.

Termino la lectura diciendo: «Es complicado». Y está de acuerdo. Necesita un intenso trabajo interior a distintos niveles para tomar una decisión que le parezca saludable... y correcta.

Saco una carta más para que me guíe: el Mundo. El Mundo simboliza la necesidad de cerrar un capítulo. Veo que probablemente es su matrimonio (aunque podría ser la otra relación). Pero también puede apuntar a cerrar el capítulo kármico con su padre. En lugar de seguir los pasos de su padre, necesita romper el patrón y hacer lo correcto.

Hoy en día, Ronald sigue en la misma situación. Al igual que la Templanza invertida, no ha sido capaz de dar un paso. Las dos mujeres siguen en su vida, pero pasa la mayor parte del tiempo con su nuevo amor. Y sí, sigue intentando resolver su situación económica. ¿Ha solucionado las cosas con su padre? Bueno, se llevan bien y, en cierto modo, se da cuenta de que se parece más a él de lo que pensaba. Esto significa que tampoco hay mucho progreso en esa situación.

Esta fue una lectura difícil porque, aunque las cartas confirmaron la situación y la posibilidad de problemas, había una ruta alternativa. Pero eso es lo que ocurre con el tarot: podemos ver el potencial, pero a veces las personas se quedan atrapadas en sus patrones, y en esos casos, lo único que podemos hacer es ocuparnos de nuestro propio karma y limitarnos a leer las cartas.

Te toca a ti: ¿cuáles son otras posibles interpretaciones de esas cartas? ¿Qué consejo podrías darle a Ronald? ¿Cómo te sentirías si hicieras esta lectura y descubrieras un año después que esa persona sigue en la misma situación? ¿Qué cartas podrían reflejar ese hecho?

Taroticio

Dispón las cartas de Ronald en línea recta. ¿Cómo se desarrolla la historia? Si estuvieras escribiendo el guion de una telenovela, ¿cómo sería la línea argumental?

Taroticio

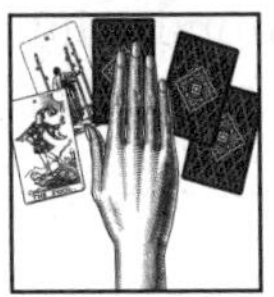

Con las cartas todavía en línea horizontal, haz el taroticio *memento* (ver la página 247). Empieza por la última carta y lee hacia atrás. ¿Qué descubres sobre las decisiones pasadas de Ronald y cómo afectan a su futuro? (¡*Psst*, el dos de copas lo resume todo! El nueve de bastos muestra la incertidumbre como resultado, pero es posible retroceder en este problema al momento en que Ronald conoció a una nueva pareja).

Cuando empieces a mojarte los pies en el agua del tarot, la cruz celta quizá te parezca intimidante. ¡No te rindas! De nuevo: la práctica hace al maestro. Realiza esta tirada tan a menudo como puedas, tanto para las preguntas como para las perspectivas generales. Lee para diversas situaciones y personas. Pronto, tu intuición comenzará a hacer clic y la información saldrá de ti.

Cómo afinar tus lecturas intuitivas

Hasta ahora hemos abordado los fundamentos del tarot y la intuición. Te he dado ejercicios para desarrollar tus habilidades y tu confianza. He compartido mis tres tiradas favoritas para conectarte y realizar lecturas reveladoras. Parecería que con esto es suficiente, ¿verdad?

Pues no.

En este capítulo, comparto mis mejores consejos y técnicas para ayudarte a perfeccionar tus lecturas como un profesional. Considera esta parte como el delicioso glaseado de queso crema en el pastel del tarot. (*Hmmm*, de repente, por alguna razón, se me ha antojado tarta de zanahoria).

Números

Todas las cartas de la baraja de tarot están numeradas, excepto las de la corte. Esos números se eligen con cuidado. De hecho, tienen un significado y pueden dar pistas sobre la naturaleza de cada carta. Por ejemplo, el Emperador está regido por el número cuatro, que indica estabilidad. Fíjate en cómo está sentado en su trono de piedra con la montaña a sus espaldas, totalmente al mando. Ahora, observa el cuatro de oros. Esta figura sujeta con fuerza una moneda, equilibrando otra sobre su cabeza, cada pie firmemente plantado sobre otra. Al igual que el Emperador, también tiene el control, pero de forma diferente. Uno crea seguridad para el reino, mientras que el otro guarda el dinero para tiempos difíciles.

¿Ves cómo funciona?

Estos son los significados generales de cada número:

- 0-Infinito, ilimitado, la nada.
- 1 (As)-Inicio, un nuevo comienzo.
- 2-Conexión, decisión, unión, dualidad.
- 3-Creatividad, nacimiento, alegría.
- 4-Estabilidad, seguridad.
- 5-Cambio, conflicto, perturbación.
- 6-Armonía, equilibrio, dar y recibir, apoyo.
- 7-Lucha, conocimiento, desafío.
- 8-Logro, éxito, competencia.
- 9-Terminación, realización, madurez.
- 10-Final y nuevo comienzo, todo en uno.

Cuando combinas los números con los palos, puedes determinar rápidamente lo que puede significar la carta. Por ejemplo, el as de bastos podría simbolizar una nueva empresa, mientras que el diez de bastos indicaría que estás llegando al final de un proyecto o de un periodo de duro trabajo.

Conocer los números puede ayudarte a refrescar la mente cuando se quede en blanco en una sesión de tarot. Tal vez te preguntes sobre los arcanos mayores, que también tienen números. Como he mencionado anteriormente, se aplican las mismas reglas.

Para las cartas de dos dígitos, tienes dos opciones: primero, puedes reducir el número sumando las dos cifras. Si utilizamos como ejemplo la carta de la Muerte, 13 se convierte en $1 + 3 = 4$. Esto te indica que también hay un elemento de seguridad en esta carta. Como decía mi amigo Joe: «Lo único que no cambia es el cambio».

La segunda opción es interpretar cada número por separado. En el caso de la Muerte, el 13 se convierte en el 1, que indica un nuevo comienzo, y el 3, que es la creatividad. El significado tradicional de esta carta es el cambio y los finales, así que descomponer el 13 en un 1 y un 3 significaría que un nuevo comienzo está en camino, y que algo más está naciendo.

He aquí otro ejemplo curioso sobre el que reflexionar: el Colgado está regido por el número 12. Si lo sumas, obtienes el 3, que se atribuye a la creatividad. El 3 también rige a la Emperatriz, que es la carta de la maternidad. El Colgado es la posición que se adopta en el canal del parto, con un halo dorado que simboliza el momento de la coronación. Cuando el Colgado hace su sacrificio, renace. Como puedes ver, estas dos cartas tienen mucho más en común de lo que podrías pensar a primera vista.

Los números también resultan útiles cuando exploras los patrones de una tirada. Si tienes un montón de ases, puedes determinar que hay un nuevo comienzo por delante. Muchos cincos sugieren una época caótica e imprevisible. Presta siempre atención a los múltiplos de cualquier cosa, incluidos los números. Son pistas vitales que ayudarán a reconstruir la historia del tarot. Mi amigo Pleasant Gehman compartió conmigo una técnica de numerología en mi *podcast* que podrías probar. Suma todos los números presentes en una tirada de tarot y reduce la suma. Ese número final es el tema general. He aquí un ejemplo de cómo podría ser: supongamos que preguntas por un nuevo trabajo. Las cartas que te salen son el Juicio (20), el tres de espadas, el ocho de oros y el Sumo Sacerdote invertido (5). Sumas $2 + 0 + 3 + 8 + 5 = 18$. El 18 está asociado a la Luna, que señala el cambio y la incertidumbre. Redúcelo aún más y obtendrás el 9, el número de la culminación. A juzgar por la naturaleza de las cartas, puedes concluir que el trabajo tendrá altibajos y podría llegar a su fin en algún momento, especialmente si al consultante no le gusta seguir las reglas.

Taroticio

Baraja las cartas y haz una lectura de tres cartas sobre la pregunta que quieras. Utilizando la técnica de Pleasant, suma los números. Reduce más el número si es necesario. ¿Qué temas puedes captar con ese número final? ¿Cómo se desarrolla con las cartas que has sacado?

Tiempo

«¿Cuándo ocurrirán las cosas?». La gente quiere plazos exactos, pero eso no siempre es fácil de determinar. La sincronización resulta complicada y no es infalible. En el mejor de los casos, estás adivinando cuándo puede ocurrir algo. Aunque des en el clavo, a menudo los acontecimientos se desarrollarán más lentamente o más deprisa de lo que se ve en las cartas.

Cuando se trata de elegir un marco temporal, prefiero seguir mi instinto. Sin embargo, también tengo algunos métodos sencillos que me ayudan a determinar posibles fechas. Siempre miro la carta final como el «cuándo». ¿Es un arcano menor? Las estaciones mandan. ¿Mayor? La astrología es tu amiga.

Arcanos menores para establecer el momento

Cada palo de los arcanos menores corresponde a una estación:

- Bastos: primavera (Aries marca el inicio de la primavera; por tanto, empezamos con el elemento fuego).
- Copas: verano (Cáncer marca el comienzo del verano; por lo tanto, el verano es el elemento agua).
- Espadas: otoño (Libra marca el inicio del otoño, por lo que las espadas son el elemento aire).
- Oros: invierno (Capricornio marca el comienzo del invierno, por lo que el invierno es el elemento tierra).

Digamos que preguntas sobre cuándo podrás vender tu casa. La carta que sacas es el cuatro de bastos. Esta carta podría sugerir la primavera. Si sacas el cinco de espadas, esperarás hasta el otoño.

Arcanos mayores para el tiempo

Algunos arcanos mayores están relacionados con los signos del Zodiaco. Si tu lectura termina con uno de ellos, puedes utilizar el tiempo en que el Sol está en ese signo para predecir un resultado.

- El Emperador-Aries (21 de marzo-19 de abril).
- El Sumo Sacerdote-Tauro (20 de abril-20 de mayo).
- Los Enamorados-Géminis (21 de mayo-20 de junio).
- El Carro-Cáncer (21 de junio-22 de julio).
- La Fuerza-Leo (23 de julio-22 de agosto).
- El Ermitaño-Virgo (23 de agosto-22 de septiembre).
- La Justicia-Libra (23 de septiembre-22 de octubre).
- La Muerte-Escorpio (23 de octubre-21 de noviembre).
- La Templanza-Sagitario (22 de noviembre-21 de diciembre).
- El Diablo-Capricornio (22 de diciembre-19 de enero).
- La Estrella-Acuario (20 de enero-18 de febrero).
- La Luna-Piscis (19 de febrero-20 de marzo).

Utilizando un ejemplo anterior, si se sacara la carta de la Fuerza en lugar del cuatro de bastos, podrías estar ante la «época de Leo», que sería el periodo del 23 de julio al 22 de agosto. ¿La Luna? Estás mirando a Piscis, lo que significa que la casa se vendería alrededor del 19 de febrero al 20 de marzo.

A mi amigo Al Juárez le gusta buscar pistas en las propias cartas. El escenario nevado del cinco de oros puede sugerir invierno, mientras que las calabazas del tres de copas podrían significar octubre. El Loco podría indicar el día de Año Nuevo, mientras que la Emperatriz podría ser el Día de la Madre. Utiliza tu imaginación y deja que las vibrantes imágenes de las cartas hablen.

Si no estás seguro de cuándo pueden desarrollarse las cosas, no pasa nada por decir «no lo sé». También está perfectamente bien dar plazos amplios si te encuentras un poco inseguro.

Con la práctica, serás más preciso e incluso conseguirás desarrollar tu propio método. Dicho esto, si no te sientes cómodo dando fechas y horas, no lo hagas. No es obligatorio.

Tarotício

Pon el telediario. Busca una noticia de actualidad, que esté pasando. Baraja las cartas y pregunta cuándo se resolverá la situación. Coloca tres cartas en la tirada pasado/presente/futuro. ¿Qué dice la carta del futuro sobre cuándo podría llegar a resolverse la situación? Anota tus respuestas y luego espera a ver cuándo se manifiesta.

Significadores

Un significador es una carta que se elige conscientemente para representar al consultante (o a una persona por la que se pregunta). Algunas tiradas pueden requerir un significador, pero a menudo es opcional. Rara vez los utilizo porque creo que la carta que representa al consultante en el momento de la lectura aparecerá después de que empecemos a echarlas.

La mayoría de las veces, se eligen cartas de la corte para los significadores. Aunque hay significados tradicionales de género para cada carta de la corte, prefiero mantenerlos neutros cuando hago una lectura. Como mencioné en la sección sobre las cartas de la corte, no todo el mundo se identifica con el género que se le asignó al nacer; además, es posible pasar de un miembro a otro de la corte en función de la situación.

Por ejemplo, aunque yo me identifique como mujer, cuando haga una pregunta sobre negocios, podría elegir un rey para representarme.

Antes de elegir una carta de la corte, una buena práctica sería preguntar a la gente qué pronombre prefiere. De este modo, puedes asegurarte de que elijan uno con el que se sientan identificados.

Las figuras de la corte son:

- Sota: persona joven o que se identifica como mujer joven.
- Caballero: persona que se identifica como un joven varón de dieciocho a treinta años.
- Reina: persona que se identifica como una mujer de más de dieciocho años.
- Rey: persona que se identifica como un hombre maduro de más de cuarenta años.

Una vez que hayas determinado el miembro de la corte apropiado, utiliza los elementos para determinar el palo:

- Copas-Signos de agua: Cáncer, Escorpio, Piscis.
- Bastos-Signos de fuego: Aries, Leo, Sagitario.
- Espadas-Signos de aire: Géminis, Libra, Acuario.
- Oros-Signos de tierra: Tauro, Virgo, Capricornio.

Por ejemplo:

- Una persona que se identifique como un hombre joven y sea Cáncer sería el caballero de copas.
- Una persona que se identifique como mujer y sea Virgo sería la reina de oros.
- Una persona que se identifique como estudiante y sea Géminis sería la sota de espadas.
- Una persona que se identifique como un hombre maduro y sea Sagitario sería el rey de bastos.

Esta es mi forma más fiable de elegir un buen significador.

Los arcanos mayores también pueden utilizarse como significadores. En este caso, utilizarías únicamente los que están asociados a los signos del Zodiaco:

- El Emperador: Aries.
- El Sumo Sacerdote: Tauro.
- Los Enamorados: Géminis.
- El Carro: Cáncer.
- La Fuerza: Leo.
- El Ermitaño: Virgo.
- La Justicia: Libra.
- La Muerte: Escorpio.
- La Templanza: Sagitario.
- El Diablo: Capricornio.
- La Estrella: Acuario.
- La Luna: Piscis.

Un último método es utilizar la carta de nacimiento. Las cartas de nacimiento se basan en el trabajo de Ángeles Arrien y Mary K. Greer. De hecho, Greer escribió un libro entero sobre el tema, titulado *Who Are You in the Tarot?* [¿Quién eres en el tarot?]. Te recomiendo encarecidamente este libro si quieres utilizar este método.

Así es como funciona:

Suma los números de tu fecha de nacimiento. Reduce los números y encuentra el arcano mayor que conecta con él. Por ejemplo, Barack Obama nació el 4 de agosto de 1961.

- $4 + 8 + 1 + 9 + 6 + 1 = 29$.
- $2 + 9 = 11$.

El número 11 corresponde a la Justicia, lo que significa que esta puede ser la carta que elijas para su significador. Ten en cuenta que el 11 puede reducirse aún más hasta el 2, que se asocia con la Suma

Sacerdotisa. Si lo prefieres, podrías elegir esa carta en lugar de la Justicia.

Taroticio

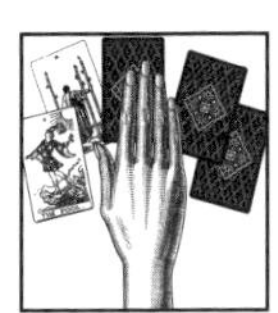

Utiliza cada método para determinar un significador para ti. ¿Con cuál te identificas más ahora mismo? ¿Puedes ver otro momento en el que las otras cartas podrían funcionar mejor? Escribe en un diario tus pensamientos sobre los diferentes significadores en distintos momentos de tu vida.

Palos ausentes

Presta mucha atención a los palos que faltan, porque también contienen pistas. Por ejemplo, si alguien pregunta por el amor, y no hay cartas de copas, eso podría ser un signo de problemas de relación. Tal vez el consultante carezca de conexión con su pareja. O tal vez no esté disponible emocionalmente. ¿Ves cómo funciona?

Los palos que faltan son especialmente relevantes para una perspectiva general. Un palo ausente indica áreas clave a las que se presta poca atención o quizás algo que el consultante pueda estar ignorando. Por ejemplo, si el palo ausente son los arcanos mayores, eso podría indicar que la atención actual se centra en la parte mundana y cotidiana de la vida. Si no hay oros, tal vez el dinero no sea el problema más acuciante.

Ten en cuenta que hay clientes que te piden una perspectiva general y sin embargo se molestan cuando no aparece en las cartas aquello en lo que de verdad desean centrarse.

Por ejemplo, leí para una mujer y en la tirada no aparecían cartas de copas. Como esperaba una predicción romántica, se quedó muy preocupada. Cabizbaja, supuso que eso significaba que no iba a conocer a nadie. Le pregunté si había mucho conflicto en el trabajo (tenía un montón de bastos y espadas). Admitió que últimamente las cosas estaban mal en el entorno laboral y que había hecho horas extra. Eso le dejaba poco tiempo para el amor.

Hicimos otra tirada centrada en el romance, y las cartas mostraban potencial (¡bien por las cartas de copas!), pero una vez más, la mayoría de los palos presentes eran bastos y oros. Se hizo evidente que tenía que hacer algunos cambios en su trabajo si quería que le quedara algo de margen para buscar relaciones.

Unos meses más tarde, esta clienta volvió y anunció que había aceptado un nuevo puesto más flexible y que había empezado a salir con otra mujer. ¿Que cuál fue la siguiente carta que salió? El as de copas, cariño. ¡Viva el tarot!

Taroticio

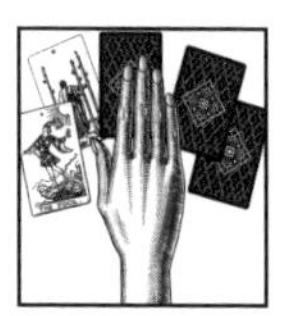

La próxima vez que hagas una lectura, primero empieza por ver lo que falta. Tómate un momento para escribir en el diario lo que puede significar. ¿Cómo afecta a la lectura?

Presta atención a cómo interactúan y fluyen las cartas

¿Las figuras de las cartas están de cara o de espaldas? Por ejemplo, si sacas la reina de bastos seguida de la reina de copas, estarían enfrentadas. Esta disposición mostraría que se está produciendo una interacción.

Tal vez esta tirada podría indicar que se llega a un acuerdo o que dos amigos se reúnen para planear un evento. Pero ¿y si invertimos el orden? Si cambiamos estas reinas, se verían en dos direcciones diferentes. Eso podría implicar que las personas implicadas no se ponen de acuerdo. En una pregunta sobre relaciones, esta disposición quizá sugiera que quieren cosas diferentes.

¿Cómo son las cartas? ¿Hay temas específicos que dominan la lectura? ¿O es una mezcla de diferentes palos, inversiones y cartas de la corte? Respira profundamente e intenta encontrar los patrones y hacia dónde parece avanzar la energía.

Mira siempre la carta final y luego vuelve al principio. El resultado probable indica hacia dónde se dirige el consultante y el resto de las cartas mostrarán el viaje hasta ese punto.

Ruido de fondo

Asegúrate de comprobar el «ruido de fondo» en tus imágenes de tarot. A menudo, los lectores se centran más en las figuras centrales, pero si te fijas en los fondos, puedes ver una gran riqueza de pistas y símbolos que añaden profundidad a tus interpretaciones.

Por ejemplo, fíjate en la abundante cosecha de trigo a los pies de la Emperatriz. ¿Qué riqueza ha creado ella? ¿Y el humo que sale de la Torre? ¿Qué es lo que «se hace humo»? ¿O las nubes de tormenta en el cinco de espadas? ¿Qué energía transmiten?

Tarotición

Revisa todas las cartas de la baraja y estudia los fondos. ¿Qué ocurre? Anota algunas ideas para cada fondo en tu diario. ¡Hacerlo puede ampliar tus interpretaciones y tu vocabulario de tarot!

Gestos

Presta mucha atención a los gestos de las manos en cada una de las cartas. Fíjate en la postura defensiva de la sota de espadas cuando levanta la espada en un gesto de protección. Observa el mudra *jnana* en el diez de espadas (el mudra *jnana* es una posición yóguica de la mano que representa la sabiduría). Examina el gesto de ofrenda en cada uno de los ases. Y presta atención a la bendición en las manos del Sumo Sacerdote. ¿Qué pistas te dan sobre estas cartas?

La sota de espadas podría interpretarse como una necesidad de proteger tu territorio, la mano del diez de espadas podría sugerir la sabiduría que llega después de la pérdida, el as de copas podría ser un ofrecimiento de amor y el Sumo Sacerdote podría ser una indicación de una bendición concedida. Los gestos dicen mucho.

¿Qué hay alrededor de la carta?

Otra cosa que hay que tener en cuenta son las cartas que las rodean, porque pueden influir en la lectura. Por ejemplo, digamos que estás preguntando por el amor y sacas los Enamorados. Sí, ¿por qué no? Tal vez. Pero ¿qué pasa si las otras cartas son el cinco de espadas, el Diablo y el Colgado?

Bien, ahora vemos una relación que podría estar llena de sufrimiento y engaños. Quizá haya una lección kármica que resolver en este emparejamiento. Todas esas cartas cambian la naturaleza de los Enamorados, lo que a menudo suponemos que es un presagio de relación feliz. Cada carta influye en la otra.

Progresiones

También deberás fijarte en si las cartas muestran un orden secuencial, o lo que yo llamo «progresiones». Si lo hacen, eso indica que la situación avanza.

Te daré un ejemplo. Digamos que tu primera carta es el dos de oros. Si las cartas siguientes son el tres de copas y el cinco de oros, podemos ver que la situación está avanzando. Si el orden se invirtiera, simbolizaría que puedes volver a empezar.

Una de mis progresiones favoritas es la de las cartas de la corte. Si una lectura muestra una sota, seguida de un caballero, una reina y un rey, una situación está avanzando desde el principio hasta el final. Esta progresión es especialmente auspiciosa cuando las cartas de la corte están en el mismo palo. Por ejemplo, si todas fueran del palo de los oros, podrían indicar una idea para ganar dinero que se convierte en una empresa de éxito.

La casa llena*

Hablando de todas las cartas de la corte, si cada uno de los cuatro miembros de la corte es de un palo distinto, a esto lo llamo «casa llena» y es una señal de que tienes todo lo que necesitas y cuentas con las personas adecuadas para ayudarte a conseguir tu objetivo.

Por ejemplo, si estás haciendo una pregunta sobre tu trabajo y las cartas sacadas son la sota de copas, el caballero de oros, la reina de espadas y el rey de bastos, tienes todas las figuras y todos los palos. No es necesario que estén en orden, como una progresión; simplemente tienen que estar representados.

Como es arriba, es abajo

He mencionado brevemente esta técnica como taroticio en la sección «Cómo barajar» (en la página 264), pero merece la pena repetirla: mira la carta de la parte inferior de la baraja antes de interpretar la tirada. Esta carta puede dar una pista sobre lo que está pensando el consultante, lo que es útil para las perspectivas generales. También puede revelar algo que no comparte.

Por ejemplo, una vez le leí a una mujer que tenía el tres de copas debajo. El resto de la lectura mostraba un drama importante en su vida personal y una situación que llegaría pronto a su punto álgido. Se removió en su asiento de forma incómoda. Finalmente, dijo que estaba pensando en dejar a su cónyuge porque había conocido a otro hombre. No quiso mencionarlo por miedo a que la juzgara.

Cartas acosadoras

A veces parece que la misma carta aparece una y otra vez. Yo las llamo cartas «acosadoras», ya que esa carta en concreto está intentando llamar tu atención. Si descubres que una de ellas sigue apareciendo en tus lecturas, incluso en las de otras personas, anótala. ¿Qué está

* N. del T.: *Full house* o simplemente *full*. Cuando esta expresión se utiliza en el póker es con un sentido ligeramente distinto del que se da aquí.

tratando de decirte? ¿Cómo se manifiesta en tu vida? ¿Hay alguna lección que todavía estés aprendiendo?

Hace poco, estaba firmando un libro y dos amigas estaban junto a mi mesa charlando mientras la gente se acercaba a conocernos a mí y a mi coautor, Shaheen Miro. Saqué mi pequeña baraja de tarot para que eligieran una carta al azar con el fin de hacer una minilectura rápida. Todo el mundo parecía sacar los arcanos mayores. En cuanto mis amigas se alejaron, empezaron a sacar arcanos menores. En el momento en que regresaron, de nuevo salieron arcanos mayores una y otra vez. Evidentemente, ¡el tarot estaba intentando enviarles un mensaje a mis amigas!

Saltadoras

A veces parece que una carta salta de la baraja cuando la estás barajando. Mi amiga Paige Zaferiou las llama «saltadoras». Estas cartas intentan llamar tu atención. Un dicho que se maneja en el ámbito del tarot y que me gusta es «lo que cae al suelo llega a la puerta», lo que significa que las cartas que se caen al barajar son situaciones que podrían llegar pronto a la vida del consultante.

Cuando se cae una carta, la pongo a un lado bocabajo y vuelvo a ella después de haber leído las demás. Puedes optar por hacer esto también. O puede que te apetezca echar un vistazo y volver a meterla en la baraja.

Ten en cuenta que algunas personas harán todo lo posible por que las cartas «salten». Tengo dos clientes así. Barajan tan descuidadamente como pueden y cuando se les cae una carta, apenas pueden contener su sonrisa mientras dicen: «¿Qué significa eso?». Tengo que controlarme al máximo para mantener la compostura mientras digo: «Significa que eres muy torpe barajando».

Siempre hay gente que quiere que sus lecturas sean impactantes o especiales. Nunca hagas caso a quienes buscan algo así.

¡Ayuda! ¡Me he quedado en blanco!

No hay nada más frustrante que darle la vuelta a una carta y que no se te ocurra nada. Te entra el pánico y empiezas a sudar mientras este monólogo pasa por tu cabeza: «¿Miro el libro? No..., eso no estaría bien. ¡Vamos, cerebro, dame una pista! ¡Venga!».

He pasado por eso. Que conste que incluso los profesionales experimentados se quedan en blanco de vez en cuando. Le puede ocurrir a cualquiera.

Hay algunas formas de hacer frente a la falta de respuesta:

1. Si estás empezando, no dudes en sacar un libro y buscar una interpretación. Eso puede refrescar tu intuición y devolverte a la senda correcta del tarot.
2. Omite la carta y pasa a otra. En el caso de una tirada grande, este enfoque es perfectamente aceptable. Vuelve a ella y contémplala para ver si surge alguna idea.
3. Empieza a describir la carta. Hacer esto suele llevar a una interpretación. Por ejemplo, veamos el as de oros. «Veo una gran mano que sostiene una moneda. La mano parece salir del cielo. Hay un camino cubierto de flores que conduce a una puerta. Parece que hay un gran jardín más allá de ese camino». Interpretación: «Aparece una oferta de la nada que conduce a un nuevo y emocionante camino». ¿Lo ves? ¡En un pis pas!
4. Piensa en la pregunta formulada. ¿Era válida? ¿Te sentías incómodo con ella? Si sientes algún tipo de rechazo hacia un tema o incluso hacia la persona que está sentada delante de ti, eso podría interferir. Lo mismo ocurre si te importa mucho que se produzca un determinado resultado. Tener un interés emocional en la lectura puede bloquear tu intuición que, de repente, se queda en blanco. Centrarse suele ayudar, pero lo más importante es tener en cuenta que si no puedes ser objetivo, quizá no sea el momento adecuado o no seas la persona idónea para el trabajo.

5. A veces, no hay ningún motivo, pero simplemente no consigues nada. Eso ocurre. Pudiera ser que la respuesta no esté ahí o que no te corresponda responder. Envía al consultante a otro lector y recoge tus cartas. No puedes leer para todo el mundo ni para todas las situaciones. Y eso está perfectamente bien.

Taroticio

Piensa en una pregunta y saca una carta. Anota todos los detalles que puedas encontrar en ella. A partir de ahí, mira qué interpretaciones puedes encontrar.

¡Ayuda! ¡El tarot se ha convertido en una rutina!

Entrar en la rutina del tarot ocurre más a menudo de lo que nos gustaría. Todos los tarotistas, en un momento u otro, especialmente los que tienen un gran volumen de trabajo, sufren de agotamiento. Cuando esto ocurre, tu baraja parece no darte nada, por mucho que te esfuerces. Tal vez notes incluso que das los mismos significados de memoria en cada lectura. Peor aún, tu intuición parece estar de vacaciones permanentes.

Podrías tomarte un descanso (que a veces es necesario) o hacer una cosa muy sencilla: elegir una nueva baraja, preferiblemente una con la que nunca hayas trabajado antes, una que te resulte totalmente desconocida. Utilizar una baraja nueva despertará tu cerebro tarotista. La razón: las nuevas imágenes obligan a tu intuición a ponerse a trabajar. Piensa en ello: cuando alguien lleva el mismo traje día tras día, nos acostumbramos a él. Pero cuando esa persona aparece con un traje nuevo, capta nuestra atención. Nos damos cuenta. Lo mismo ocurre con el tarot.

Taroticio

Compra o pide prestada una baraja nueva. Asegúrate de que no se haya usado nunca. Mejor aún, si sueles utilizar la Rider-Waite-Smith, hazte con una baraja de Marsella o de Thoth. Haz una lectura y verás cómo tu mente tiene que buscar nuevas interpretaciones. ¿Qué se siente al trabajar con una baraja diferente?

Taroticio

Toma una baraja de cartas. Intenta hacer una lectura con ellas. ¿Puedes encontrar interpretaciones con una baraja normal que no sea de tarot?

¿Puede venir conmigo una amiga?

Algunas personas quieren hacer su lectura con un amigo a mano. Si te sientes cómodo con eso, por supuesto, hazlo. Sin embargo, debes saber que a veces la otra persona puede influir en la lectura. Por ejemplo, si se sienta en la mesa e interviene, interferirá en la lectura. Si es del tipo curioso que nunca ha tenido una lectura y quiere tratar esto como una especie de «ooh, déjame ver si quiero probar esto un día», te puede alterar. Además, a veces surgen revelaciones en una lectura que quizá el consultante no quiere que otros sepan. Si ves algo que puede ser delicado, te sentirás incómodo por decir algo delante de la otra persona. Esta incomodidad podría dar lugar a una lectura rígida y que, si bien puede ser entretenida para el acompañante, al consultante no le resulta útil.

¡La lectura fue muy aburrida!

A veces una lectura de tarot causa muy poco impacto. En lugar de un futuro glamuroso con algún espía de los bajos fondos o con la mujer de un amigo íntimo a lo Carly Simon,* las cartas muestran la vida mundana con lo mismo de siempre.

Soy una chica práctica. Cuando me hacen una lectura del tarot, espero que sea aburrida porque llevo una vida sin sobresaltos. Pero alguna gente se decepciona si la lectura no muestra acontecimientos nuevos y emocionantes. Tengo que recordarle que las cartas muestran que todo está bien. A veces la vida es simplemente aceptable, y eso no solo está perfectamente bien, sino que es algo bueno.

¡Esa lectura estaba totalmente equivocada!

A nadie le gusta oír estas cosas, pero si lees el tarot durante algún tiempo, en algún momento alguien te echará en cara que «no se cumplió nada». Hay algunas razones por las que esto puede ocurrir:

1. Todavía estás aprendiendo. Si ese es el caso, no te tomes a pecho esa crítica. Toda habilidad (y sí, tanto el tarot como la intuición son habilidades) tarda en desarrollarse. Rara vez alguien puede dar al cien por cien en el clavo con unas cartas.
2. No te sentías a gusto con las preguntas. Si las preguntas planteadas te causan incomodidad, es posible que te inhibas. Esto no es un buen augurio para una lectura precisa. He aprendido que es mejor decir que no me siento cómoda con esa clase de preguntas, en lugar de intentar salir airosa como sea. Por ejemplo, cuando me preguntan sobre juegos de azar, me niego a participar. Tengo un prejuicio personal contra el juego, y eso condiciona mi objetividad.
3. La persona no era receptiva. Si lees para un escéptico, se asegurará de ponértelo lo más difícil posible porque quiere que te equivoques. Incluso si aciertas de pleno, volverá y te dirá que te salió fatal. Esa gente nunca desea obtener una lectura útil. Su

* N. del T.: En referencia al tema de la cantautora estadounidense titulado *You are so vain* [Eres tan vanidoso], una de cuyas estrofas dice exactamente eso: *And when you're not, you're with some underworld spy or the wife of a close friend.*

único objetivo es desacreditarte. Si percibes que el consultante no tiene una actitud receptiva o está de broma, guarda las cartas.

4. Has interpretado mal las cartas. Esto ocurre a menudo. Las cartas pueden estar en lo cierto, pero tus interpretaciones no. Esta razón no suele salir a la luz hasta una reflexión posterior. Aprenderás mucho revisando esas lecturas «erróneas» y viendo en qué se desvió tu interpretación.
5. Estabas demasiado comprometido con el resultado. Cuando tienes un interés personal en el resultado, no es posible ser objetivo. Verás lo que quieres... o lo que no quieres. Yo también lo he hecho y he aprendido que cuando no puedo ser objetiva, es hora de contratar a otro profesional.
6. A veces leerás para alguien que cree que la vida «le pasa». Acudirá a la lectura con la esperanza de que le des las noticias que desea y luego no moverá un solo dedo. Creo que esto suele ocurrir en las lecturas de amor. El cliente quiere saber si va a conocer a alguien, y cuando las cartas muestran un sí, asume que va a suceder sin su participación. El tarot no es un acto pasivo. Muestra la posibilidad, pero tú tienes que poner de tu parte. Estos son los clientes con los que más cuesta trabajar. Por mucho que intentes explicarles su papel, no quieren creer que son responsables de su éxito futuro... o de su fracaso. Prefieren culpar a las cartas.
7. A veces una persona no entiende la lectura o entiende tu interpretación de forma diferente. Por ejemplo, leí para una mujer y saqué el cinco de oros en la posición «pasado reciente». Le dije que había estado desempleada no hacía mucho tiempo. Se enfadó y me dijo que estaba equivocada. Unos diez minutos después, dijo que la habían despedido recientemente de su trabajo. Esto me enfadó un poco y le dije: «Eso es lo que acabo de decir». ¿Su respuesta? «No creo que ser despedida sea lo mismo que estar desempleada». Uf.

Estos son los principales culpables de las lecturas erróneas. Pero ten en cuenta que todo el mundo tiene un día malo. No es posible que lo veas todo en todas las personas. Y eso es normal.

A veces no hay respuestas

Nos pasa a todos. Las cartas no muestran absolutamente nada de nada. El futuro es un lienzo que está por pintar. Y lo mismo sucede con tu mente: se ha quedado totalmente en blanco. Incluso la información que llega es imprecisa.

A veces no hay respuestas. Es imposible que lo aciertes todo. Nadie tiene ese poder. En el caso de una lectura en la que no veas un resultado definitivo, es mejor ser sincero al respecto y dar cualquier información pertinente en torno a la pregunta que estás recibiendo.

Por ejemplo, una mujer quería saber cuándo vendería su casa. Las cartas mostraban un mercado pésimo y al final salía la Luna, lo que puede significar una falta de claridad o problemas imprevistos. Le dije que creía que vendería la casa, pero que no tenía ninguna información sobre cuándo. No podía ver nada. A ella no le gustó, pero esa respuesta era mejor que inventarme cualquier embuste. Ni que decir tiene que la casa estuvo en el mercado durante meses sin que nadie se interesara por ella. Frustrada, la retiró del mercado. La última vez que hablamos, estaba pensando en volver a ponerla en venta. Esta vez, las cartas mostraban un final feliz.

Otra mujer a la que le eché las cartas estaba planeando mudarse a Arizona para estar con su novio. Quería saber cuándo iba a ocurrir. Salió el ocho de bastos invertido. Le dije que la mudanza se iba a retrasar debido a un obstáculo. «¿Cómo se va a retrasar?». No lo sabía. La siguiente vez que la vi, me dijo que no llegó a mudarse porque descubrió que él estaba saliendo con otra persona.

Una historia más: estaba leyendo en una fiesta cuando una mujer preguntó por un viaje que estaba planeando. ¡Ahí estaba de nuevo ese ocho de bastos invertido! Le dije que su viaje se retrasaría y que tendría problemas para despegar. Ella dijo que todo estaba meticulosamente planeado y que de ninguna manera ocurriría eso. «¿Qué causaría el retraso?». Tiré de cartas y no conseguí nada. Le dije que no lo sabía y que tal vez estaba equivocada. Unos meses más tarde, me vio y me dijo que, efectivamente, su viaje se había cancelado. Le pregunté qué había pasado. Dijo que el viaje estaba previsto para el 11 de septiembre de 2001. Ese fue el día en que se produjo el atentado a las Torres Gemelas y se cancelaron todos los vuelos.

¿Puedo volver a hacer la pregunta si no me gusta el resultado?

Ah, es tentador volver a hacer una pregunta si no te gusta el resultado. No soy partidaria de gastar energía inútilmente. Obtén tu respuesta y date por satisfecho. Tal vez puedas hacer algunos cambios en tu vida y volver a consultar la carta más adelante. Aparte de eso, no se recomienda hacer la tirada otra vez o «repetir el saque», como si estuvieras jugando al tenis. Hacerlo suele dar lugar a mensajes contradictorios y, por mi experiencia, también hace que mis cartas del tarot se vuelvan caprichosas.

He conocido a personas que van de lector en lector para obtener la respuesta que desean. A menudo se apresuran a exigir un reembolso o a dejar una mala crítica cuando no obtienen el resultado que quieren.

Hace años, leí para una de estas mujeres, que preguntaba por un antiguo amor. Quería saber si volvería. Las cartas mostraban un firme no. Me dijo: «Todos los demás lectores con los que he hablado a lo largo de los años me dijeron que sí. Tú eres la única que dice que no». Le pregunté cuánto tiempo llevaba recibiendo esas lecturas y esperando a ese tipo. «Veinte años».

Es decir, durante las dos últimas décadas le habían dicho que volvería, pero no pasó nada, y aquí estaba con una lectora diferente esperando obtener esa misma respuesta. En su fuero interno, debía de saber que esa situación jamás se produciría, pero esas lecturas alimentaban sus fantasías. Ni que decir tiene que se enfadó conmigo y me hizo una crítica desagradable. No tengo ni idea de si su ex volvió alguna vez o si sigue visitando a los lectores que le dijeron que lo haría.

¿Qué hacer si el resultado es desfavorable?

Como dije antes, no debes seguir mareando la baraja hasta que veas un futuro halagüeño. En lugar de ello, recomiendo sacar de una a tres cartas para pedir consejo. Este enfoque lleva la lectura en una dirección de empoderamiento y pone tu futuro en tus manos (o en las manos del consultante, si lees para otra persona). Al fin y al cabo, tus decisiones ayudan a escribir tu destino. Tienes capacidad de decisión, y tu lectura siempre debe hacerte sentir así.

Una lectura de consejo breve es la práctica más sabia cuando el resultado no es positivo. Suelo sacar tres cartas más como orientación cuando la lectura termina con una nota amarga. Esto le recuerda al consultante que tiene opciones y que puede cambiar el rumbo.

También es importante que nunca termines una lectura con una nota negativa, independientemente de las cartas que salgan. No es deseable que la gente se aleje de tu mesa de tarot sintiéndose desesperanzada.

Al contrario, lo bueno es que se sienta inspirada y fortalecida, sea cual sea la circunstancia o las cartas que salgan.

Debes elegir tus palabras con mucho cuidado y ser consciente de no transmitir mensajes rotundos («¡Definitivamente perderás tu trabajo!»). Sé sincero con lo que ves, pero luego sigue mi consejo y saca cartas adicionales para que te guíen.

Tendrás que estar especialmente atento cuando leas para los padres de niños pequeños. Si ves algo negativo en las cartas, no debes causarles una preocupación excesiva. (*Psst*..., tú también puedes equivocarte).

Hace poco, me pasé un día entero consolando a una amiga que había recibido una lectura aterradora. Le aseguraron que su hija de ocho años tendría «una vida dura» y se encontraría con muchas dificultades. La tarotista lo afirmó como un hecho y no dio ninguna solución para la madre. Ni que decir tiene que estaba destrozada, y acabé teniendo que deshacer el daño que esa lectora había causado. Examinamos los problemas a los que podía enfrentarse su hija y cómo ella, como madre, podía guiarla de la mejor manera posible. Esta es la forma adecuada de manejar una lectura sobre un niño si las cartas son difíciles.

Recuerda siempre que tus palabras son importantes. Considera cuidadosamente las consecuencias de la información entregada. No puedes predecir cómo va a reaccionar la gente o qué hará después de la lectura. Aun así, puedes poner de tu parte para llevar las cosas en una dirección productiva, sana y esperanzadora.

En definitiva, piensa en cómo quieres que se sienta el cliente cuando trabaje contigo. Deja que eso guíe tus palabras.

Me gustaría terminar este capítulo diciendo que a veces la vida no es justa y las situaciones no se resuelven con facilidad. Para algunas personas, las circunstancias pueden ser graves y es posible que necesiten recursos adicionales para lograr un cambio. Aunque la lectura del tarot puede apoyarlas, tal vez sea necesario buscar otro tipo de ayuda. En esas situaciones, es conveniente remitirlas a los profesionales adecuados.

¡Más taroticios!

¡Tengo algunos taroticios más para ti! Pruébalos y diviértete con ellos. Pero nunca subestimes la naturaleza lúdica de estos pequeños experimentos de tarot.

Cada uno tiene un propósito y te ayudará a convertirte en un lector (o una lectora) mejor, más rápido y seguro.

Para ser veloz

Este sencillo taroticio te ayuda a eludir esa parte de tu cerebro que quiere confiar en las interpretaciones establecidas. Necesitarás uno de esos pequeños relojes de arena que quizás encuentres en un juego de mesa. Este ejercicio funciona mejor con dos personas. Una de ellas baraja las cartas y extrae una de la parte superior del mazo. Se le da la vuelta al reloj de arena. Sin pensar demasiado en el significado, la otra empieza a interpretar la carta tan rápido como pueda. Cuando se acabe la arena, saca otra carta, le da la vuelta al reloj y sigue adelante. Y así sucesivamente.

Reportero

Toma tu baraja de tarot favorita y saca una carta al azar. Ahora, imagina que eres un reportero de un periódico famoso y que tienes que escribir una noticia basada en esa carta. ¡Da rienda suelta a tu creatividad y diviértete!

Ejemplo: tres de bastos. «Elton John se está preparando para lanzar su próxima gira. Va a ser la mayor hasta ahora. Sir Elton tiene previsto navegar por todo el mundo y actuar en cada muelle».

Juegos de adivinanzas

La próxima vez que salgas a comprar algo, fíjate en la gente que te rodea. Sin hablar con nadie, ¿cuál es la primera carta de la corte que te viene a la mente? Adelante, haz un juicio rápido. Vale todo.

A continuación, inicia una conversación y comprueba si la persona coincide con tu primera impresión. Por ejemplo, el otro día conocí a una mujer en la cafetería (el mejor lugar para este taroticio, en mi opinión). De buenas a primeras, pensé: «Reina de copas».

Un pequeño y rápido saludo y su carácter pendenciero se hizo patente. Uy, ¡reina de bastos! Es increíble la cantidad de veces que acierto con mis juicios rápidos, pero cuando me equivoco, eso me da la oportunidad de analizar mis impresiones iniciales.

En este caso, fue su mirada dulce lo que me hizo pensar en copas. ¡Sin embargo, tras unas cuantas palabras, vi el fuego! Ten en cuenta que las personas pueden ser cualquier miembro de la corte, según el día. Prueba esto y ve lo que aprendes sobre tus impresiones y sobre la energía de las cartas de la corte que los demás pueden estar asumiendo.

Testigo

Ser capaz de imaginar todos los detalles de una carta te ayudará a interpretarla mejor. Puedo visualizar y describir cada carta de la baraja Rider-Waite-Smith hasta el más mínimo detalle. Aquí tienes un taroticio para jugar:

Elige tu baraja favorita. Saca una carta al azar y dedica un minuto a estudiarla. Pon la carta bocabajo y luego dibújala de memoria como si estuvieras haciendo un retrato robot. Intenta obtener todos los detalles que puedas. Date dos minutos como máximo. Por último, dale la vuelta a la carta y comprueba cuántos detalles has acertado. ¿Serías un buen *testigo presencial*?

Deberías salir en una película

Todo director de cine utiliza un guion gráfico como organizador visual para preparar una película. ¡Crea el tuyo propio empleando el tarot!

Empieza por crear un esquema de la historia. Ahora, elige cartas de tarot para cada escena importante o punto de inflexión. Distribúyelas y luego, usando las cartas como imágenes, cuenta la historia. Compártela con un ser querido (a los niños les encanta este tipo de juegos).

Puntos extra si utilizas la cámara de tu móvil para crear una breve película. Coloca las cartas en orden y empieza a filmar con la primera carta. A medida que la historia avance, enfoca a la siguiente carta y así sucesivamente.

Este ejercicio de Tarot te ayudará a aprender cómo las cartas pueden trabajar en conjunto para contar una historia. Luces, cámara... ¡TAROT!

Prepara el escenario

Piensa en un escenario, cualquier escenario. ¿Qué cartas del tarot podrían ilustrarlo mejor?

Por ejemplo, elige un hospital. Podrías escoger el nueve de espadas para representar a un paciente, el rey o la reina de espadas para representar a un cirujano, la Fuerza para una enfermera, el Carro para la ambulancia, el tres de copas para la vuelta a casa... ¿Lo has entendido?

Pruébalo con todo tipo de escenarios diferentes: un pícnic (la reina de oros podría ser la mujer que lleva el mejor pollo frito al evento), una iglesia (¡la hora del Sumo Sacerdote!), un funeral, etc. Hazlo como un juego, pero también verás que se trata de patrones que pueden aparecer algún día en una lectura.

Entre bastidores

¿Qué puede estar ocurriendo entre bastidores en algunas de estas imágenes?

La Suma Sacerdotisa. Las murallas de la ciudad en el cuatro de bastos. La ciudad de la que sale el Carro. ¿Te has preguntado alguna vez qué está ocurriendo en el fondo? Escribe en un diario sobre lo que ocurre entre bastidores.

Sé curioso. Deja que tu imaginación contemple estas escenas. Haz que tu entrada en el diario sea lo más vívida posible. Cuenta la historia de lo que puede estar ocurriendo en el fondo. ¡Puede que descubras nuevas interpretaciones!

Cita

Saca una carta y busca la cita que mejor la resuma.

Ejemplo: siete de bastos. «Cuando menos lo esperamos, la vida nos propone un reto para poner a prueba nuestro valor y nuestra voluntad de cambio; en ese momento, no tiene sentido fingir que no ha pasado nada o decir que aún no estamos preparados. El reto no esperará. La vida no mira hacia atrás. Una semana es tiempo más que suficiente para decidir si aceptamos o no nuestro destino» –Paulo Coelho.

¡Esta es una forma divertida de añadir nuevas ideas a tus interpretaciones!

Cartas musicales

Baraja tu mazo y saca una carta al azar. ¿Cuál es la primera canción que te viene a la mente? Si cada carta del tarot tuviera un tema musical, ¿cuál sería?

A continuación, escribe un haiku o un rap para cada carta del tarot.

Fotos

Me encanta hacer fotos de cosas que me recuerdan a las cartas del tarot. Gracias a los móviles puedo hacer clic en cualquier momento que me inspire. Por ejemplo, he tomado fotos en Portland de una estatua enorme para la Justicia, de una tienda de adivinación para la Suma

Sacerdotisa, de un cartel de un restaurante llamado *Las Tres Copas*. Puedes encontrar inspiración fotográfica del tarot en todo tu mundo... porque el tarot representa la vida cotidiana. Busca las imágenes del tarot a tu alrededor.

Hablar del tiempo

En concreto, vamos a hablar del tiempo en las cartas del tarot. Observa atentamente tu baraja y mira qué pistas puede dar el clima de fondo para las interpretaciones. Por ejemplo, las nubes de tormenta en el cinco de espadas muestran problemas, mientras que el amarillo brillante del tres de bastos sugiere optimismo. Revisa tu baraja y toma nota. Si fueras meteorólogo, ¿qué podrías predecir basándote en el tiempo del tarot?

Mad Men

Imagina que eres un genio del *marketing* y que tienes que escribir un anuncio o un eslogan (o ambos) para cada carta del tarot.

Ejemplo: as de copas. «¡Bebe! Si tienes sed de amor, el as de copas saciará esa sed de una vez por todas. Esta copa fluye con una nueva sustancia burbujeante que seguro que te gustará: hablo de amor, cielo. Descorcha la botella y bebe un trago».

Diferentes lugares

Explora la lectura del tarot en diferentes lugares y comprueba si la energía te resulta diferente. Por ejemplo, puedes probar a leer en una cafetería, en la playa, en una barbacoa familiar o en el parque colocando una manta sobre el césped.

¿Cómo te sientes mejor? ¿Qué otras energías puedes notar? ¿Hay algún entorno que te parezca más fuerte... o que te distraiga más? Presta mucha atención a cómo te funcionan (o no) los distintos entornos.

Adivina la trama

Adivinar la trama es una forma excelente de mejorar tu capacidad de predicción.

Elige tu personaje favorito de una serie de televisión (utilizaré como ejemplo a Jaime Lannister, de *Juego de tronos*). Ahora, baraja las cartas, centrándote en cuál podría ser la siguiente maniobra o el próximo giro argumental de tu personaje. Elige una carta, dale la vuelta y haz tu predicción. Luego... espera hasta el siguiente episodio y comprueba lo que realmente ocurre. ¿Tenías razón? ¿Podría haber una nueva forma de ver esa carta?

Saqué el siete de espadas para Jaime Lannister. Esto me dice que puede verse obligado a salir rápidamente de una situación para evitar el peligro o que puede hacer algo extremadamente deshonesto y luego tener que huir. En cualquier caso, se escabulle y se sale con la suya.

Lo que ocurrió: abandonó a Brienne de Tarth y volvió a correr hacia Cersei; ¡menudo granuja está hecho!

Como ves, hay muchas formas de jugar con tus cartas del tarot. ¡Diviértete y sigue barajando!

Hacerte profesional

En algún momento, puede que sientas que ya eres un experto . De hecho, quizá llegues a ser tan bueno que la gente quiera pagarte por tu talento. Tal vez te sientas inspirado y quieras montar un negocio de tarot. ¡Sí! El mundo necesita más lectores buenos a medida que el tarot se vuelve más popular.

Recibo muchas preguntas de gente que quiere convertir su afición al tarot en una actividad lucrativa. En este capítulo, descorro la cortina de la Suma Sacerdotisa y revelo lo que necesitas saber antes de emprender tu negocio.

Lo primero es ver las cosas tal y como son:

Lo bueno

1. El tarot es un acto de servicio. No hay nada mejor que ayudar a los demás a superar sus dificultades y preocupaciones.
2. Empezar un negocio de tarot no requiere mucho capital. De hecho, yo comencé con tan solo una baraja y algunas tarjetas de visita. Puedes crear un sitio web barato o sin coste alguno. En este momento, la mayoría de las plataformas de redes sociales también son gratuitas, lo que significa que tu presupuesto de *marketing* no tiene que ser elevado.
3. ¡Un negocio de tarot puede ser divertido! Las fiestas y eventos te pondrán en contacto con gente interesante. Si quieres, puedes disfrazarte (¡todos los días es Halloween para los profesionales del tarot!).

4. Deducción fiscal:* puedes desgravar todos los libros y barajas de tarot, así como las conferencias de tarot. ¡Es un gasto empresarial! ¡Sí!
5. El tarot es más popular que nunca, lo que significa que puedes encontrar mucho trabajo por ahí.
6. Antes, había que esforzarse mucho para crear un negocio. Con la aparición de Internet, puedes llegar a la gente a nivel global, ¡y eso aumenta tus posibilidades de éxito!

Lo malo

1. Puede que tengas que dedicarle muchas horas. Es cierto que parece que trabajo unas pocas horas aquí y allá, pero la verdad es que la mayoría de mis jornadas son de diez horas. No se trata solo del trabajo con los clientes. También es *marketing*, escribir, hacer papeleo, pagar facturas, aprender nuevas tecnologías, etc. El trabajo por cuenta propia rara vez te permite alcanzar la libertad, a pesar de lo que digan algunos.
2. Si el tarot es tu única fuente de recursos, tendrás que acostumbrarte a unos ingresos inestables. Eso puede ser inquietante, sobre todo si tienes en cuenta que necesitarás reservar dinero para los impuestos, el seguro médico y la jubilación. Tendrás que gestionar tu dinero de forma inteligente.
3. Los impuestos. Ufff. Este aspecto asusta a muchos profesionales del tarot bienintencionados y les impide llegar hasta el final. Tienes que pagar impuestos por ese dinero que ingresas. No hay forma de evitarlo.
4. Es posible que tu familia se ponga en contra tuya si quieres hacer esto.
5. El aprendizaje no termina nunca. El tarot requiere una práctica constante, como la que tienen que hacer los músicos con sus instrumentos.

---

* N. del T.: La autora se refiere únicamente a la legislación estadounidense.

Lo desagradable

1. Tratarás con gente difícil que quiere ponerte a prueba. Con personas que pretenden aprovecharse de ti y de tus buenos sentimientos. Con sujetos groseros que quieren atacarte solo porque estás ahí haciendo tu trabajo. Con gente inestable, poco razonable y que busca desquitarse contigo. Todos los negocios tienen este problema. El tarot no es a prueba de idiotas.
2. En algunos lugares, te pueden imponer cuantiosas multas. Hay legislaciones anticuadas en determinadas partes del mundo que prohíben la «adivinación». Esto podría salirte caro.
3. En ocasiones, el trabajo llega a ser peligroso. Tendrías que replantearte permitir la entrada de desconocidos en tu casa o la lectura en una reunión en la que corra el alcohol. Tengo muchas historias desagradables, desde la vez que me quedé en blanco leyendo para el líder de una banda hasta aquella ocasión en que el exmarido maltratador de una clienta intentó utilizar un nombre falso para concertar una consulta conmigo porque quería «darme una lección».
4. Te encontrarás tanto con escépticos como con personas religiosas que querrán ponerte en evidencia y desacreditarte públicamente. Esta es la gente que te ataca en Internet, te trolea, te habla con desprecio, les cuenta a los demás que eres un fraude y hace todo lo que sea para hundirte. Tendrás que volverte muy fuerte para que nada de esto te afecte.
5. Algunos clientes no respetan tus límites. Esperan que lo dejes todo y leas para ellos, aunque sea en fin de semana. Si no lo haces, se vuelven agresivos.
6. Puedes encontrarte con compañeros de profesión celosos que te hacen sombra, con otros tarotistas que revientan los precios y con estafadores que timan a los clientes. Cuando te meten en el saco de estos últimos, te duele. Ah, y también tendrás que arreglar sus desaguisados.

7. Además, habrá épocas de escasez en las que no llegue ningún trabajo, seguidas de un aluvión de solicitudes que te harán sentir que no puedes seguir el ritmo. No tires la toalla. Aprovecha la ola.

¿Te das cuenta? Aunque hacer la labor para la que estás destinado es emocionante, el trabajo del tarot, como cualquier otro, también conlleva muchas dificultades. Los que tienen vocación seguirán adelante, con los buenos y los malos momentos, y por el camino aprenderán sus lecciones. Pero para muchos, resulta excesivo. Ya he visto a demasiadas personas bienintencionadas entrar en este trabajo y salir corriendo.

Si no te he quitado por completo las ganas de trabajar en esta profesión, vayamos a lo básico.

¿Cuándo deberías empezar?

Leí el tarot durante diez años antes de que se convirtiera en mi profesión. Esa década me proporcionó una base sólida tanto en el tarot como en el trato con la gente, lo que hizo que mi transición a profesional a tiempo completo fuera bastante llevadera. Sabía lo que estaba haciendo.

Con demasiada frecuencia, la gente se hace profesional antes de estar preparada. La razón suele ser que su motivación está sesgada. Suponen que el tarot es dinero fácil y, tras jugar con las cartas durante unos meses, se dicen: «Qué demonios... Podría comprar una baraja y ganarme la vida con esto». Si esa es tu mentalidad, aprenderás enseguida que no es dinero fácil. De hecho, se trata del trabajo más difícil que he hecho en mi vida.

Nunca olvidaré a la aspirante a tarotista que trabajaba detrás del mostrador de una tienda local de ocultismo. Estaba deseando ser una de las lectoras del equipo, pero los propietarios de la tienda se mostraron reticentes debido a su escasa experiencia. Después de mucho rogar, cedieron y la incorporaron al horario.

El primer cliente de esta principiante había trabajado conmigo previamente. Le gustó tanto su lectura que quiso que su hija también recibiera una. Sin embargo, la tarotista tardó poco en echar a perder la lectura. Estaba tan nerviosa que se puso a tartamudear y a divagar, y el hombre se enfadó. El establecimiento se vio obligado a devolverle el dinero, y ella se marchó llorando. Esto es lo que ocurre cuando no estás cualificado. A lo largo de los años he oído muchas historias como esta de lectores inexpertos. Y lo que es peor, algunos causaron auténticos estragos que otros tuvimos que subsanar.

Por favor, date tiempo para conocer las cartas. No te precipites en esta profesión.

Asiste a clases, lee para toda la gente que puedas y desarrolla tus habilidades.

La autora Mary K. Greer escribió un excelente artículo en su blog titulado «Sugerencias para convertirse en un lector de tarot profesional» (https://marykgreer.com/2009/11/12/suggestions-for-becoming-a-professional-tarot-reader/). Recomienda tener un «rito de paso» en el que «te ofrezcas como voluntaria durante un día entero (o mejor aún, un fin de semana) en un evento benéfico o de caridad y dones todo a la causa».

Mary también añade: «Se trata de leer sin parar (salvo los descansos necesarios), incluso hasta el agotamiento (¡bebe mucha agua!). Hay un punto a partir del cual a una parte de ti ya no le importa lo que dices, y te dejas llevar totalmente. Te sorprenderá lo que ocurre entonces y lo preciso que te vuelves cuando finalmente pasas por alto a tu crítico». Creo que es un consejo sabio. De hecho, soy partidaria de que la gente participe en muchos de estos eventos antes de hacerse profesional. Esta experiencia separará a los profesionales de los aficionados y te ayudará a perfeccionar tus habilidades rápidamente.

Desarrolla tu plan

Una vez que te hayas convencido de que tienes unas habilidades increíbles, es el momento de ponerte en marcha. Antes de empezar a montar un negocio, también tienes que reflexionar sobre el tipo de negocio que quieres y la gente a la que deseas atender. La claridad te ahorrará muchos disgustos a la larga y evitará costosos errores. Medita sobre lo que te hace feliz. Si no lo haces, corres el riesgo de odiar este trabajo o de quemarte rápidamente.

Reflexiona sobre estas cuestiones

1. ¿Quieres ver a los clientes en persona? Si es así, ¿quieres tener un consultorio o reunirte con tus clientes en otro lugar?
2. ¿Ofrecerás lecturas por teléfono o por Internet?
3. ¿Deseas trabajar en fiestas u otros eventos públicos, como una fiesta medieval?
4. ¿Vas a usar disfraces?
5. ¿Te gusta trabajar con una población concreta? ¿Hay algunas personas para las que no te sientas cómodo(a) leyendo?
6. ¿Ofrecerás otros servicios, como masajes o aromaterapia?
7. ¿Quién es tu cliente ideal? Cuanto más claro tengas a quién deseas prestar tus servicios, más eficaz serás como emprendedor(a) y más fácil te resultará crear materiales de *marketing* que obtengan resultados.
8. ¿Qué situaciones se te dan bien (por ejemplo, las relaciones)? ¿Para qué situaciones no eres bueno(a) aconsejando? Ten claro qué servicios ofreces, así como tu experiencia y, lo que es más importante, lo que no ofreces (por ejemplo, como he dicho algunas veces, no ofrezco consejos sobre juegos de azar porque es algo que va en contra de mis principios).
9. ¿Vas a invertir en un sitio web? (Mi consejo es que lo hagas). Si es así, ¿lo harás tú o contratarás a un diseñador de webs?
10. ¿Qué aficiones o actividades te hacen más feliz? ¿Qué te entusiasma?

Cuando tengas clara tu visión, tienes que ir al grano.

Establece los cimientos

Es importante que no te olvides de configurar tu negocio como una auténtica empresa. En otras palabras, debes escoger una estructura empresarial y entender lo que esto conlleva.

En Estados Unidos, la mayoría de los tarotistas trabajan en régimen de empresa individual. El Departamento de Hacienda (www.irs.gov/) describe este tipo de negocio de la siguiente manera: «Un empresario por cuenta propia es alguien que es dueño de una empresa no constituida en sociedad».

Aunque esta es la forma más sencilla de actuar y requiere poco o ningún papeleo en algunos casos, hay que tener en cuenta algunas desventajas:

1. Recaudar capital para una empresa individual es más difícil porque un inversor independiente tiene menos tranquilidad en cuanto al uso y la seguridad de su inversión y esta resulta más complicada de formalizar; otros tipos de entidades empresariales tienen más documentación.
2. A medida que un negocio tiene éxito, los riesgos que lo acompañan tienden a aumentar. La principal desventaja de tener una empresa es que el propietario y todo su patrimonio personal son responsables de todos los pasivos de la empresa.

En otras palabras, si tu empresa es demandada por cualquier motivo, tu patrimonio personal está en juego.

Otro camino sería el de una sociedad de responsabilidad limitada, o SRL. El Departamento de Hacienda describe este tipo de empresa de la siguiente manera:

> Una sociedad de responsabilidad limitada (SRL) es una estructura empresarial permitida por la legislación estatal. Las SRL son populares porque, al igual que una corporación, los propietarios tienen una responsabilidad personal limitada por las deudas y acciones de

la SRL. Otras características de las SRL son más parecidas a las de una asociación, ya que aportan flexibilidad en la gestión y la ventaja de la fiscalidad transferida.

La creación de una SRL requiere algunos trámites y, en un principio, el pago de una tasa para presentar los documentos (esta tasa varía de un estado a otro; suele ser de unos doscientos dólares). Cada año, tu estado puede exigirte que presentes la documentación y pagues una pequeña cuota (normalmente unos veinticinco dólares).

Aunque tomar este camino puede parecer tedioso, te protegerá a ti y a tus bienes en el improbable caso de que alguien decida demandarte.

Muchas ciudades o condados pueden exigir una licencia para emprender un negocio. Si no tienes una, tu actividad puede considerarse ilegal. Las tasas suelen ser pequeñas, y puedes ocuparte fácilmente de ellas visitando al encargado local del condado o simplemente pidiéndole a tu abogado que se encargue de ello. Asegúrate también de comprobar las normas de cumplimiento de la planificación urbanística para asegurarte de que el espacio que posees o alquilas está habilitado para tu negocio. También puede ser necesaria una licencia especial si diriges tu negocio desde tu casa. Aunque todos estos son detalles tediosos, constituirte como una sociedad anónima podría ahorrarte muchos problemas en el futuro.

Si vas a usar un nombre comercial que no sea tu nombre personal (también conocido como DBA, Doing Business As, o nombre ficticio), asegúrate de comprobar que no lo esté utilizando otra persona en el mismo estado. Puedes comprobarlo a través del sitio web de tu estado (como www.wisconsin.gov). Ponte en contacto con la oficina del secretario del condado local o el gobierno de tu estado para registrar tu DBA. Algunos estados pueden exigirte que coloques un aviso de nombre ficticio en un periódico local durante un periodo de tiempo determinado. Los costes de esto suelen ser mínimos.

Si vives en un país distinto de Estados Unidos, las leyes y los requisitos pueden ser diferentes. Tendrás que consultar con tu gobierno para ver qué debes hacer para obtener la legalidad.

Plantéate contratar un seguro

Aunque en Estados Unidos no hay ningún tipo de seguro especial para los lectores de tarot, es posible que quieras plantearte la posibilidad de contratar una póliza de propietario de negocio (BOP), sobre todo si estableces tu negocio como empresa unipersonal. Este seguro protegerá tus bienes en el improbable caso de que alguien decida demandarte.

Además, si atiendes a clientes en tu casa, te conviene contratar un seguro adicional para el hogar (la mayoría de las compañías de seguros ofrecen seguros para oficinas domésticas). Es mucho más probable que un cliente te demande por caerse en tu despacho que por recibir una mala lectura. Protégete todo lo que puedas. Si solo haces lecturas por teléfono o por la Red, es posible que no necesites un seguro de oficina en casa.

Si eres autónomo a tiempo completo, puede que también necesites contratar un seguro médico, un seguro de invalidez o de asistencia a largo plazo y un seguro de vida (el seguro de vida es vital si tienes personas que dependen de tus ingresos).

Debido al elevado coste del seguro médico, muchos lectores de tarot que conozco mantienen su trabajo diurno por los beneficios y optan por hacer tarot a tiempo parcial como complemento. Si contratar un seguro médico es demasiado costoso para ti, esta opción puede ser algo que tener en cuenta.

Determina los costes iniciales

No tienes que empezar con mucho dinero para iniciar tu negocio. Pero debes asegurarte de que lo básico está cubierto. Esto es lo mínimo para lo que tendrás que reservar dinero (por supuesto, puede que no lo necesites todo):

- Gastos de establecimiento de la empresa (licencia comercial, etc.).
- Espacio de oficina (a menos que pienses utilizar tu casa o una cafetería).
- Teléfono (teléfono, línea telefónica).
- Tarjetas de visita y material promocional (folletos, anuncios, etc.).
- Una agenda para programar reuniones con los clientes.
- Página web, que incluye el dominio, el alojamiento, el diseñador de la web, el proveedor de servicios de Internet y la dirección de correo electrónico.
- Profesionales de apoyo al negocio, que pueden incluir un contable, un abogado, diseñadores, un asesor financiero, etc.
- Cartas de tarot (querrás tener un par de barajas a mano por si se estropean).
- Un sistema de contabilidad.
- Una cuenta bancaria exclusiva para tu negocio, así como una tarjeta de crédito comercial.
- Blocs de notas, bolígrafos o grabadora y cintas para los clientes.
- Ordenador.
- Seguro (sanitario, de responsabilidad civil).
- Presupuesto para publicidad en boletines electrónicos, anuncios en Google, etc.
- Material de oficina (escritorio, archivadores, papeles, etc.).

Una buena regla general es tener reservados los ingresos de seis meses si decides lanzarte de cabeza. Si piensas dedicarte a ello de forma complementaria hasta que tengas una lista regular de clientes, es posible que no necesites tanto.

Establecer las tarifas

Una vez que hayas decidido que es el momento de abrir el negocio, tienes que averiguar cuánto vas a cobrar por tus servicios. Este es un tema peliagudo por muchas razones. Las principales cuestiones giran en torno a lo que hay que cobrar y a cómo abordar todo el asunto de «esto es un regalo».

Antes de hablar de lo que hay que cobrar, abordemos el concepto de regalo. Hay algunas personas, y varias de ellas son colegas tarotistas, que afirman que nunca debes cobrar por una lectura de tarot porque es un «regalo». Por tanto, se espera que lo hagas gratis. Supongo que eso lo convierte en algo noble. Francamente, nunca he entendido esa forma de pensar.

Aunque algunas personas sean lectores de tarot dotados, es una aptitud. Y punto. Y cualquier trabajo cualificado merece ser pagado.

Además, tiene que haber un intercambio de energía equitativo; de lo contrario, la gente no respetará la sabiduría entregada... ni tu tiempo. ¿No me crees? Intenta dar lecturas gratuitas en las redes sociales. No solo recibirás un aluvión de solicitudes, sino que también tendrás que lidiar con gente que abusa de ti y que espera más, más y más. Esos intercambios acabarán rápidamente con tu energía y tu buena voluntad.

Cuando la gente paga por tus servicios, los trata con más respeto. Eso se debe a que tienen algo en juego. Han invertido en ti. Dicho esto, si no te sientes cómodo cobrando y realmente ves la lectura como un regalo, hazlo. Si tienes otros medios de sustento, y eso te hace feliz como una perdiz, adelante.

En cuanto a lo que debes cobrar, tendrás que seguir tu instinto. Algunas personas recomiendan investigar para ver cuál es la tarifa vigente, pero yo no soy partidaria de ese enfoque. En vez de eso, calcula lo que necesitas para vivir cómodamente y deja que esa cifra dicte tu precio. Por ejemplo, si necesitas ganar mil dólares a la semana y solo puedes atender a diez clientes a la semana, el total debe ser de al menos cien dólares por lectura.

Al principio, puedes optar por cobrar menos. No hay ningún problema. A medida que desarrolles tus habilidades y tu reputación, podrás empezar a cobrar más. Tal vez te encuentres con algún que otro cliente que te hable del «tarotista de tal o cual sitio» que cobra menos. Seguramente sea una forma de buscar un descuento. Yo siempre respondo: «Me da la impresión de que ese lector está más acorde con tu presupuesto; quizá deberías seguir trabajando con él».

También quiero recordarte que cuando la gente te paga, está pagando por tu tiempo. No puedes ponerle precio a eso.

Recuerda que no estás aquí para solucionarle la vida a nadie

Muchos se dedican al tarot como profesión porque tienen un deseo sincero de ayudar. Sin embargo, esto los puede llevar a dar consejos e intentar «arreglar» a los demás. Ten en cuenta que ni tú ni el tarot podéis hacer eso. La gente tiene que querer cambiar su vida y debe estar dispuesta a esforzarse para conseguirlo. Puedes ser capaz de mostrarles un camino o dar una opinión, pero no puedes solucionarles sus problemas. No intentes asumir esa responsabilidad.

Ver a un cliente en la misma situación, una y otra vez, año tras año, resulta frustrante. Es más, es posible que te preguntes para qué demonios quiere que le leas las cartas. Algunas personas se acercan al tarot como si fuera una varita mágica: no quieren poner de su parte. Esperan que, de algún modo, las cartas muestren una solución mágica. Es difícil hacerle una lectura a esta clase de clientes y pueden minarte la moral. Intenta no tomarte como algo personal el hecho de que no quieran mover ni un dedo para cambiar su situación. Es su vida, no la tuya.

Tratar con clientes problemáticos

Si decides leer para el público en general, de vez en cuando te encontrarás con sujetos difíciles. Tendrás que estar preparado. Estas son algunas de las diversas situaciones ante las que tendrás que estar alerta:

1. Los escépticos. Son los que encontrarás más a menudo. Su objetivo es demostrar que te equivocas. Si no te importa trabajar con

ellos, puede que los sorprendas. La clave: necesitarás confiar en ti, porque, aunque lo hagas de maravilla, podrían salir diciendo: «¡Vaya porquería de lectura!». En realidad, no quieren creer que nada de esto pueda funcionar.

2. La gente que dice: «Prefiero no hablar demasiado». Los clientes que empiezan con esa afirmación te están haciendo saber de entrada que quieren ponerte a prueba. Al igual que los escépticos, tratarán de someterte a un examen. Pero, a diferencia del escéptico, puede que de verdad quieran una lectura. Francamente, esta actitud me parece una verdadera falta de respeto. Si no confías en el lector, ¿a qué vienes? Es como ir a un médico y decirle: «No le voy a contar mis síntomas porque quiero que adivine por arte de magia lo que me pasa».
3. Los tacaños. Estos clientes son frustrantes. Quieren asegurarse de «sacarle el jugo» a la lectura, y harán todo lo posible por prolongarla. Por ejemplo, intentar mantenerte al teléfono cuando la sesión ha terminado o enviarte preguntas fingiendo que no entienden algo. Tendrás que ser estricto con tus límites. Cuando ofrecía lecturas por correo electrónico, había una mujer que siempre intentaba prolongar la lectura. Se ponía en contacto conmigo y decía que estaba «muy confundida» para que le diera más información. Una vez me llegó a decir: «Entiendo que quieras trabajar de manera más eficiente en lugar de más horas, pero ¿de verdad crees que puedes darme suficiente información con solo tres cartas?». No volví a trabajar con ella.
4. Los pesimistas. Son otro tipo de cliente complicado. Si abordan la lectura como el burrito Eeyore, nada de lo que digas cambiará las cosas. Esta gente necesita ayuda, no una lectura.
5. Los que hacen preguntas inapropiadas. Hace poco, una mujer se sentó a la mesa y dijo: «Tengo una pregunta para ti, y no te va a gustar. ¿Cuándo voy a morir?». Le dije que tenía razón: que no me gustaba la pregunta y no iba a responderla. Si una pregunta te incomoda, también puedes pasar de ella.

6. Los cretinos y los bichos raros. He tenido clientes masculinos que se me han insinuado, se han tocado por debajo de la mesa, me han sugerido hacer un trío con su mujer y me han amenazado porque no les gustó la lectura que le hice a su esposa. También he tenido consultantes que ha perdido los papeles, que han sobrepasado mis límites, que se han presentado sin avisar a las diez de la noche y han exigido que los viera, que han llegado borrachos, que han venido disfrazados después de que me haya negado a trabajar con ellos..., ya te haces una idea. Hay auténticos imbéciles por ahí, y también algunos tipos que dan miedo. Esta es una de las principales razones por las que ya no veo a la gente en persona. Si vas a permitir que otros entren en tu espacio, deberás tomar algunas medidas de seguridad por si acaso ese sujeto que se sale de la norma decide ponerse furioso contigo... o intenta acorralarte para darte un beso al salir por la puerta. Estas cosas rara vez ocurren, pero tendrás que estar preparada o preparado.
7. Los malditos. Estos clientes están convencidos de que sus problemas son el resultado de una «maldición». Quieren creer que están causados por fuerzas sobrenaturales, no por malas decisiones. En algunos casos, han acudido a otro lector que los ha convencido de que es así (¡y el lector se ofrece a «eliminarlo» por una gran suma de dinero!). No quieren escuchar el sentido común; quieren creer que nada es culpa suya. Si alguien no está dispuesto a asumir la plena responsabilidad por su vida, una baraja de tarot no le será de mucha ayuda.
8. Los intoxicados. Si los clientes se presentan ebrios o drogados, mándalos a paseo. No van a escuchar nada de lo que les digas y será una pérdida de tiempo y energía. Una persona colocada no está en condiciones de asistir a una lectura del tarot. Se crean malentendidos y terminarás exasperado.

Ahora bien, estas son situaciones extremas, pero si estableces unos límites sólidos, podrás reducirlas al mínimo.

Marca unas normas

Tanto si eres profesional como si eres principiante, puedes tomar medidas para asegurarte de que mantienes el descontrol al mínimo en tu actividad tarotística. Con políticas y límites claros, para empezar, puedes evitar que las personas equivocadas reserven lecturas contigo.

Tómate un momento para pensar qué tipo de límites son importantes para ti. ¿Qué lecturas podrías negarte a hacer para un cliente? ¿Cuáles son las consecuencias si alguien sobrepasa tus límites?

Piensa en lo que te hace sentir seguro y luego pon por escrito tus límites de forma clara. Publícalos en tu página web para que la gente sepa lo que vas a tolerar o no en tu negocio.

Maneja las situaciones delicadas

Otras situaciones que pueden surgir en tu oficina requieren un tratamiento especial. La persona que está pasando por una transición importante y se encuentra asustada. El cliente con una enfermedad terminal que está pensando en el final. La mujer con tendencias suicidas que necesita apoyo. Este tipo de situaciones no son la norma, pero pueden llegar a tu mesa de tarot de vez en cuando. En ocasiones, tú podrías ser la última esperanza que les queda.

Para ser un buen tarotista, hace falta tener mucho sentido común pero también empatía. La escucha activa es necesaria, y resulta imprescindible un espacio en el que no se juzgue a nadie. Crea ese espacio sagrado en el que tus clientes se sientan seguros para contarte lo que les preocupa. La gente debe sentirse libre para hablar de cualquier situación contigo. No hace falta decirlo, pero la confidencialidad es fundamental. Lo que se dice en tu despacho se queda en tu despacho.

Algunos consejos:

- Sinceridad siempre. Encuentra la manera de ser franco(a) y amable en tu exposición.
- No juegues a ser médico o terapeuta. Eso significa que no intentes diagnosticar o prescribir un tratamiento. Nunca,

jamás, debes adoptar ese papel, aunque los clientes busquen ese tipo de ayuda en ti. Déjalo claro inmediatamente, haciéndoles saber que no eres un médico o psicólogo autorizado, y que éticamente no puedes diagnosticar, prescribir o tratar su situación. También debes abstenerte de hacer de abogado o de cualquier otro profesional autorizado. Este no es tu trabajo... y podría meterte en problemas si tu consejo es erróneo.

- No hables en términos absolutos («Sin duda te vas a divorciar», «Definitivamente saldrás bien de la operación»). Aquí hay algo que quizá no quieras oír: podrías equivocarte en cualquier caso. No debes dar falsas esperanzas ni tampoco añadir miedo a una situación que ya es emocionalmente delicada.
- No sientas lástima de tus clientes ni permitas que tus propios temores sobre la muerte, la enfermedad, la pérdida, el desamor, etc., se interpongan en la realización de la lectura. Si sufres ansiedad por la situación de tus clientes, eso puede llevar a la proyección, que empañará la lectura. Lo que necesitan quienes acuden a ti es un lector presente y objetivo. Mantén tus propios sentimientos neutrales. Si no puedes hacerlo, será mejor que te abstengas de la lectura.
- No saques a relucir tu propia historia. («¡Mi prima Serena tuvo cáncer, pero ahora está bien! ¡Tú también lo estarás!»). Compartir tu historia es tentador, pero, aunque puede ofrecer algunas ideas, también resta energía a la situación de tus clientes. Mantén el foco en ellos y sus preguntas, no en la historia de tu vida.
- No introduzcas tus creencias religiosas en la lectura ni impidas a tus clientes hablar de las suyas. Algunos clientes desean hablar de cosas como la vida después de la muerte o su relación con Dios, el Espíritu, Buda, las diosas o los ángeles. O puede que sean ateos y no crean en nada de eso. Sea cual sea el caso, hay que tratar sus creencias con el máximo respeto.

- Crea un espacio seguro en el que los clientes puedan expresar sus sentimientos libremente. Tu consultorio de tarot debe ser un lugar sagrado donde los clientes compartan sus miedos y emociones abiertamente. Lee desde la compasión y permíteles desahogarse, llorar o descargar sus frustraciones sin juzgarlos nunca.
- Permite que tus clientes te toquen la mano durante la lectura o te abracen si lo necesitan. He descubierto que una simple mano en el hombro puede ayudar, especialmente si el estado de ánimo se vuelve sensible. (Lo creas o no, algunos me han pedido que mis gatos estén presentes en su lectura. Una mascota en el regazo puede ser tranquilizadora cuando se habla de temas que nos aterran).
- Aconseja a tus clientes a que se abstengan de las preguntas cerradas, es decir, de sí o no. No debes ponerte en una posición en la que tengas que tomar decisiones por ellos.
- Anima a tus clientes a hacer preguntas abiertas que apunten a un tema, un camino o una lección de vida concretos. (Por ejemplo: «¿Cómo puedo utilizar esta experiencia difícil para curar viejas heridas con mi familia?» o «¿En qué debería centrarme ahora mismo para ser lo más positivo posible?»). Este enfoque puede hacer que la lectura pase de ser buena a ser profunda y con propósito.
- Haz algo para limpiar tu energía después de la lectura, de modo que no arrastres ninguna tristeza, ira o miedo que pueda afectar a tu capacidad para atender a los próximos clientes.

Cuando un cliente de tarot tiene tendencias suicidas

En primer lugar, si durante una lectura de tarot los clientes revelan que quieren acabar con su vida, tómate siempre en serio esa amenaza. No ignores esas declaraciones ni asumas que porque les eches las cartas van a cambiar de opinión.

Ten en cuenta que puedes ser la primera persona a la que se lo cuentan. A veces la gente se abre durante una sesión de tarot y revela cosas que quizá no cuente a sus seres queridos. Regálale un espacio seguro para que hable de sus sentimientos. Escucha con comprensión. A veces esto puede ser decisivo. Si no quiere hablar, no lo obligues. Lo que puede ayudar es tocarle la mano o el hombro, o simplemente unas palabras de aliento.

A continuación, debes animar a estos clientes a buscar apoyo en los recursos adecuados. Aunque una lectura de tarot puede ofrecer orientación, no es la solución, y nunca es un sustituto de la ayuda psicológica profesional. A menos que seas un terapeuta autorizado, no puedes asumir ese papel.

Ten a mano una lista de referencias. Aquí tienes algunas:

- Línea de texto para crisis: crisistextline.org
  Envía un mensaje de texto en cualquier momento, las veinticuatro horas del día, y un consejero capacitado lo leerá y responderá. Totalmente gratuito. Envía un mensaje de texto y obtén apoyo si estás luchando contra la ansiedad, la depresión, los pensamientos suicidas o cualquier tipo de crisis emocional.
- Línea de vida para la prevención del suicidio:* suicidepreventionlifeline.org o 1.800.273.8255
  Llama y obtén ayuda en cualquier momento, las veinticuatro horas del día, y un voluntario te escuchará y te ayudará a asentar tu sistema nervioso y a devolverte a un lugar más tranquilo en el que puedas pensar con claridad.
- TalkSpace: https://talkspace.com/
  Envía mensajes de texto a un terapeuta autorizado y chatea con él. Terapia profesional asequible y cómoda. No tienes que

* N. del T.: Cada país tiene sus propios sitios web y líneas telefónicas.

vestirte, atravesar la ciudad y encontrar aparcamiento. Un terapeuta de verdad... ¡en tu teléfono!

- 7Cups: www.7cups.com
  El sistema de apoyo emocional más amplio del mundo. Conecta con oyentes comprensivos para obtener apoyo emocional gratuito. También pueden ponerte en contacto con terapeutas autorizados.

En algunos casos, tendrás que estar preparado para intervenir. Si conoces a sus seres queridos, ponte en contacto con ellos. Hazles saber lo que está pasando. Sí, romperás la confidencialidad del cliente, pero puedes salvar una vida. Si no conoces a nadie que pueda estar relacionado con él, sé precavido y ponte en contacto con un profesional.

Ten en cuenta que no todos te revelarán su situación. Hay quienes se guardan estos pensamientos para sí mismos. O pueden tomar la decisión de acabar con su vida de forma impulsiva. Es muy fácil culparse por «no verlo en las cartas», pero no puedes asumir esa responsabilidad. Nadie es capaz de verlo todo, por más que se esfuerce.

Tal vez los clientes se dirijan a ti desesperados. Si lo hacen y puedes atenderlos, hazlo. A veces, el mero hecho de tener alguien con quien hablar es una ayuda. Pero si no puedes hacerles un hueco y crees que el cliente podría hacer algo precipitado, una vez más, remítelo a la ayuda adecuada y prepárate para contactar con su familia si la conoces.

Trabajar con alguien que está atravesando una crisis también puede ser duro para ti. Asegúrate de extremar el autocuidado en este tipo de situaciones.

Si un cliente decide poner fin a su vida, te puedes sentir fatal. Es posible que te lamentes o que te castigues. Si estás triste, asegúrate de que también recibes apoyo. Los efectos de un suicidio son devastadores, no solo para los familiares que quedan atrás, sino también para quienes les prestan servicios y para quienes intentaron ayudar.

Cuando alguien pierde los papeles

He tenido algunas ocasiones en las que un cliente se ha descontrolado en mi despacho. Normalmente, esta reacción no tenía nada que ver con la lectura. El cliente estaba a punto de estallar y necesitaba un lugar donde descargarse. En una situación, una mujer se levantó de repente, llorando, y me dijo que oía voces que le ordenaban hacer cosas. (Me puse en contacto con su madre inmediatamente después de que se fuera, y pudo ingresar en un centro).

A veces, sin embargo, una lectura puede desencadenar una reacción. Una de esas situaciones ocurrió en una fiesta de tarot. Estaba trabajando en un magnífico salón de baile para un grupo de médicos. Una de las esposas se sentó a la mesa. Las cartas mostraban una discusión con un hombre sobre los hijos. De repente, se levantó como un rayo y gritó a pleno pulmón: «¡Todo lo que dices es mentira!». Me quedé en estado de *shock*, al igual que los demás asistentes a la fiesta. Una mujer que estaba cerca de mí me tocó el hombro y me susurró: «En realidad, tienes razón. Quiere adoptar un niño y su marido no la deja».

¿Qué se hace cuando ocurre esto?

Antes que nada, debes mantener la calma. Puede que te asustes o que quieras llorar (¡desde luego yo quería llorar en esa fiesta!). Contrólate lo mejor que puedas. Deja que el cliente se desahogue si lo necesita. Habla en un tono neutro y tranquilizador. Esta forma de responder a menudo te ayudará a controlar la situación. Remite al cliente a alguien que pueda ayudarlo y termina la lectura lo más suavemente posible.

Lo más importante es calmarlo... y apartarlo de tu presencia.

En el caso de una fiesta como la que he mencionado, tienes el lujo de que haya otras personas a tu lado para ayudar al cliente alterado... y apoyarte a ti. Discúlpate, ve al baño, échate agua en la cara, lávate las manos, respira profundamente y vuelve a salir. Si la situación persiste o se agrava, quizá tengas que marcharte. Nunca he tenido que hacerlo, pero podría pasar algún día.

Cuando tienes que rechazar a un cliente

En algunas situaciones, un cliente no será el adecuado para ti. Si tienes un formulario de admisión como yo, puedes evaluar rápidamente si esta es la situación. En ese caso, puedes simplemente devolverle el dinero y comunicarle que no vas a leerle las cartas.

Digamos, sin embargo, que no tienes un formulario de admisión. O lo tienes, pero sobre el papel la persona parece estar bien y luego, cuando la ves, te demuestra que para nada es un cliente ideal.

Debes recordar que te mereces sentirte tan cómodo con las personas a las que atiendes como quieres que ellas se sientan contigo. Si te faltan al respeto y pretenden sobrepasar tus límites, tienen que irse.

La forma más fácil de rechazar a alguien es por correo electrónico. De este modo, no hay lugar para la negociación y se reduce al mínimo la tensión. Ten en cuenta que cuando le dices que no a un cliente, puede dedicarse a criticarte ante otras personas o a dejar malas críticas en Internet. Estará dolido y enfadado... y no quiere asumir su responsabilidad. Es una faena que esto ocurra, pero, tarde o temprano, todo el que tiene un negocio se enfrenta a esta situación.

El cliente no siempre tiene la razón, y no estamos obligados a aceptar los abusos de nadie, nunca.

Cómo organizar la lectura

Cuando un cliente viene a trabajar conmigo, esta es mi rutina:

Comienzo con una presentación. Si ya han trabajado conmigo, no es necesario hablarles de mí. Pero si son nuevos, quiero que me conozcan. La presentación no tiene por qué ser larga. Puede ser un saludo, presentarte y mostrarles la mesa del tarot si se trata de una sesión en persona. Si es una lectura por teléfono, un rápido «hola, ¿cómo estás?» debería ser suficiente.

Lo primero que hago es sacar una carta del oráculo. Empiezo con esto como forma de relajar al cliente, romper el hielo y prepararlo para el tarot. A veces la gente acude a mí directamente desde el trabajo o después de que le haya sucedido algo, y es posible que esté agobiada. Tomarse un momento para relajarse mientras leo la carta del oráculo les calma los nervios. Quizá te venga bien probar este método. O puede que tengas otro, como una oración o invocación de apertura. Solo tienes que encontrar algo que cree un ambiente relajante.

A continuación, le explico lo que vamos a hacer. Ese paso incluye compartir las tiradas que utilizaremos, el número de preguntas para las que tendremos tiempo y la manera de proceder.

Recomiendo grabar tus sesiones para los clientes. Por un lado, es una forma excelente de que reflexionen sobre la reunión. Por otro, a veces la gente solamente oye lo que quiere oír. Tener una grabación les permite comprobar lo que se dice realmente.

Si vas a ver a un cliente en persona, dale las cartas y explícale cómo barajarlas y cortarlas. Si trabajas por teléfono, empieza a barajar. Pídele al cliente que respire lenta y profundamente y que diga «ya» cuando quiera que pares.

Coloca las cartas y comienza la lectura. Siempre empiezo con una visión general, pero en algunos casos, pasamos directamente a las preguntas.

Dale tiempo al cliente para que haga preguntas sobre la tirada o sobre cualquier asunto pertinente. Además, cuando llegue el momento, hazle saber que la sesión está a punto de terminar. Lo anuncio diciendo que tenemos tiempo para una pregunta más. A veces el cliente responde: «Oh, no, tengo tres más». Entonces le digo que puede elegir una o que solo voy a sacar una carta por cada pregunta. Nunca permito que la lectura se prolongue más allá del tiempo asignado, y tú tampoco deberías adquirir el hábito; de lo contrario, la gente esperará esto siempre.

Por último, hago una tirada de cierre para concluir. Tal vez desees hacer esto u ofrecer otro tipo de carta de oráculo para finalizar.

Despídete del cliente y limpia tu baraja. Mi amiga Briana Saussy recomienda lavarse las manos entre cada cita. Es una forma genial de limpiar la energía.

Este procedimiento funciona bien y ofrece a los clientes un servicio de tarot completo y profesional.

Algunos consejos para empezar a hacer crecer tu negocio

1. Encarga tarjetas de visita y lleva siempre unas cuantas contigo. Incluso en plena época de Google, las tarjetas de visita son una forma estupenda de promocionar tu trabajo. No sabes la cantidad de veces que la gente me ha dicho que ha encontrado la tarjeta en un viejo bolso y ha recordado que hacía tiempo que no tenía una lectura conmigo. Además, ¡nunca sabes cuándo te encontrarás con alguien que quiera una lectura!
2. No hagas un trueque por tus servicios. Aunque tengas la tentación de hacerlo, acabarás rápidamente con un montón de cosas que no quieres. Los masajistas terapéuticos tienen una notoria tendencia a tratar de hacer intercambios conmigo. Soy muy quisquillosa con quien toca mi piel, así que no hay nada que hacer. Si vas a canjear por un servicio o producto, asegúrate de que es algo que realmente quieres y que tiene el mismo valor que lo que tú ofreces.
3. Una agenda *online* te ahorrará la molestia de concertar citas y dar la lata a la gente. Puedes enviar a los clientes un enlace a tu agenda *online* o tenerla directamente en tu página web. Esta aplicación también elimina las idas y venidas, que pueden hacerte perder horas de tu tiempo.
4. Utiliza las redes sociales y otras fuentes (como los anuncios en los periódicos locales) para promocionar tu trabajo. El *marketing* es esencial si quieres crearte un nombre.
5. Ofrécete para hablar o leer en eventos de la comunidad, como mercados de agricultores y eventos relacionados con la espiritualidad. Esta es una forma rápida de hacer crecer una audiencia local.

6. Asiste a conferencias de tarot. Esta es otra manera de darte a conocer y de relacionarte con tus colegas. No hay nada mejor que el apoyo de otros profesionales.
7. Anima a la gente a que te recomiende a otros. Puede que quieras tener un programa de recomendación cuando empieces. Por ejemplo, «mándame a diez personas y tu próxima lectura será gratuita». Pero no lo mantengas demasiado tiempo. Me he dado cuenta de que, a veces, esos programas hacen que la gente te envíe a cualquier persona solo para conseguir ese regalo. Además, tendrás que llevar la cuenta, y eso puede ser muy pesado cuando tu negocio crezca.
8. Aunque los disfraces pueden ser divertidos, yo me niego a utilizarlos. Creo que hace que la gente no te tome en serio. Es más probable que respeten tu trabajo si te deshaces del típico disfraz de adivino y te pones tu ropa habitual. Dicho esto, si lo que te gusta es vestirte como Morticia Adams, ¡adelante! Algunas personas quieren disfrutar de un ambiente gótico y esperan que la lectora se vista acorde a ese estilo.
9. Cíñete a un horario regular. No trabajes fuera de él. A veces la gente pide una lectura de emergencia. Si crees que la situación lo justifica, haz la lectura. No ofrezco ese servicio porque he comprobado que conduce a más lecturas de emergencia, normalmente sobre el mismo tema.
10. Las fiestas son estupendas para hacer crecer tu negocio. ¡Tengo miles de referencias de cuando trabajaba en las despedidas de soltera! Una vez nos contrataron a mí y a un *stripper* masculino. Allí estaba yo, echando las cartas mientras un hombre cubierto de grasa y muy bronceado, con un *mullet** y un tanga verde neón, giraba por la habitación. Fue... interesante.
11. El autocuidado debe ser una prioridad. Con este trabajo te puedes quemar rápidamente. Hay que saber cuándo es necesario

* N. del T.: Corte de pelo que consiste en un flequillo corto, laterales aún más cortos y parte trasera larga.

tomarse un tiempo libre y hacerlo. No hace falta que estemos activos las veinticuatro horas del día, ni deberíamos estarlo.

Un negocio de tarot puede ser una forma satisfactoria de ganarse la vida mientras sirves a los demás. Después de todo, ¿quién no quiere ayudar a la gente? Si pones el corazón en ello, esta puede convertirse en la vocación de tu vida.

¡Y ya está!, eso es todo lo que hay que saber sobre el negocio del tarot.

• • •

Me gustaría recordarte una vez más que seas consciente del impacto que puedes tener en la vida de quien te consulta. Elige tus palabras con cuidado. Habla desde la compasión. Intenta no juzgar. Sobre todo, que tus lecturas sean esperanzadoras. Porque en la vida siempre hay esperanza, pase lo que pase. Deja que los clientes se marchen sintiéndose capaces y preparados para vivir una vida mejor. Hazlo e inspirarás a la gente a levantarse y a vivir de forma consciente y saludable.

Y eso es todo lo que tengo para vosotros, amigos.

En conclusión: ¡el tarot es grande y la intuición es lo máximo!

Espero que este libro te haya proporcionado una introducción completa a la lectura intuitiva del tarot y a cómo funciona mi mente de tarotista. Mi deseo es que te haya servido de inspiración para que te lo tomes en serio y leas de forma profesional.

Me gustaría terminar diciendo que el tarot siempre está evolucionando y que continuamente aparecen nuevas barajas, conocimientos y formas de utilizarlo. No debes caer en el estancamiento ni desarrollar lo que yo llamo «malos hábitos del tarot» de ver las cartas solo desde una perspectiva, incluida la mía.

Mantén la mente abierta. Asiste a clases cuando puedas. Ve a conferencias. Lee todos los libros que puedas, incluidos los clásicos como *Los setenta y ocho grados de sabiduría*, de Rachel Pollack, y *El tarot, un viaje interior*, de Mary K. Greer. Obtén lecturas de otros profesionales del tarot y observa cómo abordan las cartas. Prueba nuevas barajas y tiradas. Nunca des por sentado que serás un «maestro» de esto. (¡El tarot tiene la capacidad de dominarte!).

No importa el tiempo que lleves en ello, mantén la curiosidad. De ese modo, tu práctica del tarot seguirá evolucionando a medida que lo hagas.

Sigue barajando,

—Theresa

Lecturas recomendadas

Los setenta y ocho grados de sabiduría (Urano), Rachel Pollack.

Tarot Wisdom [La sabiduría del tarot], Rachel Pollack.

The New Tarot Handbook: Master the Meanings of the Cards [El nuevo manual del tarot: domina los significados de las cartas], Rachel Pollack.

21 Ways to Read a Tarot Card [21 maneras de leer una carta de tarot], Mary K. Greer.

Understanding the Tarot Court [Entender las cartas de la corte en el tarot], Mary K. Greer y Thomas Little.

El tarot, un viaje interior (Sirio), Mary K. Greer.

Who Are You in the Tarot? [¿Quién eres en el tarot?], Mary K. Greer.

The Complete Book of Tarot Reversals [Guía completa para leer las cartas invertidas del tarot], Mary K. Greer.

Kitchen Table Tarot [El tarot de la mesa de cocina], Melissa Cynova.

Modern Tarot [Tarot moderno], Michelle Tea.

The Tarot Coloring Book [El libro del tarot para colorear], Theresa Reed (¡esa soy yo!).

Tarot for Troubled Times [El tarot para los tiempos difíciles], Shaheen Miro y Theresa Reed.

Curso práctico de tarot (Urano), Joan Bunning.

Tarot Spreads: Layouts and Techniques to Empower Your Readings [Tiradas de tarot: disposiciones y técnicas para potenciar tus lecturas], Barbara Moore.

The Secret Language of Tarot [El lenguaje secreto del tarot], Wald Amberstone y Ruth Ann Amberstone.

Agradecimientos

Gracias a mi familia Weiser por arriesgarse conmigo. ¡Estoy muy contenta de estar con vosotros!

Gracias a Kathryn Sky-Peck por creer en mí. ¡Te aprecio mucho! ¡Gracias a Chuck Hutchinson por pulir este libro hasta la perfección!

Muchas gracias a Megan Lang, la gramática más aguda que conozco.

Abrazos a mi mentora de escritura, Alexandra Franzen, que siempre me ayuda a encontrar las palabras adecuadas.

Mi gratitud a Rachel Pollack y a Mary K. Greer, que allanaron el camino y abrieron senderos.

Toneladas de amor para Briana Saussy, Shaheen Miro, Simone Salmon, Andrew McGregor, Carrie Paris, Joanna Powell Colbert, Hilary Parry Haggerty, Al Juárez, Pleasant Gehman, Gabriela Herstik, Angela Mary Magick, Danielle Cohen, Ruth Ann Amberstone, Wald Amberstone, Connie Kick, Melissa Cynova, Benebell Wen, Jenna Matlin, Chris-Anne Donnelly, Jamie Sawyer, Jaymi Elford, Arwen Lynch Poe, Tammi Kapitanski, Seth Vermilyea, Mantis, Tanya Geisler, Elliot Eernisse, Mary Ellen Pride, Suzi Dronzek, Heatherleigh Navarre, Naha Armády, Diane Bloom, Chris Zydel, Fabeku Fatunmise, Jessica Schumacher, Georgianna Boehnke, Donnaleigh de la Rose, Peggie Reinke, Jackie Dayen, Guy Dayen, Damien Echols, Lorri Davis y tantas otras personas que me han dado mucho amor y apoyo a lo largo de los años; ya sabéis quiénes sois.

Estoy muy agradecida a mis clientes de tarot, algunos de los cuales me han acompañado desde el principio. Ha sido un honor serviros.

Gracias a mis alumnos de tarot y de yoga; he aprendido mucho de vosotros.

Mucho cariño a mis hijos, Megan y Nick.

El más profundo amor y agradecimiento a mi siempre paciente marido Virgo, Terry, por mantener la casa limpia y mi cordura intacta mientras escribía dos libros en un año (otra vez).

Por último, mi agradecimiento a mi madre, que me enseñó a confiar en mi instinto, pase lo que pase. Ojalá estuvieras aquí para ver todos los libros que estoy creando. Te echo de menos.

Sobre la autora

THERESA REED es una veterana del tarot que lleva más de treinta años dedicándose profesionalmente a esta disciplina. Es la autora de *The Tarot Coloring Book* [El libro del tarot para colorear] y *Astrology for Real Life* [Astrología para la vida real], y la coautora de *Tarot for Troubled Times* [El tarot para los tiempos difíciles]. Además de leer las cartas, le encanta enseñar y dirige varias clases de tarot y astrología. Su filosofía es: «Las cartas cuentan una historia, pero el final lo escribes tú». Le encanta el yoga, preparar festines en su cocina, los gatos, el hip-hop y su marido e hijos. Puedes encontrarla en:

www.thetarotlady.com